Ernst Christian Trapp

Auszüge aus den französischen Klassikern

Band 6

Ernst Christian Trapp

Auszüge aus den französischen Klassikern
Band 6

ISBN/EAN: 9783743321908

Hergestellt in Europa, USA, Kanada, Australien, Japan

Cover: Foto ©Thomas Meinert / pixelio.de

Manufactured and distributed by brebook publishing software (www.brebook.com)

Ernst Christian Trapp

Auszüge aus den französischen Klassikern

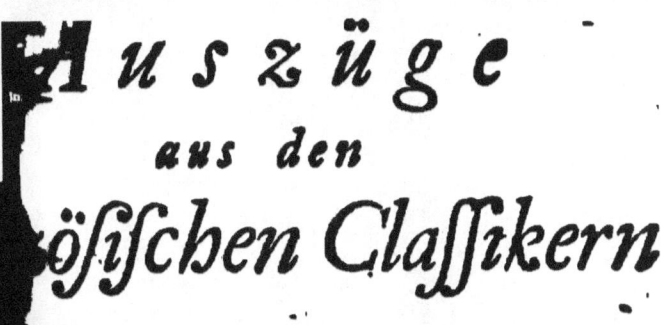

Auszüge aus den [franz]ösischen Classikern

Verfertiget von
C. Tra[...]

CHAPITRE PREMIER.
Le Borgne.

Du temps du Roi *Moabdar*, il y avait à Babylone un jeune homme nommé *Zadig*, né avec un beau naturel fortifié par l'éducation. Quoique riche et jeune, il ne voulait point toujours avoir raison, et savait respecter la faiblesse des hommes. On était étonné de voir qu'avec beaucoup d'esprit il n'insultât jamais *) par des railleries à ces propos si vagues a), si rompus b), si tumultueux c), à ces médisances téméraires, à ces décisions ignorantes, à ces

---

*) Er sich nie lustig machte.

a) Leer an Zweck und Inhalt.

b) Abgebrochen, wann man nicht bei Einer Sache bleibt.

c) Wild, wo alle durch einander reden, und Einer den Andern überschreien will.

turlupinades grossières, à ce vain bruit de paroles qu'on appelait conversation dans Babylone. Il avait appris, dans le premier livre de *Zoroastre* d), que l'amour propre est un ballon gonflé de vent, dont il sort des tempêtes, quand on lui a fait une piquûre. *Zadig* surtout ne se vantait pas de mépriser les femmes et de les subjuguer e). Il était généreux, il ne craignait point d'obliger des ingrats, suivant ce grand précepte de *Zoroastre*: *Quand tu manges, donne à manger aux chiens, dussent-ils te mordre.* Il était aussi sage qu'on peut l'être, car il cherchait à vivre avec des sages. Instruit dans les sciences des anciens Chaldéens, il n'ignorait pas les principes physiques de la nature, tels qu'on les connaissait alors, et savait de la métaphysique f) ce qu'on en a su dans tous les âges, c'est-à-dire fort peu de chose. Il était fermement persuadé, que l'année était de trois cents soixante et cinq jours et un quart, malgré la nouvelle philosophie de son temps, et que le soleil était au centre du monde; et quand les principaux mages lui disaient avec une hauteur insultante

---

d) Ein alter morgenländischer Glaubens-stifter.

e) Bezwingen, d. i, in sich verliebt machen.

f) Von den übersinnlichen Dingen.

qu'il avait de mauvais sentimens et que c'était être ennemi de l'Etat que de croire que le soleil tournait sur lui-même, et que l'année avait douze mois, il se taisait sans colère et sans dédain. *Zadig*, avec de grandes richesses, et par conséquent avec des amis, ayant de la santé, une figure aimable, un esprit juste et modéré, un coeur sincère et noble, crut qu'il pouvait être heureux. Il devait se marier à *Sémire*, que sa beauté, sa naissance et sa fortune rendaient le premier parti de Babylone. Il avait pour elle un attachement solide et vertueux, et *Sémire* l'aimait avec passion. Ils touchaient au moment fortuné qui allait les unir, lorsque se promenant ensemble vers une porte de Babylone sous les palmiers qui ornaient le rivage de l'Euphrate, ils virent venir à eux des hommes armés de sabres et de flèches. C'étaient les satellites du jeune *Orcan*, neveu d'un ministre, à qui les courtisans de son oncle avaient fait accroire que tout lui était permis. Il n'avait aucune des graces ni des vertus de *Zadig*, mais croyant valoir beaucoup mieux, il était désespéré de n'être pas préféré. Cette jalousie, qui ne venait que de sa vanité, lui fit penser qu'il aimait éperdument *Sémire*. Il voulait l'enlever. Les ravisseurs la saisirent, et dans les emportemens de leur violence ils la blessèrent, et firent couler le sang d'une personne dont la vue aurait attendri les tigres du mont Imaüs. Elle perçait le ciel de ses plaintes. Elle s'écriait: Mon cher époux! on m'arrache à ce que j'adore. Elle n'etait point occupée de son danger; elle ne pensait qu'à son cher *Zadig*. Celui-ci dans le même temps la défendait avec toute la force que donnent la valeur et l'amour. Aidé seulement de deux esclaves, il mit les ravisseurs en fuite, et remena chez elle *Sémire* évanouie et sanglante, qui en ouvrant les yeux vit son libérateur. Elle lui dit: O *Zadig!* je vous aimais comme mon époux, je vous aime comme celui à qui je dois l'honneur et la vie. Jamais il n'y eut un coeur plus pénétré que celui de *Sémire;* jamais bouche plus ravissante n'exprima des sentimens plus touchans par ces paroles de feu qu'inspirent le sentiment du plus grand des bienfaits, et le transport le plus tendre de l'amour le plus légitime. Sa blessure était légère, elle guérit bientôt. *Zadig* était blessé plus dangereusement; un coup de flèche reçu près de l'oeil lui avait fait une plaie profonde. *Sémire* ne demandait aux dieux que la guérison de son amant. Ses yeux étaient nuit et jour baignés de larmes: elle attendait le moment où ceux de *Zadig* pourraient jouir de ſes regards; mais un abcès ſurvenu à l'oeil bleſſé fit tout craindre. On envoya juſqu'à Memphis chercher le grand médecin *Hermès*, qui vint avec un nombreux cortége. Il viſita le malade, et déclara qu'il perdrait l'oeil; il prédit même le jour et l'heure où ce funeſte accident devait arriver. Si c'eût été l'oeil droit, dit-il, je l'aurais guéri; mais les plaies de l'oeil gauche ſont incurables. Tout Babylone, en plaignant la deſtinée de *Zadig*, admira la profondeur de la ſcience d'*Hermès*. Deux jours après, l'abcès perça de lui-même; *Zadig* fut guéri parfaitement. *Hermès* écrivit un livre, où il lui prouva qu'il n'avait pas dû guérir. *Zadig* ne le lut point; mais dès qu'il put ſortir, il ſe prépara à rendre viſite à celle qui feſait l'eſpérance du bonheur de ſa vie, et pour qui ſeule il voulait avoir des yeux. *Sémire* était à la campagne depuis trois jours. Il apprit en chemin que cette belle dame, ayant déclaré hautement qu'elle avait une averſion inſurmontable pour les borgnes, venait de ſe marier à *Orcan* la nuit même. A cette nouvelle il tomba ſans connaiſſance; ſa douleur le mit au bord du tombeau; il fut long-temps malade; mais enfin la raiſon l'emporta ſur ſon affliction, et l'atrocité de ce qu'il éprouvait ſervit même à le confoler. Puisque j'ai effuyé, dit-il, un fi cruel caprice d'une fille élevée à la cour, il faut que j'époufe une citoyenne. Il choifit *Azora*, la plus fage et la mieux née g) de la ville; il l'époufe, et vécut un mois avec elle dans les douceurs de l'union la plus tendre. Seulement il remarquait en elle un peu de légèreté et beaucoup de penchant à trouver toujours que les jeunes gens les mieux faits h) étaient ceux qui avaient le plus d'esprit et de vertu.

CHAPITRE II.
Le Nez.

Un jour *Azora* revint d'une promenade toute en colère et fefant des grandes exclamations. Qu'avez-vous, lui dit-il, ma chère époufe? qui vous peut mettre ainfi hors de vous-même! Hélas! dit-elle, vous le feriez comme moi, fi vous aviez vu le fpectacle dont je viens d'être témoin. J'ai été confoler la jeune veuve *Cosrou*, qui vient d'élever depuis deux jours un tombeau à fon jeune époux

g) Aus einem der erften Häufer in der Stadt.

h) Die fchönften.

auprès du ruisseau qui borde cette prairie. Elle a promis aux dieux dans sa douleur de demeurer auprès de ce tombeau, tant que l'eau de ce ruisseau coulerait auprès. Hé bien, dit *Zadig*, voilà une femme estimable, qui aimait véritablement son mari! Ah, reprit *Azora*, si vous saviez à quoi elle s'occupait, quand je lui ai rendu visite! A quoi donc, belle *Azora*? Elle fesait détourner i) le ruisseau. *Azora* se répandit k) en des invectives si longues, éclata l) en des reproches si violens contre la jeune veuve, que ce faste m) de vertu ne plut pas à *Zadig*.

Il avait un ami nommé *Cador*, qui était un de ces jeunes gens à qui sa femme trouvait plus de probité et de mérite qu'aux autres: il le mit dans sa confidence, et s'assura, autant qu'il le pouvait, de sa fidélité par un présent considérable. *Azora* ayant passé deux jours chez une de ses amies à la campagne, revint le troisième jour à la maison. Des

---

i) Sie leitete ab.
k) Ergofs fich.
l) Brach aus.
m) Prunk

domestiques en pleurs lui annoncèrent que son
mari était mort subitement la nuit même, qu'on
n'avait pas osé lui porter cette funeste nouvelle,
et qu'on venait d'ensevelir *Zadig* dans le tombeau de ses pères au bout du jardin. Elle
pleura, s'arracha les cheveux, et jura de mourir. Le soir, *Cador* lui demanda la permission de lui parler, et ils pleurèrent tous deux.
Le lendemain ils pleurèrent moins et dinèrent
ensemble. *Cador* lui confia que son ami lui
avait laissé la plus grande partie de son bien,
et lui fit entendre qu'il mettrait son bonheur
à partager sa fortune avec elle. La dame pleura, se fâcha, s'adoucit; le souper fut plus
long que le diner; on se parla avec plus de
confiance. *Azora* fit l'éloge du défunt; mais
elle avoua qu'il avait des défauts dont *Cador*
était exempt.

Au milieu du souper, *Cador* se plaignit
d'un mal de rate violent; la dame inquiete et
empressée fit apporter toutes les essences dont
elle se parfumait, pour essayer s'il n'y en avait
pas quelqu'une qui fût bonne pour le mal de
rate; elle regretta beaucoup que le grand *Hermès* ne fût pas encore à Babylone; elle daigna
même toucher le côté où *Cador* sentait de si
vives douleurs. Etes-vous sujet à cette

cruelle maladie? lui dit-elle avec compassion. Elle me met quelquefois au bord du tombeau, lui répondit *Cador*, et il n'y a qu'un seul remède qui puisse me soulager; c'est de m'appliquer sur le côté le nez d'un homme qui soit mort la veille. Voilà un etrange remède, dit *Azora*. Pas plus étrange, répondit-il, que les sachets du sieur *Arnou* *) contre l'apoplexie. Cette raison, jointe à l'extrême mérite du jeune homme, détermina enfin la dame. Après tout, dit-elle, quand mon mari passera du monde d'hier dans le monde du lendemain n) sur le pont Thinavar, l'ange *Asraël* lui accordera-t-il moins le passage, parce que son nez sera un peu moins long dans la seconde vie que dans la première? Elle prit donc un rasoir; elle alla au tombeau de son époux, l'arrosa de ses larmes, et s'approcha pour couper le nez à *Zadig*, qu'elle trouva tout étendu dans la tombe. *Zadig* se releve en tenant son nez d'une main, et arrêtant le rasoir de l'autre. Madame, lui dit-il, ne criez plus

*) Il y avait dans ce temps un Babylonien nommé *Arnou*, qui guérissait et prévenait toutes les apoplexies, dans les gazettes, avec un sachet pendu au cou.

n) Aus dieser Welt in die andere, welche letztere von jener durch die Brücke T. getrennt ist.

tant contre la jeune *Cosrou*; le projet de me couper le nez vaut bien celui de détourner un ruisseau.

CHAPITRE III.
Le chien, et le cheval.

Zadig éprouva que le premier mois du mariage, comme il est écrit dans le livre du *Zend*°), est la lune du miel, et que le second est la lune de l'absynthe. Il fut quelque temps après obligé de répudier *Azora*, qui était devenu trop difficile à vivre p), et il chercha son bonheur dans l'étude de la nature. Rien n'est plus heureux, disait-il, qu'un philosophe qui lit dans ce grand livre que Dieu a mis sous nos yeux. Les vérités qu'il découvre sont à lui: il nourrit et il élève son ame, il vit tranquille; il ne craint rien des hommes, et sa tendre épouse ne vient point lui couper le nez.

Plein de ces idées, il se retira dans une maison de campagne sur les bords de l'Euphra-

o) Einer morgenländischen Bibel, wovon Zoroaster der Urheber seyn soll.

p) Unerträglich im Umgange.

Là il ne s'occupait pas à calculer combien de pouces d'eau coulaient en une seconde sous les arches d'un pont, ou s'il tombait une ligne cube de pluie dans le mois de la souris plus que dans le mois du mouton. Il n'imaginait point de faire de la soie avec des toiles d'araignée, ni de la porcelaine avec des bouteilles cassées; mais il étudia sur-tout les propriétés des animaux et des plantes, et il acquit bientôt une sagacité qui lui découvrait mille différences, où les autres hommes ne voient rien que d'uniforme.

Un jour se promenant auprès d'un petit bois, il vit accourir à lui un eunuque de la reine, suivi de plusieurs officiers qui paraissaient dans la plus grande inquiétude, et qui couraient çà et là, comme des hommes égarés qui cherchent ce qu'ils ont perdu de plus précieux. Jeune homme, lui dit le premier eunuque, n'avez-vous point vu le chien de la reine? Zadig répondit modestement: C'est une chienne, et non pas un chien. Vous avez raison, reprit le premier eunuque. C'est une épagneule très-petite, ajouta Zadig; elle a fait depuis peu des chiens; elle boite du pied gauche de devant, et elle a les oreilles très-longues. Vous l'avez donc vue, dit le premier eunuque tout essoufflé. Non, répondit *Zadig*, je ne l'ai jamais vue, et je n'ai jamais su si la reine avait une chienne.

Précisément dans le même temps, par une bizarrerie ordinaire de la fortune, le plus beau cheval de l'écurie du roi s'était échappé des mains d'un palefrenier dans les plaines de Babylone. Le grand-veneur et tous les autres officiers couraient après lui avec autant d'inquiétude que le premier eunuque après la chienne. Le grand-veneur s'adressa à *Zadig*, et lui demanda s'il n'avait point vu passer le cheval du roi. C'est, répondit *Zadig*, le cheval qui galoppe le mieux; il a cinq pieds de haut, le sabot fort petit; il porte une queue de trois pieds et demi de long; les bossettes de son mors sont d'or à vingt-trois carats; ses fers sont d'argent à onze deniers. Quel chemin a-t-il pris? où est-il? demanda le grand-veneur. Je ne l'ai point vu, répondit *Zadig*, et je n'en ai jamais entendu parler.

Le grand-veneur et le premier eunuque ne douterent pas que *Zadig* n'eût volé le cheval du roi et la chienne de la reine; ils le firent conduire devant l'assemblée du grand

Desterham q), qui le condamna au Knout r), et à passer le reste de ses jours en Sibérie. A peine le jugement fut-il rendu qu'on retrouva le cheval et la chienne. Les juges furent dans la douloureuse nécessité de réformer leur arrêt; mais ils condamnèrent *Zadig* à payer quatre cents onces d'or, pour avoir dit qu'il n'avait point vu ce qu'il avait vu; il fallut d'abord payer cette amende; après quoi il fut permis à *Zadig* de plaider sa cause au conseil du grand *Desterham*; il parla en ces termes:

Etoiles de justice, abymes des sciences, miroirs de vérité, qui avez la pesanteur du plomb, la dureté du fer, l'éclat du diamant, et beaucoup d'affinité avec l'or s), puisqu'il m'est permis de parler devant cette auguste assemblée, je vous jure par *Orosmade* t), que je n'ai jamais vu la chienne respectable de la reine ni le cheval sacré du roi des rois. Voici ce qui m'est arrivé. Je me promenais

---

q) Des Staatsraths.

r) Die bekannte Russische Strafe.

s) Man erinnere sich bei dieser Anrede, um sie nicht unwahrscheinlich zu finden, daß man eine *morgenländische* Geschichte liefet.

t) Name eines Gottes.

vers le petit bois, où j'ai rencontré depuis le vénérable eunuque et le très-illuftre grand-veneur. J'ai vu fur le fable les traces d'un animal, et j'ai jugé aifément que c'était celles d'un petit chien. Des fillons légers et longs, imprimés fur de petites-éminences de fable entre les traces des pattes u), m'ont fait connaître que c'était une chienne dont les mamelles étaient pendantes, et qu'ainfi elle avait fait des petits il y a peu de jours. D'autres traces en un fens différent x), qui paraiffaient toujours avoir rafé y) la furface du fable à côté des pattes de devant, m'ont appris qu'elle avait les oreilles très-longues; et comme j'ai remarqué que le fable était toujours moins creufé par une patte que par les trois autres, j'ai compris que la chienne de notre augufte reine était un peu boiteufe, fi je l'ofe dire.

A l'égard du cheval du roi des rois, vous faurez que me promenant dans les routes du bois, j'ai apperçu les marques des fers d'un cheval; elles étaient toutes à égales diftan-

u) Zwifchen den Fufstapfen.

x) Von anderer Art.

y) Geftreift.

ces. Voilà, ai-je dit, un cheval qui a un galop parfait. La poussière des arbres, dans une route étroite qui n'a que sept pieds de large, était un peu enlevée à droite et à gauche à trois pieds et demi du milieu de la route. Ce cheval, ai-je dit, a une queue de trois pieds et demi, qui par ses mouvemens de droite et de gauche, a balayé cette poussière. J'ai vu sous les arbres, qui formaient un berceau de cinq pieds de haut, les feuilles des branches nouvellement tombées; et j'ai connu que ce cheval y avait touché, et qu'ainsi il avait cinq pieds de haut. Quant à son mors, il doit être d'or à vingt-trois carats, car il en a frotté les bossettes contre une pierre que j'ai reconnu être une pierre de touche, et dont j'ai fait l'essai. J'ai jugé enfin, par les marques que ses fers ont laissées sur des cailloux d'une autre espèce, qu'il était ferré d'argent à onze deniers de fin. Tous les juges admirèrent le profond et subtil discernement de *Zadig*; la nouvelle en vint jusqu'au roi et à la reine. On ne parlait que de *Zadig* dans les antichambres, dans la chambre et dans le cabinet; et quoique plusieurs mages opinassent qu'on devait le brûler comme sorcier, le roi ordonna qu'on lui rendît l'amende des quatre cents onces d'or, à laquelle il avait été condamné. Le greffier, les huissiers, les procureurs vinrent chez lui en grand appareil lui rapporter ses quatre cents onces, ils en retinrent seulement trois cents quatre vingt-dix huit pour les frais de justice ; et les valets demandèrent des honoraires. *Zadig* vit combien il était dangereux quelquefois d'être trop savant, et se promit bien à la première occasion de ne point dire ce qu'il avait vu.

Cette occasion se trouva bientôt. Un prisonnier d'Etat s'échappa ; il passa sous les fenêtres de sa maison. On interrogea *Zadig*, il ne répondit rien, mais on lui prouva qu'il avait regardé par la fenêtre. Il fut condamné pour ce crime à cinq cents onces d'or, et il remercia ses juges de leur indulgence, selon la coutume de Babylone. Grand Dieu ! dit-il en lui-même, qu'on est à plaindre quand on se promène dans un bois, où la chienne de la reine et le cheval du roi ont passé ! qu'il est dangereux de se mettre à la fenêtre ! et qu'il est difficile d'être heureux dans cette vie.

CHAPITRE IV.
L'Envieux.

Zadig voulut se consoler par la philosophie et par l'amitié, des maux que lui avait fait la fortune. Il avait dans un fauxbourg de Babylone une maison ornée avec goût, où il rassemblait tous les arts et tous les plaisirs dignes d'un honnête homme. Le matin sa bibliothèque était ouverte à tous les savans; le soir sa table l'était à la bonne compagnie. Mais il connut combien les savans sont dangereux; il s'éleva une grande dispute sur une loi de *Zoroastre*, qui défendait de manger du Griffon. Comment défendre le Griffon, disaient les uns, si cet animal n'existe pas? Il faut bien qu'il existe, disaient les autres, puisque *Zoroastre* ne veut pas qu'on en mange. Zadig voulut les accorder, en leur disant: s'il y a des Griffons, n'en mangeons point; s'il n'y en a point, nous en mangerons encore moins; et par-là nous obéirons tous à *Zoroastre*.

Un savant, qui avait composé treize volumes sur les propriétés du griffon, et qui de plus était grand théurgite z), se hâta d'aller

---

z) Ein Göttermacher, d. i. der Götter erscheinen läfst.

accuser *Zadig* devant un archi-mage a); nommé *Yébor* *), le plus sot des Chaldéens, et partant b) le plus fanatique c). Cet homme aurait fait empaler *Zadig* pour la plus grande gloire du soleil, et en aurait récité le bréviaire de *Zoroastre* d'un ton plus satisfait.

L'ami *Cador* (un ami vaut mieux que cent prêtres) alla trouver le vieux *Yébor* et lui dit:

Vivent le soleil et les griffons! Gardez-vous bien de punir *Zadig*: c'est un saint; il a des griffons dans sa basse-cour, et il n'en mange point; et son accusateur est un hérétique qui ose soutenir que les lapins ont le pied

a) Ungefähr was wir einen Erz-bischof nennen würden.

*) Anagramme de *Boyer*, théatin, confesseur de dévotes titrées; évêque par leur intrigues, qui n'avaient pu réussir à le faire supérieur de son couvent; puis précepteur du dauphin, et enfin ministre de la feuille 1) par le conseil du cardinal *Fleuri*, qui, comme tous les hommes médiocres, aimait à faire donner les places à des hommes incapables de les remplir, mais aussi incapables de se rendre dangereux. Ce *Boyer* était un fanatique imbécille, qui persécuta M. de *Voltaire* dans plus d'une occasion.

1) Vermuthlich *de la feuille des bénéfices*, d. i. der Minister, durch welchen der König seine Pfründen vergibt.

b) Folglich.

c) Tempelwütig, d. i. der für seinen Kirchenglauben mit Wut kämpft.

fendu, et ne font point immondes. Hé bien, dit *Tébor*, en branlant fa tête chauve, il faut empaler *Zadig*, pour avoir mal penfé des griffons, et l'autre pour avoir mal parlé des lapins. *Cador* appaifa l'affaire par le moyen d'une fille d'honneur d) qui avait beaucoup de crédit dans le collège des mages. Perfonne ne fut empalé; de quoi plufieurs docteurs murmurèrent, et en préfagèrent la décadence de Babylone. *Zadig* s'écria: A quoi tient le bonheur! tout me perfécute dans ce monde, jusqu'aux êtres qui n'exiftent pas. Il maudit les favans, et ne voulut plus vivre qu'en bonne compagnie.

Il raffemblait chez lui les plus honnêtes gens de Babylone, et les dames les plus aimables; il donnait des foupers délicats, fouvent précédés de concerts, et animés par des converfations charmantes, dont il avait fu bannir l'empreffement de montrer de l'esprit e), qui eft la plus fure manière de n'en point avoir, et de gâter la fociété la plus brillante. Ni le choix de fes amis, ni celui des mets n'étaient faits par la vanité; car en tout il préférait l'être au paraître; et par-là il s'attirait la con-

---

d) Hof-fräulein.
e) Das Jagen nach Witz.

fidération véritable, à laquelle il ne prétendait pas f).

Vis-à-vis de fa maifon demeurait *Arimaze*, perfonnage dont la méchante ame était peinte fur fa groffière phyfionomie. Il était rongé de fiel et bouffi d'orgueil; et pour comble c'était un bel-efprit ennuyeux. N'ayant jamais pu réuffir dans le monde, il fe vengeait par en médire. Tout riche qu'il était, il avait de la peine à raffembler chez lui des flatteurs. Le bruit des chars qui entraient le foir chez *Zadig*, l'importunait; le bruit de fes louanges l'irritait davantage. Il alla quelquefois chez *Zadig*, et fe mettait à table fans être prié: il y corrompait toute la joie de la fociété, comme on dit que les harpies g) infectent les viandes qu'elles touchent. Il lui arriva un jour de vouloir donner une fête à une dame, qui, au lieu de la recevoir, alla fouper chez *Zadig*. Un autre jour caufant avec lui dans le palais, ils abordèrent un miniftre, qui pria *Zadig* à fouper, et ne pria point *Arimaze*. Les plus implacables haines

f) Sie ward ihm ungefucht zu Theil.

g) Ungeheuer mit jungfräulichen Gefichtern, grofsen Klauen an den Händen, Bären-Ohren und Flügeln.

n'ont pas souvent des fondemens plus importans. Cet homme qu'on appelait *l'Envieux* dans Babylone, voulut perdre *Zadig*, parce qu'on l'appelait *l'Heureux*. L'occasion de faire du mal se trouve cent fois par jour, et celle de faire du bien une fois dans l'année, comme dit *Zoroastre* b).

L'Envieux alla chez *Zadig*, qui se promenait dans ses jardins avec deux amis et une dame, à laquelle il disait souvent des choses galantes, sans autre intention que celle de les dire. La conversation roulait sur une guerre que le roi venait de terminer heureusement contre le prince d'Hircanie son vassal. *Zadig*, qui avait signalé son courage dans cette courte guerre, louait beaucoup le roi, et encore plus la dame. Il prit ses tablettes, et écrivit quatre vers qu'il fit sur le champ, et qu'il donna à cette belle personne. Ses amis le prièrent de leur en faire part: la modestie, ou plutôt un amour-propre bien entendu, l'en empêcha. Il savait que des vers impromptus ne sont jamais bons que pour celle en l'honneur de qui ils sont faits: il brisa en deux la feuille des tablettes sur laquelle il venait d'écrire, et jetta les

b) Da scheint sich aber Z. sehr zu irren.

deux moitiés dans un buisson de roses où on les chercha inutilement. Une petite pluie survint; on regagna la maison. L'Envieux, qui resta dans le jardin, chercha tant qu'il trouva un morceau de la feuille. Elle avait été tellement rompue, que chaque moitié de vers qui remplissait la ligne, fesait un sens, et même un vers d'une plus petite mesure; mais par un hazard encore plus étrange, ces petits vers se trouvaient former un sens qui contenait les injures les plus horribles contre le roi. On y lisait :

   Par les plus grands forfaits
   Sur le trône affermi,
   Dans la publique paix
   C'est le seul ennemi.

L'envieux fut heureux pour la première fois de sa vie : il avait entre les mains de quoi perdre un homme vertueux et aimable. Plein de cette cruelle joie, il fit parvenir jusqu'au roi cette satyre écrite de la main de *Zadig*; on le fit mettre en prison, lui, ses deux amis et la dame. Son procès lui fut bientôt fait, sans qu'on daignât l'entendre. Lorsqu'il vint recevoir sa sentence, l'Envieux se trouva sur son passage, et lui dit tout haut que ses vers ne valaient rien. *Zadig* ne se piquait pas d'être bon poëte; mais il était au désespoir d'être condamné comme criminel de lèse-majesté et de voir qu'on retînt en prison une belle dame et deux amis pour un crime qu'il n'avait pas fait. On ne lui permit pas de parler, parce que ses tablettes parlaient. Telle était la loi de Babylone. On le conduisit donc au supplice à travers une foule de curieux, dont aucun n'osait le plaindre, et qui se précipitaient pour examiner son visage, et pour voir s'il mourrait de bonne grâce. Ses parens seulement étaient affligés parce qu'ils n'héritaient pas. Les trois quarts de son bien étaient confisqués au profit du roi, et l'autre quart au profit de l'Envieux.

Dans le temps qu'il se préparait à la mort, le perroquet du roi s'envola de son balcon, et s'abbattit dans le jardin de *Zadig* sur un buisson de roses. Une pêche y avait été portée d'un arbre voisin par le vent; elle était tombée sur un morceau de tablettes à écrire, auquel elle s'était collée. L'oiseau enleva la pêche et la tablette, et les porta sur les genoux du monarque. Le prince curieux y lut des mots qui ne formaient aucun sens, et qui paraissaient des fins de vers. Il aimait la poësie, et il y a toujours de la ressource avec les princes qui aiment les vers. L'aventure de

Encyclop. Franç. T. VI.   B

son perroquet le fit rêver. La reine, qui se souvenait de ce qui avait été écrit sur un des morceaux de la tablette de *Zadig*, se le fit apporter. On confronta les deux morceaux qui s'ajustaient ensemble parfaitement; on lut alors les vers, tels que *Zadig* les avait faits:

> Par les plus grands forfaits j'ai vu troubler la terre;
> sur le trône affermi, le roi sait tout dompter.
> Dans la publique paix l'amour seul fait guerre,
> C'est le seul ennemi qui soit à redouter.

Le roi ordonna aussitôt qu'on fît venir *Zadig* devant lui, et qu'on fît sortir de prison ses deux amis et la belle dame. *Zadig* se jetta aux pieds du roi et de la reine le visage contre terre; il leur demanda très-humblement pardon d'avoir fait de mauvais vers; il parla avec tant de grâce, d'esprit et de raison, que le roi et la reine voulurent le recevoir. Il revint, et plut encore davantage. On lui donna tous les biens de l'Envieux qui l'avait injustement accusé; mais *Zadig* les rendit tous; et l'Envieux ne fut touché que du plaisir de ne pas perdre son bien. L'estime du roi pour *Zadig* s'accrut de jour en jour. Il le mettait de i) tous ses plaisirs, le

---

i) Er liefs ihn Theil nehmen an —

consultait dans toutes ses affaires. La reine le regarda dès-lors avec une complaisance qui pouvait devenir dangereuse pour elle, pour le roi, son auguste époux, pour *Zadig* et pour le royaume. *Zadig* commençait à croire qu'il n'est pas difficile d'être heureux.

CHAPITRE V.
Le Généreux.

Le temps arriva où l'on célébrait une grande fête, qui avait lieu tous les cinq ans. C'était la coutume à Babylone de déclarer solennellement, au bout de cinq années, celui des citoyens qui avait fait l'action la plus généreuse. Les grands et les mages étaient les juges. Le premier satrape, chargé du soin de la ville, rendait compte des plus belles actions qui s'étaient passées sous son gouvernement; on allait aux voix; le roi prononçait le jugement. On venait à cette solennité des extrémités de la terre. Le vainqueur recevait des mains du monarque une coupe d'or garnie de pierreries, et le roi lui disait ces paroles: *Recevez ce prix de la générosité, et puissent les dieux me donner beaucoup de sujets qui vous ressemblent !*

Ce jour mémorable venu, le roi parut fur fon trône, environné des grands, des mages, et des députés de toutes les nations qui venaient à ces jeux où la gloire s'acquérait, non par la légereté des chevaux, non par la force du corps, mais par la vertu. Le premier fatrape rapporta à haute voix les actions qui pouvaient mériter à leurs auteurs ce prix ineftimable. Il ne parla point de la grandeur d'ame, avec laquelle *Zadig* avait rendu à l'Envieux toute fa fortune; ce n'était pas une action qui méritât de disputer le prix.

Il préfenta d'abord un juge, qui, ayant fait perdre un procès confidérable à un citoyen, par une méprife dont il n'était pas même refponfable, lui avait donné tout fon bien qui était la valeur de ce que l'autre avait perdu.

Il produifit enfuite un jeune homme, qui étant éperdument épris d'une fille qu'il allait époufer, l'avait cédée à un ami prêt à expirer d'amour pour elle, et qui avait encore payé la dot en cédant la fille.

Il fit enfuite paraitre un foldat, qui dans la guerre d'Hircanie avait donné encore un plus grand exemple de générofité. Des foldats ennemis lui enlevaient fa maitreffe, et il la défendait contr'eux; on vint lui dire que d'autres hircaniens enlevaient fa mère à quelques pas de là; il quitta en pleurant fa maitreffe, et courut délivrer fa mère; il retourna enfuite vers celle qu'il aimait, et la trouva expirante. Il voulut fe tuer; fa mère lui remontra qu'elle n'avait que lui pour tout fecours, et il eut affez de courage de foufrir la vie.

Les juges penchaient pour ce foldat. Le roi prit la parole, et dit: fon action et celles des autres font belles; mais elles ne m'étonnent point; hier *Zadig* en a fait une qui m'a étonné. J'avais difgracié depuis quelques jours mon miniftre et *Coreb* mon favori. Je me plaignais de lui avec violence, et tous mes courtifans m'affuraient que j'étais trop doux; c'était à qui k) me dirait le plus de mal de *Coreb*. Je demandai à *Zadig* ce qu'il en penfait, et il ofa en dire du bien. J'avoue que j'ai vu, dans nos hiftoires, des exemples qu'on a payé de fon bien une erreur, qu'on a cédé fa maitreffe, et qu'on a préféré une mère à l'objet de fon amour; mais je n'ai jamais lu, qu'un courtifan

---

k) Sie wetteiferten, wer —

ait parlé avantageusement d'un ministre disgracié, contre qui son souverain était en colère. Je donne vingt mille pièces d'or à chacun de ceux dont on vient de réciter les actions généreuses, mais je donne la coupe à *Zadig.*

Sire! lui dit-il, c'est votre majesté seule qui mérite la coupe; c'est elle qui a fait l'action inouie, puisqu'étant roi, vous ne vous êtes point fâché contre votre esclave, lorsqu'il contredisait votre passion. On admira le roi et *Zadig.* Le juge qui avait donné son bien, l'amant qui avait marié sa maîtresse à son ami, le soldat qui avait préféré le salut de sa mère à celui de sa maîtresse, reçurent les présens du monarque; ils virent leurs noms écrits dans le livre des généreux; *Zadig* eut la coupe. Le roi acquit la réputation d'un bon prince, qu'il ne garda pas long-temps. Ce jour fut consacré par des fêtes plus longues que la loi ne le portait 1). La mémoire s'en conserve encore dans l'Asie. *Zadig* disait: Je suis donc enfin heureux; mais il se trompait.

1) Mit sich brachte oder vorschrieb.

CHAPITRE VI.
Le Ministre.

Le roi avait perdu son premier ministre. Il choisit *Zadig* pour remplir cette place. Toutes les belles dames de Babylone applaudirent à ce choix, car depuis la fondation de l'empire il n'y avait jamais eu de ministre si jeune. Tous les courtisans furent fâchés; l'Envieux en eut un crachement de sang, et le nez lui enfla prodigieusement. *Zadig* ayant remercié le roi et la reine, alla remercier aussi le perroquet. Bel oiseau! lui dit-il, c'est vous qui m'avez sauvé la vie, et qui m'avez fait premier ministre. La chienne et le cheval de leurs majestés m'avaient fait beaucoup de mal, mais vous m'avez fait du bien. Voilà donc de quoi dépendent les destins des hommes! Mais, ajouta-t-il, un bonheur si étrange sera peut-être bientôt évanoui. Le perroquet répondit: Oui. Ce mot frappe *Zadig*; cependant, comme il était bon physicien, et qu'il ne croyait pas que les perroquets fussent prophètes, il se rassura bientôt; il se mit à exercer son ministère de son mieux.

Il fit sentir à tout le monde le pouvoir sacré des loix, et ne fit sentir à personne le poids de fa dignité. Il ne gêna point la voix du divan, et chaque vifir pouvait avoir un avis fans lui déplaire. Quand il jugeait, c'était la loi; mais quand elle était trop févère, il la tempérait; et quand on manquait de loix, fon équité en fefait ᵐ) qu'on aurait prifes pour celles de *Zoroaſtre*.

C'eſt de lui que les nations tiennent ce grand principe, qu'il vaut mieux hafarder de fauver un coupable que de condamner un innocent. Il croyait que les loix étaient faites pour fecourir les citoyens, autant que pour les intimider. Son principal talent était de démêler la vérité que tous les hommes cherchent à obfcurcir. Dès les premiers jours de fon adminiſtration il mit ce grand talent en ufage. Un fameux négociant de Babylone était mort aux Indes; il avait fait fes héritiers fes deux fils par portions égales, après avoir marié leur foeur, et il laiſſait un préfent de trente mille pièces d'or à celui de fes deux fils qui ferait jugé l'aimer davantage. L'ainé lui bâtit un tombeau, le fecond augmenta, d'une partie de fon héritage, la dot de fa foeur; chacun difait: C'eſt l'ainé qui aime le mieux fon père; le cadet aime mieux fa foeur; c'eſt

---

m) Machte folche, die man —

à l'ainé qu'appartiennent les trente mille pièces.

Zadig les fit venir tous deux l'un après l'autre. Il dit à l'ainé: Votre père n'est point mort, il est guéri de sa dernière maladie, il revient à Babylone. Dieu soit loué, répondit le jeune homme; mais voilà un tombeau qui m'a coûté bien cher! *Zadig* dit ensuite la même chose au cadet. Dieu soit loué, répondit-il, je vais rendre à mon père tout ce que j'ai, mais je voudrais qu'il laissât à ma sœur ce que je lui ai donné. Vous ne rendrez rien, dit *Zadig*, et vous aurez les trente mille pièces; c'est vous qui aimez le mieux votre père.

Une fille fort riche avait fait une promesse de mariage à deux mages, et après avoir reçu quelques mois d'instructions de l'un et de l'autre, elle se trouva grosse. Ils voulaient tous deux l'épouser. Je prendrai pour mon mari, dit elle, celui des deux qui pourra donner la meilleure éducation à l'enfant que je mettrai au monde. Elle accoucha d'un fils. Chacun des mages veut l'élever. La cause est portée devant *Zadig*. Il fait venir les deux mages. Qu'enseigneras-tu à ton pupille? dit-il au premier. Je lui apprendrai, dit le docteur, les huit parties d'oraifon n), la dialectique o), l'aftrologie p), la démononamie q), ce que c'eft que fubftance) et l'accident s), l'abftrait t) et le concret u), les monades x) et l'harmonie préétablie y). Moi, dit le fecond, je tâcherai de le rendre jufte et digne d'avoir des amis. Zadig prononça: *Que tu fois fon père ou non, tu époufer as fa mère.*

Il venoit tous les jours des plaintes à la cour contre l'Itimadoulet z) de Médie, nom-

n) Die acht Beftandtheile der Sprache.

o) Die Streit- (Difputir-) kunft.

p) Die Sterndeuterkunft.

q) Die Wiffenfchaft von den Teufeln und Teufeleien.

r) Das Ding.

s) Das was einem Dinge wiederfährt.

t) Das abgezogene, d. i. das was man an mehrern Dingen als ihnen gemeinfchaftlich bemerkt.

u) Das wodurch fich das Einzelwesen von andern unterfcheidet.

x) Die einfachen Dinge.

y) Die voraus beftimmte Uebereinkunft der Seele und des Körpers.

z) Den Statthalter.

mé *Irax*. C'était un grand seigneur dont le fond n'était pas mauvais, mais qui était corrompu par la vanité et par la volupté. Il souffrait rarement qu'on lui parlât, et on n'osait jamais le contredire. Les paons ne sont pas plus voluptueux, les tortues ont moins de paresse; il ne respirait que la fausse gloire et les faux plaisirs. *Zadig* entreprit de l'en corriger.

Il lui envoya de la part du roi un maître de musique avec douze voix et vingt-quatre violons, un maître-d'hôtel avec six cuisiniers et quatre chambellans, qui ne devaient pas le quitter. L'ordre du roi portait que l'étiquette suivante serait inviolablement observée; et voici comme les choses se passèrent.

Le premier jour, dès que le voluptueux *Irax* fut éveillé, le maître de musique entra suivi des violons; on chanta une cantate qui dura deux heures, et de trois minutes en trois minutes le refrein était:

> Que son mérite est extrême!
> Que de grâces! que de grandeur!
> Ah, combien monseigneur
> Doit être content de lui-même!

Après l'exécution de la cantate un chambellan lui fit une harangue de trois quarts d'heure, dans laquelle on le louait expreffément de toutes les bonnes qualités qui lui manquaient. La harangue finie, on le conduifit à table au fon des inftrumens. Le diner dura trois heures. Dès qu'il ouvrit la bouche pour parler, le premier chambellan dit: il aura raifon; à peine eut-il prononcé quatre paroles, que le fecond chambellan s'écria : il a raifon. Les deux autres chambellans firent de grands éclats de rire des bons mots qu'*Irax* avait dits ou qu'il avait dû dire. Après diner on lui répéta la cantate.

Cette première journée lui parut délicieufe, il crut que le roi des rois l'honorait felon fes mérites ; la feconde lui parut moins agréable; la troifième fut gênante; la quatrième fut infupportable; la cinquième fut un fupplice. Enfin, outré d'entendre toujours chanter; Ah! combien monfeigneur doit être content de lui-même! d'entendre toujours dire qu'il avait raifon, et d'être harangué chaque jour à la même heure, il écrivit en cour pour fupplier le roi qu'il daignât rappeler fes chambellans, fes muficiens, fon maître-d'hôtel; il promit d'être déformais moins vain et plus appliqué; il se fit moins encenser, eut moins de fêtes et fut plus heureux; car, comme dit le *Sadder* a), toujours du plaisir, n'est pas du plaisir.

CHAPITRE VII.
Les Disputes et les Audiences.

C'est ainsi que *Zadig* montrait tous les jours la subtilité de son génie et la bonté de son ame; on l'admirait, et cependant on l'aimait. Il passait pour le plus fortuné de tous les hommes; tout l'empire était rempli de son nom; toutes les femmes le lorgnaient, tous les citoyens célébraient sa justice; les savans le regardaient comme leur oracle; les prêtres mêmes avouaient qu'il en savait même plus que le vieux archimage *Tébor*. On était bien loin alors de lui faire des procès sur les griffons; on ne croyait que ce qui lui semblait croyable.

Il y avait une grande querelle dans Babylone, qui durait depuis quinze cents années, et qui partageait l'empire en deux sectes opiniâtres; l'une prétendait qu'il ne fallait

---

a) Die Bibel der Parsen oder Gebern.

jamais entrer dans le temple de *Mithra* b) que du pied gauche; l'autre avait cette coutume en abomination, et n'entrait jamais que du pied droit. On attendait le jour de la fête folennelle du feu facré, pour favoir qu'elle fecte ferait favorifée par *Zadig*. L'univers avait les yeux fur fes pieds, et toute la ville était en agitation et en fuspens. *Zadig* entra dans le temple en fautant à pieds joints, et il prouva enfuite, par un discours éloquent, que le dieu du ciel et de la terre, qui n'a acception de perfonne c), ne fait pas plus de cas de la jambe gauche que de la jambe droite. L'Envieux et fa femme prétendirent que dans fon difcours il n'y avait pas affez de figures d), qu'il n'avait pas fait affez danfer les montagnes et les collines. Il eft fec et fans génie, difaient-ils; on ne voit chez lui ni la mer s'enfuir, ni les étoiles tomber, ni le foleil fondre comme de la cire; il n'a point le bon ftyle oriental. *Zadig* fe contentait d'avoir le ftyle de la raifon. Tout le monde fut pour lui, non pas parce qu'il était

---

b) Der Sonne.

c) Der nicht auf die Perfon fieht.

d) Bildliche (uneigentliche) Ausdrücke, z. B. folche, wie gleich nachher folgen.

raisonnable, non pas parce qu'il était aimable, mais parce qu'il était premier visir.

Il termina aussi heureusement le grand procès entre les mages blancs et les mages noirs. Les blancs soutenaient que c'était une impiété de se tourner en priant Dieu vers l'orient d'hiver e): les noirs assuraient que Dieu avait en horreur les prières des hommes qui se tournaient vers le couchant d'été f). *Zadig* ordonna qu'on se tournât comme on voudrait.

Il trouva ainsi le secret d'expédier le matin les affaires particulières et les générales; le reste du jour il s'occupait des embellissemens de Babylone. Il fésait représenter des tragédies où l'on pleurait, et des comédies où l'on riait; ce qui était passé de mode depuis longtemps, et ce qu'il fit renaître parce qu'il avait du goût. Il ne prétendait pas en savoir plus que les artistes; il les récompensait par des bienfaits et des distinctions, et n'était point jaloux en secret de leurs talens. Le soir il amusait beaucoup le roi et surtout la reine. Le roi disait: Le grand ministre! La reine di-

---

e) Der Punkt des Gesichts-kreises, in welchem die Sonne zu Anfang des Winters (den 21sten December) aufgeht.

f) Der Punkt des Gesichts-kreises, wo die Sonne zu Anfang des Sommers (den 21sten Juni) untergeht.

fait: L'aimable miniſtre! et tous deux ajoutaient: C'eût été grand dommage qu'il eût été pendu.

Jamais homme en place ne fut obligé de donner tant d'audiences aux dames. La plupart venaient lui parler des affaires qu'elles n'avaient point, pour en avoir une avec lui. La femme de l'Envieux s'y préſenta la première; elle lui jura par *Mithra*, par *Zenda veſta*, et par le feu ſacré, qu'elle avait déteſté la conduite de ſon mari; elle lui confia enſuite que ce mari était un jaloux, un brutal; *Zadig* n'y fit pas attention. D'autres dames ſe préſentaient tous les jours. Celle à qui il donna, ſans preſque s'en appercevoir, des marques de ſa protection, était une femme de chambre de la reine *Aſtarté*. Elle ſortit du ſerrail de *Zadig* avec de très-beaux préſens. Elle alla conter ſon aventure à l'Envieuſe, qui était ſon amie intime; celle-ci fut cruellement piquée de la préférence.

Cependant *Zadig* s'appercevait qu'il avait toujours des diſtractions quand il donnait des audiences et quand il jugeait; il ne ſavait à quoi les attribuer; c'était-là ſa ſeule peine. Il eut un ſonge; il lui ſemblait qu'il était couché d'abord fur des herbes fèches, parmi lesquelles il y en avait quelques-unes de piquantes qui l'incommodaient; et qu'ensuite il repofait mollement fur un lit de rofes, dont il fortait un ferpent qui le blessait au cœur de fa langue acérée et envenimée. Hélas, difait-il, j'ai été long-temps couché fur ces herbes fèches et piquantes, je fuis maintenant fur le lit de rofes; mais quel fera le ferpent?

CHAPITRE VIII.
La Jalousie.

Le malheur de *Zadig* vint de fon bonheur même, et fur-tout de fon mérite. Il avait tous les jours des entretiens avec le roi et avec *Aftarté*, fon augufte époufe. Les charmes de fa converfation redoublaient encore par cette envie de plaire qui eft à l'efprit ce que la parure eft à la beauté; fa jeuneffe et fes grâces firent infenfiblement fur *Aftarté* une impreffion dont elle ne s'apperçut pas d'abord. Sa paffion croiffait dans le fein de l'innocence. *Aftarté* fe livrait fans fcrupule et fans crainte au plaifir de voir et d'entendre un homme cher à fon époux et à l'Etat; elle ne ceffait de le vanter au roi; elle en parlait à fes femmes qui enchériſſaient encore ſur ſes louanges; tout ſervait à enfoncer dans ſon coeur le trait qu'elle ne ſentait pas. Elle feſait des préſens à *Zadig*, dans leſquels il entrait plus de galanterie qu'elle ne penſait; elle croyait ne lui parler qu'en reine contente de ſes ſervices, et quelquefois ſes expreſſions étaient d'une femme ſenſible.

Aſtarté était beaucoup plus belle que cette *Sémire* qui haïſſait tant les borgnes, et que cette autre femme qui avait voulu couper le nez à ſon époux. La familiarité d'*Aſtarté*, ſes discours tendres dont elle commençait à rougir, ſes regards qu'elle voulait détourner, et qui ſe fixaient ſur les ſiens, allumèrent dans le coeur de *Zadig* un feu dont il s'étonna. Il combattit; il appela à ſon ſecours la philoſophie, qui l'avait toujours ſecouru; il n'en tira que des lumières, et n'en reçut aucun ſoulagement. Le devoir, la reconnaiſſance, la majeſté ſouveraine violée ſe préſentaient à ſes yeux comme des dieux vengeurs; il combattait, il triomphait; mais cette victoire, qu'il fallait remporter à tout moment, lui coûtait des gémiſſemens et des larmes. Il n'oſait plus parler à la reine avec cette douce liberté qui avait eu tant de charmes pour tous deux; ſes yeux ſe couvraient d'un nuage; ſes discours étaient contraints et fans fuite; il baiffait la vue; et quand, malgré lui, fes regards fe tournaient vers *Aftarté*, ils rencontraient ceux de la reine mouillés de pleurs, dont il partait des traits de flamme. Ils femblaient fe dire l'un à l'autre: Nous nous adorons et nous craignons de nous aimer; nous brûlons tous deux d'un feu que nous condamnons.

Zadig fortait d'auprès d'elle égaré, éperdu, le coeur furchargé d'un fardeau qu'il ne pouvait plus porter. Dans la violence de fes agitations, il laiffa pénétrer fon fecret à fon ami *Cador* comme un homme qui, ayant foutenu long-temps les atteintes d'une vive douleur, fait enfin connaître fon mal par un cri qu'un redoublement aigu lui arrache, et par la fueur froide qui coule fur fon front.

Cador lui dit: J'ai déjà démêlé les fentimens que vous vouliez vous cacher à vousmême; les paffions ont des fignes auxquels on ne peut fe méprendre. Jugez, mon cher *Zadig*, puisque j'ai lu dans votre coeur, fi le roi n'y découvrira pas un fentiment qui l'offenfe. Il n'a d'autre défaut que celui d'être le plus jaloux des hommes. Vous réfiftez à votre paffion avec plus de force que la reine ne combat la sienne, parce que vous êtes philosophe, et parce que vous êtes *Zadig*. *Astarté* est *femme* ; elle laisse parler ses regards avec d'autant plus d'imprudence qu'elle ne se croit pas encore coupable. Malheureusement rassurée sur son innocence, elle néglige des dehors nécessaires. Je tremblerai pour elle, tant qu'elle n'aura rien à se reprocher. Si vous étiez d'accord l'un et l'autre, vous sauriez tromper tous les yeux ; une passion naissante et combattue éclate : un amour satisfait fait se cacher. *Zadig* frémit à la proposition de trahir le roi son bienfaiteur ; et jamais il ne fut plus fidelle à son prince que quand il fut coupable envers lui d'un crime involontaire. Cependant la reine prononçait si souvent le nom de *Zadig* ; son front se couvrait de tant de rougeur en le prononçant ; elle était tantôt si interdite, quand elle lui parlait en présence du roi ; une rêverie si profonde s'emparait d'elle, quand il était sorti, que le roi fût troublé. Il crut tout ce qu'il voyait, et imagina tout ce qu'il ne voyait point. Il remarqua sur-tout que les babouches de sa femme étaient bleues, et que les babouches de *Zadig* étaient bleues, que les rubans de sa femme étaient jaunes, et que le bonnet de *Zadig* était jaune ; c'étaient-là de terribles indices pour un prince délicat. Les soupçons se tournèrent en certitude dans son esprit aigri.

Tous les esclaves des rois et des reines sont autant d'espions de leurs coeurs. On pénétra bientôt qu'*Astarté* était tendre, et que *Moabdar* était jaloux. Le monarque ne songea plus qu'à la manière de se venger. Il résolut une nuit d'empoisonner la reine, et de faire mourir *Zadig* par le cordeau, au point du jour. L'ordre en fut donné à un impitoyable eunuque, exécuteur de ses vengeances. Il y avait alors dans la chambre du roi un petit nain qui était muet, mais qui n'était pas sourd. On le souffrait toujours; il était témoin de ce qui se passait de plus secret, comme un animal domestique. Ce petit muet était très-attaché à la reine et à *Zadig*. Il entendit, avec autant de surprise que d'horreur, donner l'ordre de leur mort. Mais comment faire pour prévenir cet ordre effroyable, qui allait s'exécuter dans peu d'heures? Il ne savait pas écrire; mais il avait appris à peindre, et savait sur-tout faire ressembler. Il passa une partie de la nuit à crayonner ce qu'il voulait faire entendre à la reine. Son dessein représentait le roi agité de fureur, dans un coin du tableau, donnant des ordres à son eunuque;

un cordeau bleu et un vafe fur une table, avec des babouches bleues et des rubans jaunes; la reine, dans le milieu du tableau expirante entre les bras de fes femmes; et *Zadig* étranglé à fes pieds. L'horizon repréfentait un foleil levant, pour marquer que cette horrible exécution devait fe faire aux premiers rayons de l'aurore. Dès qu'il eut fini cet ouvrage, il courut chez une femme d'*Aftarté*, la réveilla, et lui fit entendre qu'il fallait dans l'inftant même porter ce tableau à la reine.

Cependant au milieu de la nuit on vient frapper à la porte de *Zadig;* on le réveille; on lui donne un billet de la reine; il doute fi c'eft un fonge; il ouvre la lettre d'une main tremblante. Quelle fut fa furprife! et qui pourrait exprimer la confternation et le défespoir dont il fut accablé, quand il lut ces paroles: *Fuyez dans l'inftant même, ou l'on va vous arracher la vie. Fuyez Zadig, je vous l'ordonne au nom de notre amour et de mes rubans jaunes. Je n'étais point coupable; mais je fens que je vais mourir criminelle.*

Zadig eut à peine la force de parler. Il ordonna qu'on fît venir *Cador*, et fans rien lui dire, il lui donna ce billet. *Cador* le força d'obéir et de prendre fur le champ la route de Memphis. Si vous ofez aller trouver la reine, lui dit-il, vous hâtez fa mort; fi vous parlez au roi, vous la perdez encore. Je me charge de fa deftinée, fuivez la vôtre. Je répandrai le bruit que vous avez pris la route des Indes. Je viendrai bientôt vous trouver, et je vous apprendrai ce qui fe fera paffé à Babylone.

Cador dans le moment même fit placer deux dromadaires des plus légers à la courfe vers une porte fecrete du palais; il fit monter *Zadig* qu'il fallut porter, et qui était près de rendre l'ame. Un feul domeftique l'accompagna; et bientôt *Cador*, plongé dans l'étonnement et dans la douleur, perdit fon ami de vue.

Cet illuftre fugitif, arrivé fur le bord d'une colline, d'où on voyait Babylone, tourna la vue fur le palais de la reine, et s'évanouit; il ne reprit fes fens que pour verfer des larmes, et pour fouhaiter la mort. Enfin après s'être occupé de la deftinée déplorable de la plus aimable des femmes et de la première reine du monde, il fit un mouvement de retour g) fur lui-même, et s'écria: Qu'eft-ce donc que la

---

g) Zurückdenken.

vie humaine? O vertu! à quoi m'avez-vous servi? Deux femmes m'ont indignement trompé; la troifième, qui n'eſt point coupable, et qui eſt plus belle que les autres, va mourir! Tout ce que j'ai fait de bien a toujours été pour moi une fource de malédictions, et je n'ai été élevé au comble de la grandeur que pour tomber dans l'horrible précipice de l'infortune. Si j'euſſe été méchant comme tant d'autres, je ferais heureux comme eux. Accablé de ces réflexions funeſtes, les yeux chargés du voile de la douleur, la pâleur de la mort fur le viſage, et l'ame abymée dans l'excès d'un fombre-défespoir, il continuait fon voyage vers l'Egypte.

CHAPITRE IX.
La Femme battue.

Zadig dirigeait fa route fur les étoiles. La conſtellation d'Orion et le brillant aſtre de Sirius le guidaient vers le pôle de *Canope* h). Il admirait ces vaſtes globes de lumière qui ne paraiſſent que de faibles étincelles à nos yeux, tandis que la terre, qui n'eſt en effet qu'un

---

h) Ein Stern erſter Gröſse in dem füdlichen Geſtirn, welches *das Schiff Argo* heiſst.

point imperceptible dans la nature, paraît à
notre cupidité quelque chose de si grand et de
si noble. Il se figurait alors les hommes tels
qu'ils sont en effet, des insectes se dévorant
les uns les autres sur un petit atome de boue.
Cette image vraie semblait anéantir ses malheurs, en lui retraçant le néant de son être,
et celui de Babylone. Son ame s'élançait jusque dans l'infini, et contemplait, détachée de
ses sens, l'ordre immuable de l'univers. Mais
lorsqu'ensuite, rendu à lui-même, et rentrant
dans son coeur, il pensait *qu'Astarté* était peut-
être morte pour lui, l'univers disparaissait à
ses yeux, et il ne voyait dans la nature entière
qu'Astarté mourante et *Zadig* infortuné. Comme il se livrait à ce flux et à ce reflux de philosophie sublime et de douleur accablante, il
avançait vers les frontières de l'Egypte, et déjà
son domestique fidelle était dans la première
bourgade, où il lui cherchait un logement.
Zadig cependant se promenait vers les jardins
qui bordaient ce village. Il vit non loin du
grand chemin une femme éplorée qui appelait
le ciel et la terre à son secours, et un homme
furieux qui la suivait. Elle était déjà atteinte
par lui, elle embrassait ses genoux Cet homme l'accablait de coups et de reproches. Il
jugea à la violence de l'égyptien, et aux par-

dons réitérés que lui demandait la dame, que l'un était un jaloux, et l'autre une infidelle ; mais quand il eut confidéré cette femme qui était d'une beauté touchante, et qui même reffemblait un peu à la malheureufe *Aftarté*, il fe fentit pénétré de compaffion pour elle et d'horreur pour l'égyptien. Secourez-moi, s'écria-t-elle à *Zadig*, avec des fanglots, tirez-moi des mains du plus barbare des hommes ; fauvez-moi la vie. A ces cris, *Zadig* courut fe jetter entre elle et ce barbare. Il avait quelque connaiffance de la langue égyptienne. Il lui dit en cette langue ; Si vous avez quelque humanité, je vous conjure de refpecter la beauté et la faibleffe. Pouvez-vous outrager ainfi un chef-d'oeuvre de la nature, qui eft à vos pieds, et qui n'a pour fa défenfe que des larmes ? Ah ! ah ! lui dit cet emporté, tu l'aimes donc auffi ; et c'eft de toi qu'il faut que je me venge. En difant ces paroles, il laiffe la dame qu'il tenait d'une main par les cheveux, et prenant fa lance, il veut en percer l'étranger. Celui-ci, qui était de fang froid, évita aifément le coup d'un furieux. Il fe faifit de la lance près du fer dont elle eft armée ; l'un veut la retirer, l'autre l'arracher ; elle fe brife entre leurs mains. L'égyptien tire fon épée, *Zadig* s'arme de la sienne. Ils s'attaquent l'un l'autre. Celui-ci porta cent coups précipités; celui-là les pare avec adresse. La dame assise sur un gazon rajuste sa coiffure et les regarde. L'égyptien était plus robuste que son adversaire; *Zadig* était plus adroit. Celui-ci se battait en homme dont la tête conduisait le bras, et celui-là comme un emporté dont une colère aveugle guidait les mouvemens au hazard. *Zadig* passe à lui et le désarme; et tandis que l'égyptien, devenu plus furieux, veut se jetter sur lui, il le saisit, le presse, le fait tomber en lui tenant l'épée sur la poitrine; il lui offre de lui donner la vie. L'égyptien hors de lui tire son poignard; il en blesse *Zadig* dans le temps même que le vainqueur lui pardonnait. *Zadig* indigné lui plonge son épée dans le sein. L'égyptien jette un cri horrible, et meurt en se débattant. *Zadig* alors s'avança vers la dame, et lui dit d'une voix soumise: Il m'a forcé de le tuer, je vous ai vengée; vous êtes délivrée de l'homme le plus violent que j'aie jamais vu. Que voulez-vous maintenant de moi, Madame? Que tu meures, scélérat, lui répondit-elle. que tu meures, tu as tué mon amant; voudrais pouvoir déchirer ton coeur.

rité, Madame, vous aviez là un

pour amant, lui répondit *Zadig*; il vous battait de toutes ses forces, et il voulait m'arracher la vie, parce que vous m'aviez conjuré de vous secourir. Je voudrais qu'il me battît encore, reprit la dame, en poussant des cris; je le méritais bien, je lui avais donné de la jalousie. Plût au ciel qu'il me battît, et que tu fusses à sa place! *Zadig* plus surpris et plus en colère qu'il ne l'avait été de sa vie, lui dit: Madame, toute belle que vous êtes, vous mériteriez que je vous battisse à mon tour, tant vous êtes extravagante; mais je n'en prendrai pas la peine. Là dessus il remonta sur son chameau, et avança vers le bourg. A peine avait-il fait quelques pas qu'il se retourne au bruit que fesaient quatre courriers de Babylone. Ils venaient à toute bride. L'un d'eux, en voyant cette femme, s'écria: C'est elle-même; elle ressemble au portait qu'on nous en a fait. Ils ne s'embarrassèrent pas du mort, et se saisirent incontinent de la dame. Elle ne cessait de crier à *Zadig*: Secourez-moi encore une fois, étranger généreux, je vous demande pardon de m'être plaint de vous; secourez-moi, et je suis à vous jusqu'au tombeau. L'envie avait passé à *Zadig* de se battre désormais pour elle. A d'autres [1]), répond-il, vous

---

[1]) Das macht andern weiſs.

ne m'y attraperez plus. D'ailleurs il était blessé, son sang coulait, il avait besoin de secours ; et la vue des quatre babyloniens, probablement envoyés par le roi *Moabdar*, le remplissait d'inquiétude. Il s'avance en hâte vers le village, n'imaginant pas pourquoi quatre courriers de Babylone venaient prendre cette égyptienne, mais encore plus étonné du caractère de cette dame.

CHAPITRE X.
L'esclavage.

Comme il entrait dans la bourgade égyptienne, il se vit entouré par le peuple. Chacun criait: Voilà celui qui a enlevé la belle *Missouf*, et qui vient d'assassiner *Clétofis*. Messieurs, dit-il, *Dieu* me préserve d'enlever jamais votre belle *Missouf;* elle est trop capricieuse; et à l'égard de *Clétofis*, je ne l'ai point assassiné, je me suis défendu seulement contre lui. Il voulait me tuer, parce que je lui avais demandé très-humblement grâce pour la belle *Missouf*, qu'il battait impitoyablement. Je suis un étranger qui viens chercher un asile dans l'Egypte, et il n'y a pas d'apparence qu'en venant demander votre protection, j'aie commencé par enlever une femme, et par aſſaſſiner un homme.

Les Egyptiens étaient alors juſtes et humains. Le peuple conduiſit *Zadig* à la maiſon de ville. On commença par le faire panſer de ſa bleſſure, et enſuite on l'interrogea lui et ſon domeſtique ſéparément pour ſavoir la vérité. On reconnut que *Zadig* n'était point un aſſaſſin; mais il était coupable du ſang d'un homme; la loi le condamnait à être eſclave. On vendit au profit de la bourgade ſes deux chameaux; on diſtribua aux habitans tout l'or qu'il avait apporté; ſa perſonne fut expoſée en vente dans la place publique, ainſi que celle de ſon compagnon de voyage. Un marchand arabe, nommé *Sétoc*, y mit l'enchère; mais le valet, plus propre à la fatigue, fut vendu bien plus chèrement que le maître. On ne feſait pas de comparaiſon entre ces deux hommes. *Zadig* fut donc eſclave ſubordonné à ſon valet; on les attacha enſemble avec une chaine qu'on leur paſſa aux pieds, et en cet état ils ſuivirent le marchand arabe dans ſa maiſon. *Zadig* en chemin conſolait ſon domeſtique, et l'exhortait à la patience; mais ſelon ſa coutume, il feſait des réflexions ſur la vie humaine. Je vois, lui diſait-il, que les malheurs de ma destinée se répandent sur la tienne. Tout m'a tourné jusqu'ici d'une façon bien étrange. J'ai été condamné à l'amende pour avoir vu passer une chienne ; j'ai pensé être empalé pour un griffon ; j'ai été envoyé au supplice parce que j'avais fait des vers à la louange du roi ; j'ai été sur le point d'être étranglé parce que la reine avait des rubans jaunes, et me voici esclave avez toi, parce qu'un brutal a battu sa maîtresse. Allons, ne perdons point courage ; tout ceci finira peut-être. Il faut bien que les marchands arabes aient des esclaves ; et pourquoi ne le serais-je pas comme un autre, puisque je suis homme comme un autre ? Ce marchand ne sera pas impitoyable, il faut qu'il traite bien ses esclaves, s'il en veut tirer des services. Il parlait ainsi, et dans le fond de son coeur il était occupé du sort de la reine de Babylone.

Sétoc, le marchand, partit deux jours après pour l'Arabie déserte avec ses esclaves et ses chameaux. Sa tribu habitait vers le désert d'Oreb. Le chemin fut long et pénible. *Sétoc* dans la route fesait bien plus de cas du valet que du maître, parce que le premier chargeait bien mieux les chameaux ; et toutes les petites distinctions furent pour lui. Un chameau mourut à deux journées d'Oreb : on repartit fa charge fur le dos de chacun des ferviteurs ; *Zadig* en eut fa part. *Sétoc* fe mit à rire en voyant tous fes efclaves marcher courbés. *Zadig* prit la liberté de lui en expliquer la raifon, et lui apprit les loix de l'équilibre. Le marchand étonné commença à le regarder d'un autre oeil. *Zadig*, voyant qu'il avait excité fa curiofité, la redoubla, en lui apprenant beaucoup de chofes qui n'étaient point étrangères à fon commerce, les pefanteurs fpécifiques des métaux et des denrées fous un volume égal ; les propriétés de plufieurs animaux utiles ; le moyen de rendre tels ceux qui ne l'étaient pas ; enfin il lui parut un fage. *Sétoc* lui donna la préférence fur fon camarade, qu'il avait tant eftimé. Il le traita bien, et n'eut pas fujet de s'en repentir.

Arrivé dans fa tribu, *Sétoc* commença par redemander cinq cents onces d'argent à un hébreu, auquel il les avait prêtées en préfence de deux témoins ; mais ces deux témoins étaient morts, et l'hébreu, ne pouvant être convaincu, s'appropriait l'argent du marchand, en remerciant Dieu de ce qu'il lui avait donné le moyen de tromper un arabe. *Sétoc* confia fa peine à *Zadig*, qui était devenu fon confeil. En quel endroit, demanda *Zadig*, prêtâtes-vous vos cinq cents onces à cet infidelle? Sur une large pierre, répondit le marchand, qui eft auprès du mont Oreb. Quel eft le caractère de votre débiteur, dit *Zadig?* Celui d'un fripon, reprit *Sétoc*. Je vous demande fi c'eft un homme vif ou flegmatique, avifé ou imprudent. C'eft de tous les mauvais payeurs, dit *Sétoc*, le plus vif que je connaiffe. Hé bien, infifta *Zadig*, permettez que je plaide votre caufe devant le juge. En effet, il cita l'hébreu au tribunal, et il parla ainfi au juge: Oreiller du trône d'équité, je viens redemander à cet homme, au nom de mon maître, cinq cents onces d'argent qu'il ne veut pas rendre. Avez-vous des témoins? dit le juge. Non, ils font morts; mais il refte une large pierre fur laquelle l'argent fut compté; et s'il plait à votre grandeur d'ordonner qu'on aille chercher la pierre, j'efpère qu'elle portera témoignage; nous refterons ici, l'hébreu et moi, en attendant que la pierre vienne; je l'enverrai chercher aux dépens de *Sétoc* mon maître. Très volontiers, répondit le juge, et il fe mit à expédier d'autres affaires.

A la fin de l'audience: Hé bien, dit-il à *Zadig*, votre pierre n'eft pas encore venue? L'hébreu en riant répondit: Votre grandeur resterait ici jusqu'à demain, que la pierre ne serait pas encore arrivée; elle est à plus de six milles d'ici, et il faudrait quinze hommes pour la remuer. Hé bien, s'écria *Zadig*, je vous avais bien dit que la pierre porterait témoignage; puisque cet homme sait où elle est, il avoue donc que c'est sur elle que l'argent fut compté. L'hébreu déconcerté fut bientôt contraint de tout avouer. Le juge ordonna qu'il serait lié à la pierre, sans boire ni manger, jusqu'à ce qu'il eût rendu les cinq cents onces, qui furent bientôt payées.

L'esclave *Zadig* et la pierre furent en grande recommandation dans l'Arabie.

CHAPITRE XI.
Le Bûcher.

Sétoc enchanté fit de son esclave son ami intime. Il ne pouvait pas plus se passer de lui qu'avait fait le roi de Babylone; et *Zadig* fut heureux que *Sétoc* n'eût point de femme. Il découvrait dans son maître un naturel porté au bien, beaucoup de droiture et de bon sens. Il fut fâché de voir qu'il adorait l'armée céleste, c'est-à-dire le soleil, la lune et les étoiles, selon l'ancien ufage d'Arabie. Il lui en parlait quelquefois avec beaucoup de discrétion. Enfin il lui dit que c'étaient des corps comme les autres, qui ne méritaient pas plus fon hommage qu'un arbre, ou un rocher. Mais, difait *Sétoc*, ce font des êtres éternels dont nous tirons tous nos avantages ; ils animent la nature, ils règlent les faifons ; ils font d'ailleurs fi loin de nous qu'on ne peut pas s'empêcher de les révérer. Vous recevez plus d'avantages, répondit *Zadig*, des eaux de la mer rouge, qui portent vos marchandifes aux Indes. Pourquoi ne ferait-elle pas auffi ancienne que les étoiles ? Et fi vous adorez ce qui eft éloigné de vous, vous devez adorer la terre des Gangarides qui eft aux extrémités du monde. Non, difait *Sétoc*, les étoiles font trop brillantes pour que je ne les adore pas. Le foir venu, *Zadig* alluma un grand nombre de flambeaux dans la tente où il devait fouper avec *Sétoc* ; et dès que fon patron parut, il fe jetta à genoux devant ces cires allumées, et leur dit : Eternelles et brillantes clartés, foyez-moi toujours propices. Ayant proferé ces paroles, il fe mit à table fans regarder *Sétoc*. Que faites-vous donc, lui dit *Sétoc* étonné ? Je fais comme vous, répondit *Zadig*, j'adore ces chandelles, et je néglige leur maître et le mien. *Sétoc* comprit le sens profond de cet apologue. La sagesse de son esclave entra dans son ame ; il ne prodigua plus son encens aux créatures, et adora l'être éternel qui les a faites.

Il y avait alors dans l'Arabie une coutume affreuse, venue originairement de Scythie, et qui s'étant établie dans les Indes par le crédit des brachmannes, menaçait d'envahir tout l'orient. Lorsqu'un homme marié était mort et que sa femme bien-aimée voulait être sainte, elle se brûlait en public sur le corps de son mari. C'était une fête solennelle, qui s'appelait *le bûcher de veuvage*. La tribu, dans laquelle il y avait eu le plus de femmes brûlées, était la plus considérée. Un arabe de la tribu de *Sétoc* étant mort, sa veuve, nommée *Almona*, qui était fort dévote, fit savoir le jour et l'heure où elle se jetterait dans le feu au son des tambours et des trompettes. *Zadig* remontra à *Sétoc* combien cette horrible coutume était contraire au bien du genre humain ; qu'on laissait brûler tous les jours de jeunes veuves qui pouvaient donner des enfans à l'Etat ou du moins élever les leurs ; et il le fit convenir qu'il fallait, si on pouvait, abolir un usage si barbare. *Sétoc* répondit: Il y a plus de mille ans que les femmes sont en poſſeſſion de ſe brûler, qui de nous oſera changer une loi que le temps a conſacrée? Y a-t-il rien de plus reſpectable qu'un ancien abus? La raiſon eſt plus ancienne, reprit *Zadig*. Parlez aux chefs des tribus, et je vais trouver la jeune veuve.

Il ſe fit préſenter à elle; et après s'être inſinué dans ſon eſprit par des louanges ſur ſa beauté, après lui avoir dit combien c'était dommage de mettre au feu tant de charmes, il la loua encore ſur ſa conſtance et ſur ſon courage. Vous aimiez prodigieuſement votre mari, lui dit-il. Moi! point du tout, répondit la dame arabe; c'était un brutal, un jaloux, un homme inſupportable; mais je ſuis fermement réſolue de me jetter ſur ſon bûcher. Il faut, dit *Zadig*, qu'il y ait apparemment un plaiſir bien délicieux à être brûlé vif. Ah! cela fait frémir la nature, dit la dame; mais il faut en paſſer par-là. Je ſuis dévote, je ſerais perdue de réputation, et tout le monde ſe moquerait de moi, ſi je ne me brûlais pas. *Zadig* l'ayant fait convenir qu'elle ſe brûlait pour les autres, et par vanité, lui parla long-temps d'une manière à lui faire aimer un peu la vie, et parvint même à lui inſpirer quelque bienveillance pour celui qui lui parlait. Que feriez-vous enfin, lui dit-il, si la vanité de vous brûler ne vous tenait pas? Hélas! dit la dame, je crois que je vous prierais de m'épouser.

Zadig était trop rempli de l'idée d'*Astarté* pour ne pas éluder cette déclaration; mais il alla dans l'instant trouver les chefs des tribus, leur dit ce qui s'était passé, et leur conseilla de faire une loi, par laquelle il ne serait permis à une veuve de se brûler, qu'après avoir entretenu un jeune homme tête-à-tête pendant une heure entière. Depuis ce temps aucune dame ne se brûla en Arabie. On eut au seul *Zadig* l'obligation d'avoir détruit en un jour une coutume si cruelle, qui durait depuis tant de siècles. Il était donc le bienfaiteur de l'Arabie.

CHAPITRE XII.
Le Souper.

Sétoc, qui ne pouvait se séparer de cet homme en qui habitait la sagesse, le mena à la grande foire de *Bassora*, où devaient se rendre les plus grands négocians de la terre habitable. Ce fut pour *Zadig* une consolation fenſible de voir tant d'hommes de diverſes contrées, réunis dans la même place. Il lui paraiſſait que l'univers était une grande famille qui ſe raſſemblait à *Baſſora*. Il ſe trouva à table, dès le ſecond jour, avec un égyptien, un indien gangaride, un habitant du Cathay [k]), un grec, un celte et pluſieurs autres étrangers, qui, dans leurs fréquens voyages vers le golfe arabique, avaient appris aſſez d'arabe pour ſe faire entendre. L'égyptien paraiſſait fort en colère. Quel abominable païs que *Baſſora!* diſait-il; on m'y refuſe mille onces d'or ſur le meilleur effet [l]) du monde. Comment donc? dit *Sétoc*, ſur quel effet vous a-t-on refuſé cette ſomme? Sur le corps de ma tante, répondit l'égyptien; c'était la plus brave femme d'Egypte. Elle m'accompagnait toujours; elle eſt morte en chemin; j'en ai fait une des plus belles momies que nous ayons; et je trouverais dans mon païs tout ce que je voudrais en la mettant en gage. Il eſt bien étrange qu'on ne veuille pas ſeulement me donner ici mille onces d'or ſur un effet ſi ſolide. Tout en ſe courrouçant il était prêt à manger d'une excellente poule

---

k) In Schina.

l) Gut, das er zum Pfande ſetzen wollte.

bouillie, quand l'indien, le prenant par la main s'écria avec douleur: Ah! qu'allez-vous faire? Manger de cette poule! dit l'homme à la momie. Gardez-vous-en bien, dit le gangaride. Il se pourrait faire que l'ame de la défunte fût passée dans le corps de cette poule, et vous ne voudriez pas vous exposer à manger votre tante. Faire cuire des poules, c'est outrager manifestement la nature. Que voulez-vous dire avec votre nature et vos poules? reprit le colérique égyptien; nous adorons un boeuf, et nous en mangeons bien. Vous adorez un boeuf? est-il possible? dit l'homme du Gange. Il n'y a rien de si possible, repartit l'autre; il y a cent trente-cinq mille ans que nous en usons ainsi, et personne parmi nous n'y trouve à redire. Ah cent trente-cinq mille ans! dit l'indien, ce compte est un peu exagéré; il n'y en a que quatrevingts mille que l'Inde est peuplée, et assurément nous sommes vos anciens, et *Brama* nous avait défendu de manger des boeufs avant que vous vous fussiez avisés de les mettre sur les autels et à la broche. Voilà un plaisant animal que votre *Brama*, pour le comparer à *Apis*, dit l'égyptien; qu'a donc fait votre *Brama* de si beau? Le bramin répondit: C'est lui qui a appris aux hommes à lire et à écrire, et à qui toute la terre doit le jeu des échecs. Vous vous trompez, dit un chaldéen qui était auprès de lui, c'est le poisson *Oannés* à qui on doit de si grands bienfaits; et il est juste de ne rendre qu'à lui ses hommages. Tout le monde vous dira que c'était un être divin, qu'il avait la queue dorée, avec une belle tête d'homme, et qu'il sortait de l'eau pour venir prêcher à terre trois heures par jour. Il eut plusieurs enfans qui furent tous rois, comme chacun sait. J'ai son portrait chez moi, que je révère comme je le dois. On peut manger du boeuf tant qu'on veut; mais c'est assurément une très-grande impiété de faire cuire du poisson. D'ailleurs vous êtes tous deux d'une origine trop peu noble et trop récente pour me rien disputer. La nation égyptienne ne compte que cent trente-cinq mille ans, et les Indiens ne se vantent que de quatre vingts mille, tandis que nous avons des almanachs de quatre mille siècles. Croyez-moi, renoncez à vos folies, et je vous donnerai à chacun un beau portrait d'*Oannés*.

L'homme de Cambalu [m]), prenant la parole, dit: Je respecte fort les Egytiens, les Chal-

---

m) Ist einerlei mit *Cathai*.

déees, les Grecs, les Celtes, *Brama*, le boeuf *Apis*, le beau poisson *Oannès*; mais peut-être que le *Li* *) ou le *Tien* comme on voudra l'appeller, vaut bien les boeufs et les poissons. Je ne dirai rien de mon païs; il est aussi grand que la terre d'Egypte, la Chaldée et les Indes ensemble. Je ne dispute pas d'antiquité, parce qu'il suffit d'être heureux et que c'est fort peu de chose d'être ancien; mais s'il fallait parler d'almanachs, je dirais que toute l'Asie prend les nôtres, et que nous avions de fort bons avant qu'on sût l'arithmétique en Chaldée.

Vous êtes de grands ignorans tous tant que vous êtes, s'écria le grec; est-ce que vous ne savez pas que le chaos est le père de tout, et que la forme et la matière ont mis le monde dans l'état où il est? Ce grec parla long-temps; mais il fut enfin interrompu par le Celte, qui, ayant beaucoup bu pendant qu'on disputait, se crut alors plus savant que tous les autres, et dit en jurant qu'il n'y avait que *Teutath* et le gui de chêne qui valussent la peine qu'on en parlât; que, pour lui, il avait toujours du gui dans sa poche; que les Scy-

---

*) Mots chinois qui signifient proprement *Li*, la lumière naturelle, la raison, et *Tien* le ciel; et qui signifient aussi *Dieu*.

thes, ses ancêtres étaient les seuls gens de bien qui eussent jamais été au monde; qu'ils avaient à la vérité quelquefois mangé des hommes, mais que cela n'empêchait pas qu'on ne dût avoir beaucoup de respect pour sa nation; et qu'enfin si quelqu'un parlait mal de *Teutath*, il lui apprendrait à vivre. La querelle s'échauffa pour lors, et *Sétoc* vit le moment où la table allait être ensanglantée. *Zadig*, qui avait gardé le silence pendant toute la dispute, se leva enfin. Il s'adressa d'abord au celte, comme au plus furieux; il lui dit qu'il avait raison et lui demanda du guy; il loua le grec sur son éloquence et adoucit tous les esprits échauffés. Il ne dit que très-peu de chose à l'homme du *Cathay*, parce qu'il avait été le plus raisonnable de tous. Ensuite il leur dit: Mes amis, vous alliez vous quereller pour rien, car vous êtes tous du même avis. A ce mot ils se récrièrent tous. N'est-il pas vrai, dit-il au celte, que vous n'adorez pas ce gui mais celui qui a fait le gui et le chêne ? Assurément, répondit le celte. Et vous, monsieur l'égyptien, vous révérez apparemment dans un certain boeuf celui qui vous a donné les boeufs ! Oui, dit l'égyptien. Le poisson *Oannès*, continua-t-il, doit céder à celui qui a fait la mer et les poissons. D'accord, dit le chaldéen. L'indien, ajouta-t-il, et le cathayen reconnaissent, comme vous, un premier principe ; je n'ai pas trop bien compris les choses admirables que le grec a dites, mais je suis sûr qu'il admet aussi un être supérieur, de qui la forme et la matière dépendent. Le grec, qu'on admirait, dit que *Zadig* avait très-bien pris sa pensée. Vous êtes donc tous du même avis, répliqua *Zadig*, et il n'y a pas là de quoi se quereller. Tout le monde l'embrassa. *Sétoc*, après avoir vendu fort cher ses denrées, reconduisit son ami *Zadig* dans sa tribu. *Zadig* apprit en arrivant qu'on lui avait fait son procès en son absence, et qu'il allait être brûlé à petit feu.

CHAPITRE XIII.
Le Rendez-vous.

Pendant son voyage à Bassora les prêtres des étoiles avaient résolu de le punir. Les pierreries et les ornemens des jeunes veuves qu'ils envoyaient au bûcher leur appartenaient de droit, c'était bien le moins qu'ils fissent brûler *Zadig* pour le mauvais tour qu'il leur avait joué. Ils accusèrent donc *Zadig* d'avoir des sentimens erronés sur l'armée céleste ; ils déposèrent contre lui, et jurèrent qu'ils lui avaient entendu dire que les étoiles ne se couchaient pas dans la mer. Ce blasphème effroyable fit frémir les juges ; ils furent prêts à déchirer leurs vêtemens, quand ils ouirent ces paroles impies, et ils l'auraient fait sans doute, si *Zadig* avait eu de quoi les payer. Mais dans l'excès de leur douleur ils se contentèrent de le condamner à être brûlé à petit feu. *Sétoc* désespéré employa envain son crédit pour sauver son ami ; il fut bientôt obligé de se taire. La jeune veuve *Almona*, qui avait pris beaucoup de goût à la vie, et qui en avait l'obligation à *Zadig*, résolut de le tirer du bûcher, dont il lui avait fait connaître l'abus. Elle roula son dessein dans sa tête, sans en parler à personne. *Zadig* devait être exécuté le lendemain ; elle n'avait que la nuit pour le sauver. Voici comme elle s'y prit en femme charitable et prudente.

Elle se parfuma, elle releva sa beauté par l'ajustement le plus riche et le plus galant, et alla demander une audience secrete au chef des prêtres des étoiles. Quand elle fut devant ce vieillard vénérable, elle lui demanda la grâce de *Zadig*. Hélas, dit-il, ma belle dame, quand je vous accorderais sa grâce, mon indulgence ne fervirait de rien, il faut qu'elle foit fignée de trois autres de mes confrères. Signez toujours, dit *Almona*. Volontiers, dit le père, à condition que vos faveurs feront le prix de ma facilité. Vous me faites trop d'honneur, dit *Almona*; ayez feulement pour agréable de venir dans ma chambre après que le foleil fera couché, et dès que la brillante étoile *Sheat* fera fur l'horizon. Elle fortit alors emportant la fignature avec elle, et laiffa le vieillard plein d'amour.

Almona alla trouver le fecond pontife. Celui-ci l'affura que le foleil, la lune et tous les feux du firmament n'étaient que des feux follets en comparaifon de fes charmes. Elle lui demanda la même grâce, et on lui propofa d'en donner le même prix. Elle fe laiffa vaincre et donna rendez-vous au fecond pontife au lever de l'étoile *Algenib*. De là elle paffa chez le troifième et le quatrième prêtre, prenant toujours une fignature, et donnant un rendez-vous d'étoile en étoile. Alors elle fit avertir les juges de venir chez elle pour une affaire importante. Ils s'y rendirent; elle leur montra les quatre noms et leur dit, à quel prix les prêtres avaient vendu la grâce de *Zadig*. Chacun d'eux arriva à l'heure préscrite; chaeun fut bien étonné d'y trouver ses confrères, et plus encore d'y trouver les juges, devant qui leur honte fut manifestée. *Zadig* fut sauvé. *Sétoc* fut si charmé de l'habileté d'*Almona*, qu'il en fit sa femme.

CHAPITRE XIV.
La Danse.

S*étoc* devait aller, pour les affaires de son commerce, dans l'île *Serendib*; mais le premier mois de son mariage, qui est, comme on sait, la lune du miel, ne lui permettait ni de quitter sa femme, ni de croire qu'il pût jamais la quitter. Il pria son ami *Zadig* de faire pour lui le voyage. Hélas, dit *Zadig*, faut-il que je mette encore un plus vaste espace entre la belle *Astarté* et moi? Mais il faut servir mes bienfaiteurs. Il dit, il pleura et il partit.

Il ne fut pas long-temps dans l'île de *Serendib* sans y être regardé comme un homme extraordinaire. Il devint l'arbitre de tous les différends entre les négocians, l'ami des sages, le conseil du petit nombre des gens qui prennent conseil. Le roi voulut le voir et l'entendre. Il connut bientôt tout ce que valait *Zadig*:

il eut confiance en fa fageffe et en fit fon ami.
La familiarité et l'eftime du roi fit trembler
Zadig. Il était nuit et jour pénétré du malheur que lui avaient attiré les bontés de *Moabdar.* Je plais au roi, difait-il, ne ferai-je
pas perdu? Cependant il ne pouvait fe dérober
aux careffes de fa majefté; car il faut avouer
que *Nabuffan,* roi de *Serendib,* fils de *Nuffa-
nab,* fils de *Nabaffun,* fils de *Sanbusna,* était
un des meilleurs princes de l'Afie, et que,
quand on lui parlait, il était difficile de ne le
pas aimer.

Ce bon prince était toujours loué, trompé
et volé; c'était à qui n) pillerait fes tréfors.
Le receveur-général de l'île de *Serendib* donnait toujours cet exemple, fidellement fuivi par
les autres. Le roi le favait; il avait changé
de tréforier plufieurs fois, mais il n'avait pu
changer la mode établie de partager les revenus du roi en deux moitiés inégales, dont la
plus petite revenait toujours à fa majefté, et
la plus groffe aux adminiftrateurs.

Le roi *Nabuffan* confia fa peine au fage
Zadig. Vous qui favez tant de belles chofes,

---

n) Man wetteiferte wer —

lui dit-il, ne sauriez-vous point le moyen de me faire trouver un tréforier qui ne me vole point? Affurément, dit *Zadig*, je fais une façon infaillible de vous donner un homme qui ait les mains nettes. Le roi charmé lui demanda, en l'embraffant, comment il fallait s'y prendre. Il n'y a, dit *Zadig*, qu'à faire danfer tous ceux qui fe préfenteront pour la dignité de tréforier, et celui qui danfera avec le plus de légèreté fera infailliblement le plus honnête homme. Vous vous moquez, dit le roi; voilà une plaifante façon de choifir un receveur de mes finances. Quoi! vous prétendez que celui, qui fera le mieux un entrechat, fera le financier le plus intègre et le plus habile? Je ne vous réponds pas, qu'il fera le plus habile, repartit *Zadig*, mais je vous affure que ce fera indubitablement le plus honnête homme. *Zadig* parlait avec tant de confiance, que le roi crut qu'il avait quelque fecret furnaturel pour connaître les financiers. Je n'aime pas le furnaturel, dit *Zadig*; les gens et les livres à prodiges m'ont toujours déplu; fi votre majefté veut me laiffer faire l'épreuve que je lui propofe, elle fera bien convaincue que mon fecret eft la chofe la plus fimple et la plus aifée. *Nabuffan*, roi de *Serendib*, fut bien plus étonné d'entendre que ce fecret était simple, que si on le lui avait donné pour un miracle. Or bien, dit-il, faites comme vous l'entendrez. Laissez-moi faire, dit *Zadig*, vous gagnerez à cette épreuve plus que vous ne pensez. Le jour même il fit publier au nom du roi, que tous ceux qui prétendaient à l'emploi de haut-receveur des deniers de sa gracieuse majesté *Nabussan*, fils de *Nussanab*, eussent à se rendre en habits de soie légère, le premier de la lune du crocodile, dans l'antichambre du roi. Ils s'y rendirent au nombre de soixante et quatre. On avait fait venir des violons dans un sallon voisin; tout était préparé pour le bal; mais la porte de ce sallon était fermée, et il fallait, pour y entrer, passer par une petite galerie assez obscure. Un huissier vint chercher et introduire chaque candidat, l'un après l'autre par ce passage dans lequel on le laissait seul quelques minutes. Le roi qui avait le mot o), avait étalé tous ses trésors dans cette galerie. Lorsque tous les prétendans furent arrivés dans ce sallon, sa majesté ordonna qu'on les fît danser. Jamais on ne dansa plus pesamment et avec moins de grâce; ils avaient tous la tête baissée, les reins courbés, les mains

---

o) Welcher Bescheid wußte.

collées à leurs côtés. Quels fripons ! difait
tout bas *Zadig*. Un feul d'entr'eux formait
des pas avec agilité, la tête haute, le regard
affuré, les bras étendus, le corps droit, le
jarret ferme. Ah, l'honnête homme, le brave homme ! difait *Zadig*. Le roi embraffa
ce bon danfeur, le déclara tréforier, et tous
les autres furent punis et taxés avec la plus
grande juftice du monde ; car chacun, dans le
temps qu'il avait été dans la galerie, avait
rempli fes poches et pouvait à peine marcher.
Le roi fut fâché pour la nature humaine que
de ces foixante et quatre danfeurs il y
eût foixante et trois filoux. La galerie
obfcure fut appelée le corridor de la tentation.
On aurait en Perfe empalé ces foixante et
trois feigneurs ; en d'autres païs on eût fait
une chambre de juftice qui eût confommé en
frais le triple de l'argent volé, et qui n'en eût
rien remis dans les coffres du fouverain ; dans
un autre royaume ils fe feraient pleinement
juftifiés et auraient fait difgracier ce danfeur
fi léger : à *Serendib* ils ne furent condamnés
qu'à augmenter le tréfor public, car *Nabuffan*
était fort indulgent.

Il était auffi fort reconnaiffant ; il donna
à *Zadig* une fomme d'argent plus confidérable qu'aucun tréforier n'en avait jamais volé

au roi son maître. *Zadig* s'en servit pour envoyer des exprès à Babylone, qui devaient l'informer de la destinée *d'Astarté*. Sa voix trembla en donnant cet ordre, son sang reflua vers son coeur, ses yeux se couvrirent de ténèbres, son ame fut prête à l'abandonner. Le courrier partit, *Zadig* le vit embarquer.

CHAPITRE XV.
Les yeux bleus.

Nabussan avait cent femmes, dont quatre vingt-dix-neuf caressaient le *roi;* il n'y en avait qu'une qui aimait *Nabussan*. Il lui donna son coeur; elle le méritait bien. Jamais la fleur de la jennesse ne fut si brillante; jamais les charmes de la beauté ne furent si enchanteurs. La vérité de l'histoire ne permet pas de taire qu'elle faisait mal la révérence, mais elle dansait comme les Fées, chantait comme les Sirènes et parlait comme les Grâces; elle était pleine de talens et de vertus.

Nabussan, aimé, l'adora; mais elle avait les yeux bleus, et ce fut la source des plus grands malheurs. Il y avait une ancienne ol qui défendait aux rois d'aimer une de ces femmes que les Grecs ont appelées depuis *boopies* p). Le chef des bonzes avait établi cette loi il y avait plus de cinq mille ans; c'était pour s'approprier la maîtresse du premier roi de l'île de *Serendib* que ce premier bonze avait fait passer l'anathème des yeux bleus en constitution fondamentale de l'Etat. Tous les ordres de l'empire vinrent faire à *Nabussan* des remontrances. On disait publiquement que les derniers jours du royaume étaient arrivés, que l'abomination était à son comble, que toute la nature était menacée d'un événement sinistre; qu'en un mot, *Nabussan*. fils de *Nussanab*, aimait deux grands yeux bleus. Les financiers, les bonzes et les brunes remplirent le royaume de leurs plaintes.

Les peuples sauvages qui habitent le nord de *Serendib*, profitèrent de ce mécontentement général. Ils firent une irruption dans les Etats du bon *Nabussan*. Il demanda des subsides à ses sujets; les bonzes qui possédaient la moitié du revenu de l'Etat, se contentèrent de lever les mains au ciel, et refusèrent de les mettre dans leurs coffres pour aider le roi. Ils firent

---

p) Mit grofsen blauen Augen.

de belles prières en musique et laissèrent l'Etat en proie aux barbares.

O mon cher *Zadig*, me tireras-tu encore de cet horrible embarras! s'écria douloureusement *Nabussan*. Très-volontiers, répondit *Zadig*; vous aurez de l'argent des bonzes tant que vous en voudrez. Laissez à l'abandon les terres où sont situés leurs châteaux, et défendez seulement les vôtres. *Nabussan* n'y manqua pas: les bonzes vinrent se jetter aux pieds du roi et implorer son assistance. Le roi leur répondit par une belle musique, dont les paroles étaient des prières au ciel pour la conversation de leurs terres. Les bonzes enfin donnèrent de l'argent, et le roi finit heureusement la guerre. Ainsi *Zadig*, par ses conseils sages et heureux, et par les plus grands services, s'était attiré l'irréconciliable inimitié des hommes les plus puissans de l'Etat; les bonzes et les brunes jurèrent sa perte; les financiers ne l'épargnèrent pas; on le rendit suspect au bon *Nabussan*. Les services rendus restent souvent dans l'antichambre, et les soupçons entrent dans le cabinet, selon la sentence de *Zoroastre*. C'était tous les jours de nouvelles accusations; la première est

repouffée, la feconde effleure, la troifième blef-
fe, la quatrième tue.

Zadig intimidé, qui avait bien fait les affaires de fon ami Sétoc, et qui lui avait fait tenir fon argent, ne fongea plus qu'à partir de l'île, et réfolut d'aller lui-même chercher des nouvelles d'Aftarté; car, difait-il, fi je refte dans Serendib les bonzes me feront empaler. Mais où aller ? Je ferai efclave en Egypte, brûlé felon toutes les apparences en Arabie et étranglé à Babylone. Cependant il faut favoir ce qu'Aftarté eft devenue; partons et voyons ce que me réferve ma trifte deftinée.

CHAPITRE XVI.
Le Brigand.

En arrivant aux frontières qui féparent l'Arabie pétré de la Syrie, comme il paffait près d'un château affez fort, des arabes armés en fortirent. Il fe vit entouré, on lui criait: Tout ce que vous avez nous appartient et votre perfonne appartient à notre maître. Zadig pour réponfe tira fon épée; fon valet qui avait du courage en fit autant. Ils renverfèrent morts les premiers arabes qui mirent la main sur eux; le nombre redoubla, ils ne s'étonnèrent point et résolurent de périr en combattant. On voyait deux hommes se défendre contre une multitude; un tel combat ne pouvait durer long-temps. Le maître du château, nommé *Arbogad*, ayant vu d'une fenêtre les prodiges de valeur que fesait *Zadig*, conçut de l'estime pour lui. Il descendit en hâte et vint lui-même écarter ses gens et délivrer les deux voyageurs. Tout ce qui passe sur mes terres est à moi, dit-il, aussi bien que ce que je trouve sur les terres des autres; mais vous me paraissez un si brave homme que je vous exempte de la loi commune. Il le fit entrer dans son château, ordonnant à ses gens de le bien traiter; et le soir *Arbogad* voulut souper avec *Zadig*.

Le seigneur de ce château était un de ces arabes qu'on appelle *voleurs*; mais il fesait quelquefois de bonnes actions parmi une foule de mauvaises; il volait avec une rapacité furieuse, et donnait libéralement; intrépide dans l'action, assez doux dans le commerce, débauché à table, gai dans la débauche, et sur-tout plein de franchise. *Zadig* lui plut beaucoup; sa conversation, qui s'anima, fit durer le repas. Enfin, *Arbogad* lui dit: Je vous conseille de vous enrôler sous moi, vous ne sauriez mieux faire; ce métier-ci n'est pas mauvais; vous pourrez un jour devenir ce que je fuis. Puis-je vous demander, dit *Zadig*, depuis quel temps vous exercez cette noble profession? Dès ma plus tendre jeuneſſe, reprit le ſeigneur. J'étais valet d'un arabe aſſez habile; ma ſituation m'était inſupportable. J'étais au déſeſpoir de voir que dans toute la terre, qui appartient également aux hommes, la deſtinée ne m'eût pas réſervé ma portion. Je confiai mes peines à un vieil arabe, qui me dit: Mon fils, ne déſeſpère pas; il y avait autrefois un grain de ſable qui ſe lamentait d'être un atome ignoré dans les déſerts; au bout de quelques années il devint diamant, et il eſt à préſent le plus bel ornement de la couronne du roi des Indes. Ce diſcours me fit impreſſion; j'étais le grain de ſable, je réſolus de devenir diamant. Je commençai par voler deux chevaux; je m'aſſociai des camarades; je me mis en état de voler de petites caravanes; ainſi je fis ceſſer peu-à-peu la diſproportion qui était d'abord entre les hommes et moi. J'eus ma part aux biens de ce monde, et je fus même dédommagé avec uſure: on me conſidéra beaucoup; je devins ſeigneur brigand; j'acquis ce château par voies de faits. Le ſatrape de Syrie voulut m'en dépoſſéder; mais j'étais déjà trop riche pour n'avoir rien à craindre; je donnai de l'argent au fatrape, moyennant quoi je confervai ce château, et j'agrandis mes domaines; il me nomma même tréforier des tributs que l'Arabie pétrée payait au roi des rois. Je remplis ma charge de receveur et point du tout celle de payeur.

Le grand defterham de Babylone envoya ici, au nom du roi *Moabdar*, un petit fatrape pour me faire étrangler. J'étais inftruit de tout; je fis étrangler en fa préfence les quatre perfonnes qu'il avait amenées avec lui pour ferrer le lacet; après quoi je lui demandai ce que pouvait lui valoir la commiffion de m'étrangler. Il me répondit que fes honoraires pouvaient aller à trois cents pièces d'or. Je lui fis voir clair qu'il y aurait plus à gagner avec moi. Je le fis fous-brigand; il eft aujourd'hui un de mes meilleurs officiers et des plus riches. Si vous m'en croyez, vous réuffirez comme lui. Jamais la faifon de voler n'a été meilleure, depuis que *Moabdar* eft tué, et que tout eft en confufion à Babylone.

Moabdar eft tué! dit *Zadig*; et qu'eft devenue la reine *Aftarté*? Je n'en fais rien, reprit *Arbogad*. Tout ce que je fais, c'eft que *Moabdar* est devenu fou, qu'il a été tué, que Babylone est un grand coupe-gorge, que tout l'empire est défolé, qu'il y a de beaux coups à faire encore, et que pour ma part j'en ai fait d'admirables. Mais la reine? dit *Zadig*; de grâce, ne savez-vous rien de la destinée de la reine? On m'a parlé d'un prince d'Hircanie, reprit-il; elle est probablement parmi ses concubines, si elle n'a pas été tuée dans le tumulte; mais je suis plus curieux de butin que de nouvelles. J'ai pris plusieurs femmes dans mes courses; je n'en garde aucune; je les vends cher quand elles sont belles, sans m'informer de ce qu'elles sont. On n'achete point le rang; une reine qui serait laide ne trouverait pas un marchand. Peut-être ai-je vendu la reine *Astarté*; peut-être est-elle morte. Mais peu m'importe, et je pense que vous ne devez pas vous en plus soucier que moi. En parlant ainsi il buvait avec tant de courage, il confondait tellement toutes les idées, que *Zadig* n'en put tirer aucun éclaircissement.

Il restait interdit, accablé, immobile. *Arbogad* buvait toujours, fefait des contes, répétait sans cesse qu'il était le plus heureux de tous les hommes, exhortant *Zadig* de se ren

dre auſſi heureux que lui. Enfin doucement
aſſoupi par les fumées du vin, il alla dormir
d'un ſommeil tranquille. *Zadig* paſſa la nuit
dans l'agitation la plus violente. Quoi, diſait-
il, le roi eſt devenu fou! il eſt tué! Je ne
puis m'empêcher de le plaindre. L'empire eſt
déchiré, et ce brigand eſt heureux. O fortuné! ô deſtinée! un voleur eſt heureux, et ce
que la nature a fait de plus aimable a péri
peut-être d'une manière affreuſe, ou vit dans
un état pire que la mort. O *Aſtarté!* qu'é-
tes-vous devenue?

Dès le point du jour, il interrogea tous
ceux qu'il rencontrait dans le château; mais
tout le monde était occupé, perſonne ne lui
répondit; on avait fait pendant la nuit de nouvelles conquêtes, on partageait les dépouilles.
Tout ce qu'il put obtenir dans cette confuſion
tumultueuſe, ce fut la permiſſion de partir.
Il en profita ſans tarder, plus abimé que jamais dans ſes réflexions douloureuſes.

Zadig marchait inquiet, agité, l'esprit
tout occupé de la malheureuſe *Aſtarté*, du roi de
Babylone, de ſon fidelle *Cador*, de l'heureux
brigand *Arbogad*, de cette femme ſi capricieuſe que des Babyloniens avaient enlevée ſur les

confins de l'Egypte, enfin de tous les contre-temps et de toutes les infortunes qu'il avait éprouvées.

CHAPITRE XVII.
Le Pêcheur.

A quelques lieues du château d'*Arbogad*, il se trouva sur le bord d'une petite rivière, toujours déplorant sa destinée, et se regardant comme le modèle du malheur. Il vit un pêcheur couché sur la rive, tenant à peine d'une main languissante son filet, qu'il semblait abandonner, et levant les yeux vers le ciel.

Je suis certainement le plus malheureux de tous les hommes, disait le pêcheur. J'ai été, de l'aveu de tout le monde, le plus célèbre marchand de fromages à la crême dans Babylone, et j'ai été ruiné. J'avais la plus jolie femme qu'homme pût posséder, et j'en ai été trahi. Il me restait une chétive maison, je l'ai vue pillée et détruite. Réfugié dans une cabane, je n'ai de ressource que ma pêche, et je ne prends pas un poisson. O mon filet! je ne te jetterai plus dans l'eau; c'est à moi de m'y jetter. En disant ces mots, il se lève, et s'avance dans l'attitude d'un homme qui allait se précipiter et finir sa vie.

Eh quoi! se dit *Zadig* à sui-même, il y a donc des hommes aussi malheureux que moi! L'ardeur de sauver la vie au pêcheur fut aussi prompte que cette réflexion. Il court à lui, il l'arrête, il l'interroge d'un air attendri et consolant. On prétend qu'on est moins malheureux, quand on ne l'est pas seul : mais, selon *Zoroastre*, ce n'est pas par malignité, c'est par besoin. On se sent alors entraîné vers un infortuné comme vers son semblable. La joie d'un homme heureux serait une insulte; mais deux malheureux font comme deux arbrisseaux faibles, qui, s'appuyant l'un sur l'autre, se fortifient contre l'orage.

Pourquoi succombez-vous à vos malheurs? dit *Zadig* au pêcheur. C'est, répondit-il, parce que je n'y vois pas de ressource. J'ai été le plus considéré du village de Derlback auprès de Babylone, et je fesais avec l'aide de ma femme les meilleurs fromages à la crême de l'empire. La reine *Astarté* et le fameux ministre *Zadig* les aimaient passionnément. J'avais fourni à leurs maisons six cents fromages. J'allai un jour à la ville pour être payé; j'appris en arrivant dans Babylone que la reine et *Zadig* avaient disparu. Je courus chez le seigneur *Zadig*, que je n'avais jamais vu; je trouvai les archers du grand desterham, qui, munis d'un papier royal, pillaient sa maison loyalement et avec ordre. Je volai aux cuisines de la reine; quelques-uns des seigneurs de la bouche q) me dirent qu'elle était morte; d'autres dirent qu'elle était en prison; d'autres prétendirent qu'elle avait pris la fuite: mais tous m'assurèrent qu'on ne me payerait point mes fromages. J'allai avec ma femme chez le seigneur *Orcan*, qui était une de mes pratiques; nous lui demandâmes sa protection dans notre disgrace. Il l'accorda à ma femme, et me la refusa. Elle était plus blanche que ses fromages à la crême, qui commencèrent mon malheur; et l'éclat de la pourpre de Tyr n'était pas plus brillant que l'incarnat qui animait cette blancheur. C'est ce qui fit qu'*Orcan* la retint, et me chassa de sa maison. J'écrivis à ma chère femme la lettre d'un désespéré. Elle dit au porteur: Ah, ah, oui, je sais quel est l'homme qui m'écrit, j'en ai entendu parler; on dit qu'il fait des fromages à la crême excellens; qu'on m'en apporte, et qu'on les lui paye.

q) Küchen-beamten.

Dans mon malheur je voulus m'adreſſer à la juſtice. Il me reſtait ſix onces d'or; il fallut en donner deux onces à l'homme de loi que je conſultai, deux au procureur qui entreprit mon affaire, deux au ſecrétaire du premier juge. Quand tout cela fut fait, mon procès n'était pas encore commencé, et j'avais déjà dépenſé plus d'argent que mes fromages et ma femme ne valaient. Je retournai à mon village, dans l'intention de vendre ma maiſon pour avoir ma femme.

Ma maiſon valait bien ſoixante onces d'or; mais on me voyait pauvre et preſſé de vendre. Le premier à qui je m'adreſſai m'en offrit trente onces, le ſecond vingt, et le troiſième dix. J'étais prêt enfin à conclure, tant j'étais aveuglé, lorſqu'un prince d'Hircanie vint à Babylone, et ravagea tout ſur ſon paſſage. Ma maiſon fut d'abord ſaccagée, et enſuite brûlée.

Ayant ainſi perdu mon argent, ma femme et ma maiſon, je me ſuis retiré dans ce païs où vous me voyez. J'ai tâché de ſubſiſter du métier de pêcheur; les poiſſons ſe moquent de moi comme les hommes. Je ne prends rien, je meurs de faim; et ſans vous, auguste consolateur, j'allais mourir dans la rivière.

Le pêcheur ne fit point ce récit tout de suite; car à tout moment, *Zadig* ému et transporté lui disait: Quoi! vous ne savez rien de la destinée de la reine? Non, seigneur, répondait le pêcheur, mais je sais que la reine et *Zadig* ne m'ont point payé mes fromages à la crême, qu'on a pris ma femme, et que je suis au désespoir. Je me flatte, dit *Zadig*, que vous ne perdrez pas tout votre argent. J'ai entendu parler de ce *Zadig*; il est honnête homme; et s'il retourne à Babylone, comme il l'espère, il vous donnera plus qu'il ne vous doit. Mais pour votre femme qui n'est pas si honnête, je vous conseille de ne pas chercher à la reprendre. Croyez-moi, allez à Babylone; j'y serai avant vous, parce que je suis à cheval, et que vous êtes à pied. Adressez-vous à l'illustre *Cador*; dites-lui que vous avez rencontré son ami; attendez-moi chez lui, allez: peut-être ne serez-vous pas toujours malheureux.

O puissant *Orosmade!* continua-t-il, vous vous servez de moi pour consoler cet homme; de qui vous servirez-vous pour me consoler?

En parlant ainsi, il donnait au pêcheur la moitié de tout l'argent qu'il avait apporté d'Arabie ; et le pêcheur, confondu et ravi, baisait les pieds de l'ami de *Cador*, et disait : Vous êtes un ange sauveur.

Cependant *Zadig* demandait toujours des nouvelles, et versait des larmes. Quoi ! seigneur, s'écria le pêcheur, vous seriez donc aussi malheureux, vous, qui faites du bien ? Plus malheureux que toi cent fois, répondait *Zadig*. Mais comment se peut-il faire, disait le bon homme, que celui qui donne soit plus à plaindre, que celui qui reçoit ? C'est que ton plus grand malheur, reprit *Zadig*, était le besoin, et que je suis infortuné par le coeur. *Orcan* vous aurait-il pris votre femme, dit le pêcheur ? Ce mot rappela dans l'esprit de *Zadig* toutes ses aventures ; il répétait la liste de ses infortunes, à commencer depuis la chienne de la reine jusqu'à son arrivée chez le brigand *Arbogad*. Ah ! dit-il au pêcheur, *Orcan* mérite d'être puni. Mais d'ordinaire ce sont ces gens-là qui sont les favoris de la destinée. Quoiqu'il en soit, va chez le seigneur *Cador*, et attends moi. Ils se séparèrent ; le pêcheur marcha en remerciant son destin, et Zadig courut en accusant toujours sa chien.

CHAPITRE XVIII.
Le Basilic.

Arrivé dans une belle prairie, il y vit plusieurs femmes qui cherchaient quelque chose avec beaucoup d'application. Il prit la liberté de s'approcher de l'une d'elles, et de lui demander s'il pouvait avoir l'honneur de les aider dans leurs recherches. Gardez-vous en bien, répondit la syrienne ; ce que nous cherchons ne peut-être touché que par des femmes. Voilà qui est bien étrange, dit Zadig ; oserai-je vous prier de m'apprendre ce que c'est, qu'il n'est permis qu'aux femmes de toucher ? C'est un basilic, dit-elle. Un basilic, Madame ! et pour quelle raison s'il vous plait, cherchez-vous un basilic ? C'est pour notre seigneur et maître Ogul, dont vous voyez le château sur le bord de cette rivière, au bout de la prairie. Nous sommes ses très humbles esclaves ; le seigneur Ogul est malade ; son médecin lui a ordonné de manger un basilic cuit dans l'eau-rose ; et comme c'est un animal fort rare qui ne se laisse jamais prendre que par des femmes, le seigneur *Ogul* a promis de choisir pour sa femme bien-aimée celle de nous qui lui apportetait un basilic. Laissez-moi chercher, s'il vous plait, car vous voyez ce qu'il m'en couterait, si j'étais prévenue par mes compagnes.

Zadig laissa cette syrienne et les autres chercher leur basilic, et continua de marcher dans la prairie. Quand il fut au bord d'un petit ruisseau, il y trouva une autre dame couchée sur le gazon, et qui ne cherchait rien. Sa taille paraissait majestueuse, mais son visage était couvert d'un voile. Elle était penchée vers le ruisseau; de profonds soupirs sortaient de sa bouche. Elle tenait en main une petite baguette, avec laquelle elle traçait des caractères sur un sable fin qui se trouvait entre le gazon et le ruisseau. *Zadig* eut la curiosité de voir ce que cette femme écrivait; il s'approche, il vit la lettre Z, puis un A; il fut étonné; puis parut un D; il tressaillit. Jamais surprise ne fut égale à la sienne quand il vit les deux dernières lettres de son nom. Il demeura quelque temps immobile; enfin rompant le silence, il dit d'une voix entre-coupée: O généreuse dame! pardonnez à un étranger, à un infortuné, d'oser vous demander, par quelle aventure étonnante je trouve ici le nom de *Zadig*, tracé de votre main divine? A cette voix, à ces paroles, la dame releva son voile d'une main tremblante, regarda *Zadig*, jetta un cri d'attendrissement, de surprise et de joie, et succombant sous tous les mouvemens divers qui assaillaient à la fois son ame, elle tomba évanouie entre ses bras. C'était *Astarté* elle-même, c'était la reine de Babylone, c'était celle que *Zadig* adorait, et qu'il se reprochait d'adorer; c'était celle dont il avait tant pleuré et tant craint la destinée. Il fut un moment privé de l'usage de ses sens; et quand il eut attaché ses regards sur les yeux d'*Astarté* qui se rouvraient avec une langueur mêlée de confusion et de tendresse: O puissances immortelles, s'écria-t-il, qui présidez aux destins des faibles humains! me rendez-vous *Astarté*? et il attacha son front à la poussière de ses pieds. La reine de Babylone le relève, et le fait asseoir auprès d'elle sur le bord de ce ruisseau; elle essuyait à plusieurs reprises ses yeux, dont les larmes recommençaient toujours à couler. Elle reprenait vingt fois des discours que ses gémissemens interrompaient; elle l'interrogeait sur le hazard qui les rassemblait, et prévenait soudain ses réponses par d'autres questions. Elle entamait le récit de ſes malheurs, et voulait ſavoir ceux de *Zadig*. Enfin tous deux, ayant un peu appaiſé le tumulte de leurs ames, *Zadig* lui conta en peu de mots par quelle aventure il ſe trouvait dans cette prairie. Mais, o malheureuſe et reſpectable reine! comment vous retrouvé-je en ce lieu écarté, vêtue en esclave et accompagnée d'autres femmes esclaves qui cherchent un baſilic pour le faire cuire dans de l'eau-roſe par ordonnance du médecin?

Pendant qu'elles cherchent leur baſilic, dit la belle *Aſtarté*, je vais vous apprendre tout ce que j'ai ſouffert, et tout ce que je pardonne au ciel depuis que je vous revois. Vous ſavez que le roi mon mari trouva mauvais que vous fuſſiez le plus aimable de tous les hommes; et ce fut pour cette raiſon qu'il prit une nuit la réſolution de vous faire étrangler et de m'empoiſonner. Vous ſavez comme le ciel permit que mon petit muet m'avertit de l'ordre de ſa ſublime majeſté. A peine le fidelle *Cador* vous eut-il forcé de m'obéir et de partir, qu'il oſa entrer chez moi au milieu de la nuit par une iſſue ſecrète. Il m'enleva et me conduiſit dans le temple d'*Orosmade*, où le mage ſon frère m'enferma dans une ſtatue coloſſale dont la baſe touche aux fondemens du temple, et dont la tête atteint la voûte. Je fus là comme enfevelie, mais fervie par le mage et ne manquant d'aucune chofe néceffaire. Cependant au point du jour l'apothicaire de fa majefté entra dans ma chambre avec une potion mêlée de jusquiame, d'opium, de ciguë, d'ellébore noir et d'aconit, et un autre officier alla chez vous avec un lacet de foie bleue. On ne trouva perfonne. *Cador*, pour mieux tromper le roi, feignit de venir nous accufer tous deux. Il dit que vous aviez pris la route des Indes, et moi celle de Memphis: on envoya des fatellites après vous et après moi.

Les courriers, qui me cherchaient, ne me connaiffaient pas. Je n'avais presque jamais montré mon vifage qu'à vous feul, en préfence et par ordre de mon époux. Ils coururent à ma pourfuite fur le portrait qu'on leur fefait de ma perfonne: une femme de la même taille que moi et qui peut-être avait plus de charmes, s'offrit à leurs regards fur les frontières de l'Egypte. Elle était éplorée, errante; ils ne doutèrent pas que cette femme ne fût la reine de Babylone; ils la menèrent à *Moabdar*. Leur méprife fit entrer d'abord le roi dans une violente colère; mais bientôt ayant confidéré de plus près cette femme, il la trouva très-belle et fut confolé. On l'appelait *Miſſouf*: On m'a dit depuis que ce nom ſignifie, en langue égyptienne, la belle capricieuſe. Elle l'était en effet; mais elle avait autant d'art que de caprice. Elle plut à *Moabdar*. Elle le ſubjugua au point de ſe faire déclarer ſa femme. Alors ſon caractère ſe développa tout entier; elle ſe livra ſans crainte à toutes les folies de ſon imagination. Elle voulut obliger le chef des mages, qui était vieux et goutteux, de danſer devant elle; et ſur le refus du mage elle le perſécuta violemment. Elle ordonna à ſon grand-écuyer de lui faire une tourte de confitures. Le grand-écuyer eut beau lui repréſenter r) qu'il n'était point pâtiſſier, il fallut qu'il fît la tourte; et on le chaſſa parce qu'elle était trop brûlee. E le donna la charge de grand-écuyer à ſon nain, et la place de chancelier à un page. C'eſt ainſi qu'elle gouverna Babylone. Tout le monde me regrettait. Le roi, qui avait été aſſez honnête homme jusqu'au moment où il avait voulu m'empoiſonner et vous faire étrangler, ſemblait avoir noyé ſes vertus dans l'amour prodigieux qu'il avait pour la belle capricieuſe. Il vint au temple le grand jour du feu ſacré. Je

---

r) Mochte ihr noch ſo viel vorſtellen.

le vis implorer les dieux pour *Missouf* aux pieds de la statue où j'étais renfermée. J'élevai la voix, je lui criai: *Les dieux refusent les voeux d'un roi devenu tyran, qui a voulu faire mourir une femme raisonnable, pour épouser une extravagante.* Moabdar fut confondu de ces paroles au point que sa tête se troubla. L'oracle que j'avais rendu et la tyrannie de *Missouf* suffisaient pour lui faire perdre le jugement. Il devint fou en peu de jours.

Sa folie, qui parut un châtiment du ciel, fut le signal de la révolte. On se souleva, on courut aux armes. Babylone, si long-temps plongée dans une mollesse oisive, devint le théâtre d'une guerre civile affreuse. On me tira du creux de ma statue, et on me mit à la tête d'un parti. *Cador* courut à Memphis, pour vous ramener à Babylone. Le prince d'Hircanie, apprenant ces funestes nouvelles, revint avec son armée faire un troisième parti dans la Chaldée. Il attaqua le roi qui courut au devant de lui avec son extravagante égyptienne. *Moabdar* mourut percé de coups. *Missouf* tomba aux mains du vainqueur. Mon malheur voulut que je fusse prise moi-même par un parti hircanien, et qu'on me menât devant le prince précisément dans le temps qu'on lui amenait *Miſſouf*. Vous ſerez flatté ſans doute en apprenant que le prince me trouva plus belle que l'égyptienne; mais vous ſerez fâché d'apprendre qu'il me deſtina à ſon ſerrail. Il me dit fort réſolument que, dès qu'il aurait fini une expédition militaire qu'il allait exécuter, il viendrait à moi. Jugez de ma douleur. Mes liens avec *Moabdar* étaient rompus, je pouvais être à *Zadig*, et je tombais dans les chaînes de ce barbare. Je lui répondis avec toute la fierté que me donnaient mon rang et mes ſentimens. J'avais toujours entendu dire que le ciel attachait aux perſonnes de ma ſorte un caractère de grandeur, qui d'un mot et d'un coup-d'oeil feſait rentrer dans l'abbaiſſement du plus profond reſpect les téméraires qui oſaient s'en écarter. Je parlai en reine; mais je fus traité en demoiſelle ſuivante. L'hircanien, ſans daigner ſeulement m'adreſſer la parole, dit à ſon eunuque noir, que j'étais une impertinente, mais qu'il me trouvait jolie. Il lui ordonna d'avoir ſoin de moi et de me mettre au régime des favorites, afin de me rafraîchir le teint et de me rendre plus digne de ſes faveurs, pour le jour où il aurait la commodité de m'en honorer. Je lui dis que je me tuerais: il répliqua en riant, qu'on ne ſe tuait point, qu'il était fait *) à ces façons-là, et me quitta comme un homme qui vient de mettre un perroquet dans sa ménagerie. Quel état pour la première reine de l'univers, et je dirai plus pour un coeur qui était à *Zadig!*

A ces paroles il se jetta à ses genoux et les baigna de larmes. *Astarté* le releva tendrement et elle continua ainsi: Je me voyais au pouvoir d'un barbare, et rivale d'une folle avec qui j'étais renfermée. Elle me raconta son aventure d'Egypte. Je jugeai par les traits dont elle peignait son libérateur, par le temps, par le dromadaire sur lequel il était monté, par toutes les circonstances, que c'était *Zadig* qui avait combattu pour elle. Je ne doutai pas que vous ne fussiez à Memphis; je pris la résolution de m'y retirer. Belle *Missouf*, lui dis-je, vous êtes beaucoup plus plaisante que moi, vous divertirez bien mieux que moi le prince d'Hircanie. Facilitez-moi les moyens de me sauver; vous regnerez seule; vous me rendrez heureuse en vous débarrassant d'une rivale. *Missouf* concerta avec moi les moyens de ma fuite. Je partis donc secrétement avec une esclave égyptienne.

---
s) Gewöhnt.

J'étais déjà près de l'Arabie, lorsqu'un fameux voleur, nommé *Arbogad*, m'enleva et me vendit à des marchands qui m'ont amenée dans ce château, où demeure le feigneur *Ogul*. Il m'a achetée fans favoir qui j'étais. C'eft un homme voluptueux, qui ne cherche qu'à faire grande chère, et qui croit que Dieu l'a mis au monde pour tenir table. Il eft d'un embonpoint exceffif, qui eft toujours prêt à le fuffoquer. Son médecin, qui n'a que peu de crédit auprès de lui quand il digère bien, le gouverne defpotiquement quand il a trop mangé. Il lui a perfuadé qu'il le guérirait avec un bafilic cuit dans de l'eau-rofe. Le feigneur *Ogul* a promis fa main à celle de fes efclaves qui lui apporterait un bafilic. Vous voyez que je les laiffe s'empreffer à mériter cet honneur, et je n'ai jamais eu moins d'envie de trouver ce bafilic que depuis, que le ciel a permis que je vous reviffe.

Alors *Aftarté* et *Zadig* fe dirent tout ce que des fentimens long-temps retenus, tout ce que leurs malheurs et leurs amours pouvaient infpirer aux coeurs les plus nobles et les plus paffionnés; et les génies qui préfident à l'amour portèrent leurs paroles jufqu'à la fphère de *Vénus*.

Les femmes rentrèrent chez *Ogul* sans avoir rien trouvé. *Zadig* se fit présenter à lui et lui parla en ces termes : Que la santé immortelle descende du ciel pour avoir soin de tous vos jours ! Je suis médecin ; j'ai accouru vers vous sur le bruit de votre maladie, et je vous ai apporté un basilic cuit dans l'eau-rose. Ce n'est pas que je prétende vous épouser. Je ne vous demande que la liberté d'une jeune esclave de Babylone que vous avez depuis quelques jours ; et je consens de rester en esclavage à sa place, si je n'ai pas le bonheur de guérir le magnifique seigneur *Ogul*.

La proposition fut acceptée. *Astarté* partit pour Babylone avec le domestique de *Zadig*, en lui promettant de lui envoyer incessamment un courrier, pour l'instruire de tout ce qui se serait passé. Leurs adieux furent aussi tendres que l'avait été leur reconnaissance. Le moment où l'on se retrouve, et celui où l'on se sépare, sont les deux plus grandes époques de la vie, comme dit le grand livre du *Zend*. *Zadig* aimait la reine autant qu'il le jurait, et la reine aimait *Zadig* plus qu'elle ne lui disait.

Cependant *Zadig* parla ainsi à *Ogul* : Seigneur, on ne mange point mon basilic, toute sa vertu doit entrer chez vous par les pores. Je l'ai mis dans une petite outre bien enflée et couverte d'une peau fine; il faut que vous poussiez cette outre de toute votre force, et que je vous le renvoie à plusieurs reprises, et en peu de jours de régime vous verrez ce que peut mon art. *Ogul* dès le premier jour fut tout essoufflé, et crut qu'il mourrait de fatigue. Le second il fut moins fatigué, et dormit mieux. En huit jours il recouvra toute la force, la santé, la légèreté, et la gaieté de ses plus brillantes années. Vous avez joué au ballon, et vous avez été sobre, lui dit *Zadig*; apprenez qu'il n'y a point de basilic dans la nature, qu'on se porte toujours bien avec de la sobriété et de l'exercice, et que l'art de faire subsister ensemble l'intempérance et la santé est un art aussi chimérique que la pierre philosophale, l'astrologie judiciaire et la théologie des mages.

Le premier médecin *d'Ogul*, sentant combien cet homme était dangereux pour la médecine, s'unit avec l'apothicaire du corps pour envoyer *Zadig* chercher des basilics dans l'autre monde. Ainsi, après avoir été toujours puni pour avoir bien fait, il était prêt à périr, pour avoir guéri un seigneur gourmand. On l'invita à un excellent dîner. Il devait être empoisonné au second service; mais il reçut un courrier de la belle *Astarté* au premier. Il quitta la table et partit. Quand on est aimé d'une belle femme, dit le grand *Zoroastre*, on se tire toujours d'affaire dans ce monde.

CHAPITRE XIX.
Les Combats.

La reine avait été reçue à Babylone avec les transports qu'on a toujours pour une belle princesse qui a été malheureuse. Babylone alors paraissait être plus tranquille. Le prince d'Hircanie avait été tué dans un combat. Les Babyloniens vainqueurs déclarèrent qu'*Astarté* épouserait celui qu'on choisirait pour souverain. On ne voulut point que la première place du monde, qui serait celle de mari d'*Astarté* et de roi de Babylone, dépendît des intrigues et des cabales. On jura de reconnaître pour roi le plus vaillant et le plus sage. Une grande lice, bordée d'amphithéatres, magnifiquement ornés, fut formée à quelques lieues de la ville. Les combattans devaient s'y rendre armés de toutes pièces [t]).

---

[t]) In vollständiger Rüstung.

Chacun d'eux avait derrière les amphithéâtres un appartement féparé où il ne devait être vu ni connu de perfonne. Il fallait courir quatre lances. u) Ceux, qui feraient affez heureux pour vaincre quatre chevaliers, devaient combattre enfuite les uns contre les autres; de façon que celui qui refterait le dernier maître du camp ferait proclamé le vainqueur des jeux. Il devait revenir quatre jours après, avec les mêmes armes, et expliquer les énigmes propofées par les mages. S'il n'expliquait point les énigmes, il n'était point roi, et il fallait recommencer à courir des lances, jusqu'à ce qu'on trouvât un homme qui fût vainqueur dans ces deux combats; car on voulait abfolument pour roi le plus vaillant et le plus fage. La reine, pendant tout ce temps, devait être étroitement gardée; on lui permettait feulement d'affifter aux jeux, couverte d'un voile; mais on ne fouffrait pas qu'elle parlât à aucun des prétendans, afin qu'il n'y eût ni faveur ni injuftice.

Voilà ce qu'*Aftarté* fefait favoir à fon amant, espérant qu'il montrerait pour elle

---

u) Gegen vier Ritter Lanze rennen.

plus de valeur et d'esprit que personne. Il partit et pria *Vénus* de fortifier son courage et d'éclairer son esprit. Il arriva sur le rivage de l'Euphrate, la veille de ce grand jour. Il fit inscrire sa devise parmi celles des combattans, en cachant son visage et son nom, comme la loi l'ordonnait, et alla se reposer dans l'appartement qui lui échut par le sort. Son ami *Cador* qui était revenu à Babylone, après l'avoir inutilement cherché en Egypte, fit porter dans sa loge une armure complete que la reine lui envoyait. Il lui fit aussi amener de sa part le plus beau cheval de Perse. *Zadig* reçonnut *Astarté* à ces présens; son courage et son amour en prirent de nouvelles forces et de nouvelles espérances.

Le lendemain la reine étant venue se placer sous un dais de pierreries, et les amphithéatres étant remplis de toutes les dames et de tous les ordres de Babylone, les combattans parurent dans le cirque. Chacun d'eux vint mettre sa devise aux pieds du grand mage. On tira au sort les devises; celle de *Zadig* fut la dernière. Le premier qui s'avança était un seigneur très-riche, nommé *Itobad*, fort vain, peu courageux, très maladroit et sans esprit. Ses domestiques l'avaient perfuadé qu'un homme comme lui devait être roi; il leur avait répondu: Un homme comme moi doit regner; ainfi on l'avait armé de pied en cap. Il portait une armure d'or émaillée de verd, un panache verd, une lance ornée de rubans verds. On s'apperçut d'abord, à la manière dont *Itobad* gouvernait fon cheval, que ce n'était pas à un homme comme lui que le ciel réfervait le fceptre de Babylone. Le premier chevalier qui courut contre lui le défarçonna; le fecond le renverfa fur la croupe de fon cheval, les deux jambes en l'air et les bras étendus. *Itobad* fe remit, mais de fi mauvaife grâce que tout l'amphithéatre fe mît à rire. Un troifième ne daigna pas fe fervir de fa lance; mais en lui fefant une paffe, il le prit par la jambe droite, et lui fefant faire un demi-tour, il le fit tomber fur le fable. Les écuyers x) des jeux accoururent à lui en riant, et le remirent en felle. Le quatrième combattant le prend par la jambe gauche, et le fait tomber de l'autre côté. On le conduifit avec des huées à fa loge, où il devait paffer la nuit felon la loi; et il difait en marchant à peine: Quelle aventure pour un homme comme moi!

---

x) Oter-auffeher.

Les autres chevaliers s'acquittèrent mieux de leur devoir. Il y en eut qui vainquirent deux combattans de suite; quelques-uns allèrent jusqu'à trois. Il n'y eut que le prince *Otame* qui en vainquit quatre. Enfin *Zadig* combattit à son tour; il désarçonna quatre cavaliers de suite avec toute la grâce possible. Il fallut donc voir qui serait vainqueur d'*Otame* ou de *Zadig*. Le premier porta des armes bleues et or, avec un panache de même; celles de *Zadig* étaient blanches. Tous les voeux se partageaient entre le chevalier bleu et le chevalier blanc. La reine, à qui le coeur palpitait, fesait des prières au ciel pour la couleur blanche.

Les deux champions firent des passes et des voltes avec tant d'agilité, ils se donnèrent de si beaux coups de lance, ils étaient si fermes sur leurs arçons, que tout le monde, hors la reine, souhaitait qu'il y eût deux rois dans Babylone. Enfin leurs chevaux étant lassés et leurs lances rompues, *Zadig* usa de cette adresse: il passa derrière le prince bleu, s'élance sur la croupe de son cheval, le prend par le milieu du corps, le jette à terre, se met en selle à sa place, et caracolle autour d'*Otame* étendu sur la place. Tout l'amphithéatre crie: Victoire au chevalier blanc! *Otame* indigné fe relève, tire fon épée; *Zadig* faute de cheval, le fabre à la main. Les voilà tous deux fur l'arène, livrant un nouveau combat, où la force et l'agilité triomphent tour-à-tour. Les plumes de leur casque, les clous de leurs braffards, les mailles de leur armure fautent au loin fous mille coups précipités. Ils frappent de pointe et de taille y), à droite, à gauche, fur la tête, fur la poitrine; ils reculent, ils avancent, ils fe mefurent, ils fe rejoignent, ils fe faififfent, ils fe replient comme des lions, le feu jaillit à tout moment des coups qu'ils fe portent. Enfin *Zadig* ayant un moment repris fes efprits, s'arrête, fait une feinte, paffe fur *Otame*, le fait tomber, le défarme, et *Otame* s'écrie: O chevalier blanc! c'eft vous qui devez regner fur Babylone. La reine était au comble de la joie. On reconduifit le chevalier blanc et le chevalier bleu, chacun à fa loge, ainfi que tous les autres felon ce qui était porté par la loi. Des muets vinrent les fervir, et leur apporter à manger. On peut juger fi le petit muet de la reine ne fût pas celui qui fervit *Zadig*. Enfuite on les laiffa dormir feuls jufqu'au lendemain matin, temps

---

y) Mit Stofs und Hieb.

où le vainqueur devait apporter fa devife au grand-mage, pour la confronter et fe faire reconnaître.

Zadig dormit, quoiqu'amoureux, tant il était fatigué. Itobad, qui était couché auprès de lui, ne dormit point. Il fe leva pendant la nuit, entra dans fa loge, prit les armes blanches de Zadig avec fa devife, et mit fon armure verte à la place. Le point du jour étant venu, il alla fièrement au grand-mage déclarer qu'un homme comme lui était vainqueur. On ne s'y attendait pas; mais il fut proclamé pendant que Zadig dormait encore. Aftarté furprife et le défespoir au cœur, s'en retourna dans Babylone. Tout l'amphithéatre était déjà presque vide, lorsque Zadig s'éveilla; il chercha fes armes et ne trouva que cette armure verte. Il était obligé de s'en couvrir, n'ayant autre chofe auprès de lui. Etonné et indigné, il les endoffe avec fureur; il avance dans cet équipage.

Tout ce qui était encore fur l'amphithéatre et dans le cirque le reçut avec des huées. On l'entourait; on lui infultait en face. Jamais homme n'effuya des mortifications fi humiliantes. La patience lui échappe; il écarta à coups de sabre la populace qui osait l'outrager; mais il ne savait quel parti prendre. Il ne pouvait voir la reine, il ne pouvait réclamer l'armure blanche qu'elle lui avait envoyée, c'eût été la compromettre; ainsi, tandis qu'elle était plongée dans la douleur, il était pénétré de fureur et d'inquiétude. Il se promenait sur les bords de l'Euphrate, persuadé que son étoile le destinait à être malheureux sans ressource, repassant dans son esprit toutes ses disgraces, depuis l'aventure de la femme qui haïssait les borgnes, jusqu'à celle de son armure. Voilà ce que c'est, disait-il, de m'être éveillé trop tard; si j'avais moins dormi, je serais roi de Babylone, je posséderais *Astarté*. Les sciences, les mœurs, le courage n'ont donc jamais servi qu'à mon infortune. Il lui échappa enfin de murmurer contre la providence, et il fut tenté de croire que tout était gouverné par une destinée cruelle qui opprimait les bons et qui fesait prospérer les chevaliers verts. Un de ses chagrins était de porter cette armure verte, qui lui avait attiré tant de huées. Un marchand passa; il la lui vendit à vil prix, et prit du marchand une robe et un bonnet long. Dans cet équipage il cotoyait l'Euphrate, rempli de désespoir, en accusant en secret la providence qui le persécutait toujours.

CHAPITRE XX.

L'Ermite.

Il rencontra en marchand un ermite, dont la barbe blanche et vénérable lui descendait jusqu'à la ceinture. Il tenait en main un livre qu'il lisait attentivement. Zadig s'arrêta et lui fit une profonde inclination. L'ermite le salua d'un air si doux que Zadig eut la curiosité de l'entretenir. Il lui demanda, quel livre il lisait. C'est le livre des destinées, dit l'ermite; voulez-vous en lire quelque chose? Il mit le livre dans les mains de Zadig, qui, tout instruit qu'il était dans plusieurs langues, ne put déchiffrer un seul caractère du livre. Cela redoubla encore sa curiosité. Vous me paraissez bien chagrin, lui dit ce bon père. Hélas! que j'en ai sujet! dit Zadig. Si vous permettez que je vous accompagne, repartit le vieillard, peut-être vous serai-je utile; j'ai quelquefois répandu des sentimens de consolation dans l'ame des malheureux. Zadig se *) sentit du respect pour l'air, pour la barbe et pour le livre de l'ermite. Il lui trouva dans la conversation des lumières supérieures. L'ermite parlait de la destinée, de la justice, de la

*) In sich.

morale, du souverain bien, de la faiblesse humaine, des vertus et des vices, avec une éloquence si vive et si touchante que *Zadig* se sentit entraîné vers lui par un charme invincible. Il le pria avec instance de ne le point quitter, jusqu'à ce qu'ils fussent de retour à Babylone. Je vous demande moi-même cette grâce, lui dit le vieillard; jurez-moi par *Orosmade* que vous ne vous séparerez point de moi d'ici à quelques jours, quelque chose que je fasse. *Zadig* jura, et ils partirent ensemble.

Les deux voyageurs arrivèrent le soir à un château superbe. L'ermite demanda l'hospitalité pour lui et pour le jeune homme qui l'accompagnait. Le portier, qu'on aurait pris pour un grand seigneur, les introduisit avec une espèce de bonté dédaigneuse. On les présenta à un principal domestique qui leur fit voir les appartemens magnifiques du maître. Ils furent admis à sa table au bas bout, sans que le seigneur du château les honorât d'un regard; mais ils furent servis comme les autres, avec délicatesse et profusion. On leur donna ensuite à laver dans un bassin d'or garni d'émeraudes et de rubis. On les mena coucher dans un bel appartement, et le lendemain matin, un domestique leur apporta à chacun une pièce d'or, après quoi on les congédia.

Le maître de la maison, dit *Zadig* en chemin, me paraît être un homme généreux, quoique un peu fier; il exerce noblement l'hospitalité. En difant ces paroles il apperçut qu'une espèce de poche très-large que portait l'ermite paraiſſait tendue et enflée; il y vit le baſſin d'or garni de pierreries, que celui-ci avait volé. Il n'oſa d'abord en rien témoigner; mais il était dans une étrange ſurpriſe.

Vers le midi l'ermite ſe préſenta à la porte d'une maiſon très-petite, où logeait un riche avare; il y demanda l'hospitalité pour quelques heures. Un vieux valet mal habillé le reçut d'un ton rude, et fit entrer l'ermite et *Zadig* dans l'écurie, où on leur donna quelques olives pourries, de mauvais pain et de la bière gâtée. L'ermite but et mangea d'un air auſſi content que la veille; puis s'adreſſant à ce vieux valet, qui les obſervait tous deux pour voir s'ils ne volaient rien, et qui les preſſait de partir, il lui donna les deux pièces d'or qu'il avait reçues le matin, et le remercia de toutes ſes attentions. Je vous prie, ajouta-t-il, faites-moi parler à votre maître. Magnifique seigneur, dit l'ermite, je ne puis que vous rendre de très-humbles grâces de la manière noble dont vous nous avez reçus : daignez accepter ce bassin d'or comme un faible gage de ma reconnaissance. L'avare fut près de tomber à la renverse. L'ermite ne lui donna pas le temps de revenir de son saisissement, il partit au plus vite avec son jeune voyageur. Mon père, lui dit *Zadig*, qu'est-ce que tout ce que je vois? Vous ne me paraissez ressembler en rien aux autres hommes; vous volez un bassin d'or garni de pierreries à un seigneur qui vous reçoit magnifiquement, et vous le donnez à un avare qui vous traite avec indignité. Mon fils, répondit le vieillard, cet homme magnifique, qui ne reçoit les étangers que par vanité, et pour faire admirer ses richesses, deviendra plus sage ; l'avare apprendra à exercer l'hospitalité : ne vous étonnez de rien et suivez-moi. *Zadig* ne savait pas encore s'il avait à faire au plus fou ou au plus sage de tous les hommes; mais l'ermite parlait avec tant d'ascendant que *Zadig*, lié d'ailleurs par son serment, ne put s'empêcher de le suivre.

Ils arrivèrent le soir à une maison agréablement bâtie, mais simple, où rien ne sentait ni la prodigalité, ni l'avarice. Le maître était un philosophe retiré du monde, qui cultivait en paix la sagesse et la vertu, et qui cependant ne s'ennuyait pas. Il s'était plu à bâtir cette retraite, dans laquelle il recevait les étrangers avec une noblesse qui n'avait rien de l'ostentation. Il alla lui-même au-devant des deux voyageurs, qu'il fit reposer d'abord dans un appartement commode. Quelque temps après il les vint prendre lui-même, les inviter à un repas propre et bien entendu, pendant lequel il parla avec discrétion des dernières révolutions de Babylone. Il parut sincèrement attaché à la reine, et souhaita que *Zadig* eût paru dans la lice pour disputer la couronne; mais les hommes, ajouta-t-il, ne méritent pas d'avoir un roi comme *Zadig*. Celui-ci rougissait, et sentait redoubler ses douleurs. On convint dans la conversation que les choses de ce monde n'allaient pas toujours au gré des plus sages. L'ermite soutint toujours qu'on ne connaissait pas les voies de la providence, et que les hommes avaient tort de juger d'un tout dont ils n'appercevaient que la plus petite partie.

On parla des passions: ah! qu'elles sont funestes! dit Zadig. Ce sont les vents qui enflent les voiles du vaisseau, repartit l'ermite; elles le submergent quelquefois, mais sans elles il ne pourrait voguer. La bile rend colère et malade, mais sans la bile l'homme ne saurait vivre. Tout est dangereux ici-bas, et tout est nécessaire.

On parla de plaisir, et l'ermite prouva que c'est un présent de la divinité; car, dit-il, l'homme ne peut se donner ni sensation, ni idées, il reçoit tout; la peine et le plaisir lui viennent d'ailleurs comme son être.

Zadig admirait comment un homme, qui avait fait des choses si extravagantes, pouvait raisonner si bien. Enfin après un entretien aussi instructif qu'agréable, l'hôte reconduisit ses deux voyageurs dans leur appartement, en bénissant le ciel qui lui avait envoyé deux hommes si sages et si vertueux. Il leur offrit de l'argent d'une manière aisée et noble qui ne pouvait déplaire. L'ermite le refusa et lui dit qu'il prenait congé de lui, comptant partir pour Babylone avant le jour. Leur séparation fut tendre; Zadig sur-tout se sentait plein d'estime et d'inclination pour un homme si aimable.

Quand l'ermite et lui furent dans leur appartement, ils firent long-temps l'éloge de leur hôte. Le vieillard au point du jour éveilla son camarade. Il faut partir, dit-il; mais tandis que tout le monde dort encore, je veux laisser à cet homme un témoignage de mon estime, et de mon affection. En disant ces mots, il prit un flambeau et mit le feu à la maison. Zadig épouvanté jetta des cris, et voulut l'empêcher de commettre une action si affreuse. L'ermite l'entraînait par une force supérieure; la maison était enflammée. L'ermite, qui était déjà assez loin avec son compagnon, la regardait brûler tranquillement. Dieu merci, dit-il, voilà la maison de mon cher hôte détruite de fond en comble! l'heureux homme! A ces mots Zadig fut tenté à la fois d'éclater de rire, de dire des injures au révérend père, de le battre et de s'enfuir: mais il ne fit rien de tout cela; et toujours subjugué par l'ascendant de l'ermite, il le suivit malgré lui à la dernière couchée.

Ce fut chez une veuve charitable et vertueuse qui avait un neveu de quatorze ans, plein d'agrémens, et son unique espérance. Elle fit, du mieux qu'elle put, les honneurs de sa maison. Le lendemain elle ordonna à son neveu d'accompagner les voyageurs jusqu'à un pont, qui, étant rompu depuis peu, était devenu un passage dangereux. Le jeune homme empressé marche au devant d'eux. Quand ils furent sur le pont: Venez, dit l'ermite au jeune homme, il faut que je marque ma reconnaissance à votre tante. Il le prend alors par les cheveux et le jette dans la rivière. L'enfant tombe, reparait un moment sur l'eau, et est engouffré dans le torrent. O monstre! ô le plus scélérat de tous les hommes! s'écria *Zadig*. Vous m'aviez promis plus de patience, lui dit l'ermite en l'interrompant; apprenez que sous les ruines de cette maison, où la providence a mis le feu, le maître a trouvé un trésor immense; apprenez que ce jeune homme dont la providence a tordu le cou, aurait assassiné sa tante dans un an, et vous dans deux. Qui te l'a dit? barbare! dit *Zadig*; et quand tu aurais lu cet événement dans ton livre des destinées, t'est-il permis de noyer un enfant qui ne t'a point fait de mal? Tandis que le babylonien parlait, il apperçut que le vieillard n'avait plus de barbe, que son visage prenait les traits de la jeunesse. Son habit d'ermite disparut; quatre belles ailes couvraient un corps majestueux et resplendissant de lumière. O envoyé du ciel! ô ange divin:

s'écria *Zadig* en se prosternant, tu es donc descendu de l'empyrée pour apprendre à un faible mortel à se soumettre aux ordres éternels. Les hommes, dit l'ange *Jesrad*, jugent de tout sans rien connaître: tu étais celui de tous les hommes qui méritait le plus d'être éclairé. *Zadig* lui demanda la permission de parler. Je me défie de moi-même, dit-il; mais oserai-je te prier de m'éclaircir un doute: ne vaudrait-il pas mieux avoir corrigé cet enfant, et l'avoir rendu vertueux, que de le noyer? *Jesrad* reprit: S'il avait été vertueux, et s'il eût vécu, son destin était d'être assassiné lui-même avec la femme qu'il devait épouser et le fils qui en devait naître. Mais quoi? dit *Zadig*, il est donc nécessaire qu'il y ait des crimes et que des malheurs tombent sur les gens de bien! Les méchans, répondit *Jesrad*, sont toujours malheureux; ils servent à éprouver un petit nombre de justes répandus sur la terre, et il n'y a point de mal dont il ne naisse un bien. Mais, dit *Zadig*, s'il n'y avait que du bien, et point de mal? Alors, reprit *Jesrad*, cette terre serait une autre terre; l'enchaînement des événemens serait un autre ordre de sagesse; et cet ordre, qui serait parfait, ne peut être que dans la demeure éternelle de l'être suprême, de qui le mal ne peut approcher. Il a créé des millions de mondes, dont aucun ne peut reſſembler à l'autre. Cette immenſe variété eſt un attribut de ſa puiſſance immenſe. Il n'y a ni deux feuilles d'arbres ſur la terre, ni deux globes dans les champs infinis du ciel, qui ſoient ſemblables; et tout ce que tu vois ſur le petit atome où tu es né, devait être dans ſa place et dans ſon temps fixe, ſelon les ordres immuables de celui qui embraſſe tout. Les hommes penſent que cet enfant qui vient de périr eſt tombé dans l'eau par hazard, que c'eſt par un même hazard que cette maiſon eſt brûlée: mais il n'y a point de hazard; tout eſt épreuve, ou punition, ou récompenſe, ou prévoyance. Souviens-toi de ce pêcheur qui ſe croyait le plus malheureux de tous les hommes. *Orosmade* t'a envoyé pour changer ſa deſtinée. Faible mortel! ceſſe de disputer contre ce qu'il faut adorer. Mais, dit *Zadig* ... Comme il diſait *mais*, l'ange prenait déjà ſon vol vers la dixième ſphère. *Zadig* à genoux adora la providence, et ſe ſoumit. L'ange lui cria du haut des airs: Prends ton chemin vers Babylone.

CHAPITRE XXI.

Les Enigmes.

Zadig hors de lui-même, et comme un homme auprès de qui eſt tombé la tonnerre, marchait au hazard. Il entra dans Babylone le jour où ceux, qui avaient combattu dans la lice, étaient déjà aſſemblées dans le grand veſtibule du palais, pour expliquer les énigmes, et pour répondre aux queſtions du grand-mage. Tous les chevaliers étaient arrivés, excepté l'armure verte. Dès que Zadig parut dans la ville, le peuple s'aſſembla autour de lui; les yeux ne ſe raſſaſiaient point de le voir, les bouches de le bénir, les coeurs de lui ſouhaiter l'empire. L'envieux le vit paſſer, frémit et ſe détourna; le peuple le porta juſqu'au lieu de l'aſſemblée. La reine, à qui on apprit ſon arrivée, fut en proie à l'agitation de la crainte et de l'eſpérance; l'inquiétude la dévorait; elle ne pouvait comprendre ni pourquoi Zadig était ſans armes, ni comment Itobad portait l'armure blanche. Un murmure confus s'éleva à la vue de Zadig. On était ſurpris et charmé de le revoir; mais il n'était permis qu'aux chevaliers, qui avaient combattu, de paraître dans l'aſſemblée.

J'ai combattu comme un autre, dit-il, mais un autre porte ici mes armes; et en attendant que j'aie l'honneur de le prouver, je demande la permission de me préfenter pour expliquer les énigmes. On alla aux voix: fa réputation de probité était encore fi fortement imprimée dans les esprits qu'on ne balança pas à l'admettre.

Le grand-mage propofa d'abord cette queftion: Quelle eft de toutes les chofes du monde la plus longue et la plus courte, la plus prompte et la plus lente, la plus divifible et la plus étendue, la plus négligée et la plus regrettée, fans laquelle rien ne fe peut faire, qui dévore tout ce qui eft petit, qui vivifie tout ce qui eft grand?

C'était à *Itobad* à parler. Il répondit qu'un homme comme lui n'entendait rien aux énigmes, et qu'il lui fuffifait d'avoir vaincu à grands coups de lance. Les uns dirent que le mot de l'énigme était la fortune, d'autres la terre, d'autre la lumière. *Zadig* dit que c'était le temps. Rien n'eft plus long, ajouta-t-il, puisqu'il eft la mefure de l'éternité; nen n'eft plus court puisqu'il manque à tous nos projets; rien n'eft plus lent pour qui attend, rien de plus rapide pour qui jouit; il s'étend jusqu'à l'infini en grand; il se divise jusque dans l'infini en petit; tous les hommes le négligent, tous en regrettent la perte; rien ne se fait sans lui; il fait oublier tout ce qui est indigne de la postérité, et il immortalise les grandes choses. L'assemblée convint que Zadig avait raison.

On demanda ensuite: Qu'elle est la chose qu'on reçoit sans remercier, dont on jouit sans avoir comment, et qu'on perd sans s'en appercevoir?

Chacun dit son mot; Zadig devina seul que c'était la vie. Il expliqua toutes les autres énigmes avec la même facilité. *Itobad* disait toujours que rien n'était plus aisé, et qu'il en serait venu à bout tout aussi facilement, s'il avait voulu s'en donner la peine. On proposa des questions sur la justice, sur le souverain bien, sur l'art de régner: les réponses de Zadig furent jugées les plus solides. C'est bien dommage, disait-on, qu'un si bon esprit soit un mauvais cavalier.

Illustres seigneurs, dit *Zadig*, j'ai eu l'honneur de vaincre dans la lice. C'est à moi qu'appartient l'armure blanche. Le seigneur *Itobad* s'en empara pendant mon sommeil; il jugea apparemment qu'elle lui siérait mieux que la verte. Je suis prêt à lui prouver d'abord devant vous avec ma robe et mon épée contre toute cette belle armure blanche qu'il m'a prise, que c'est moi qui ai eu l'honneur de vaincre le brave *Otame*.

Itobad accepta le défi avec la plus grande confiance. Il ne doutait pas, qu'étant casqué, cuirassé, brassardé, il ne vînt aisément à bout d'un champion en bonnet de nuit et en robe de chambre. *Zadig* tira son épée, en saluant la reine qui le regardait, pénétrée de joie et de crainte. *Itobad* tira la sienne, en ne saluant personne. Il s'avança sur *Zadig* comme un homme qui n'avait rien à craindre. Il était prêt à lui fendre la tête: *Zadig* sut parer le coup en opposant ce qu'on appelle le fort de l'épée au faible de son adversaire, de façon que l'épée d'*Itobad* se rompit. Alors *Zadig* saisissant son ennemi au corps, la renversa par terre; et lui portant la pointe de son épée au défaut de la cuirasse: Laissez-vous désarmer, dit-il, ou je vous tue. *Itobad*, toujours surpris des disgraces qui arrivaient à un homme comme lui, laissa faire *Zadig*, qui lui ôta paisiblement comme son magnifique casque, sa superbe cuirasse, ses beaux braſſards, ſes brillans cuiſſards, s'en revêtit, et courut dans cet équipage ſe jetter aux genoux d'*Aſtarté*. *Cador* prouva aiſément que l'armure appartenait à *Zadig*. Il fut reconnu roi d'un conſentement unanime, et ſur-tout de celui d'*Aſtarté*, qui goûtait, après tant d'adverſités, la douceur de voir ſon amant digne aux yeux de l'univers d'être ſon époux. *Itobad* alla ſe faire appeller monſeigneur dans ſa maiſon. *Zadig* fut roi et fut heureux. Il avait préſent à l'eſprit ce que lui avait dit l'ange *Jeſrad*. Il ſe ſouvenait même du grain de ſable devenu diamant. La reine et lui adorèrent la providence. *Zadig* laiſſa la belle capricieuſe *Miſſouf* courir le monde. Il envoya chercher le brigand *Arbogad*, auquel il donna un grade honorable dans ſon armée, avec promeſſe de l'avancer aux premières dignités, s'il ſe comportait en vrai guerrier, et de le faire pendre, s'il feſait le métier de brigand.

Sétoc fut appellé du fond de l'Arabie, avec la belle *Almona* pour être à la tête du commerce de Babylone. *Cador* fut placé et chéri ſelon ſes ſervices; il fut l'ami du roi, et le roi fut alors le ſeul monarque de la terre qui eût un ami. Le petit muet ne fut pas oublié. On donna une belle maiſon au pêcheur. *Orcan* fut condamné à lui payer une groſſe ſomme, et à lui rendre fa femme; mais le pêcheur, devenu fage, ne prit que l'argent.

Ni la belle *Sémire* fe confolait d'avoir cru que *Zadig* ferait borgne, ni *Azora* ceffait de pleurer d'avoir voulu lui couper le nez. Il adoucit leurs douleurs par des préfens. L'envieux mourut de rage et de honte. L'empire jouit de la paix, de la gloire et de l'abondance. Ce fut le plus beau fiècle de la terre: elle était gouvernée par la juftice et par l'amour. On béniffait *Zadig*, et *Zadig* béniffait le ciel.

DIALOGUE PHILOSOPHIQUE.

LE MANDARIN ET LE JÉSUITE.

Un Chinois nommé Xain, ayant voyagé en Europe dans sa jeunesse, retourna à la Chine à l'âge de trente ans, et devenu mandarin, rencontra dans Pekin un ancien ami qui était entré dans l'ordre des jésuites : ils eurent ensemble les conférences suivantes.

Première conférence.

Le mandarin.

Vous êtes donc bien mal-édifié de nos bonzes ?
Le jésuite.
Je vous avoue que je suis indigné de voir quel joug honteux ces séducteurs imposent sur votre populace superstitieuse. Quoi ! vendre la béatitude pour des chiffons bénis ! persuader aux hommes que des pagodes ont

parlé! qu'elles ont fait des miracles! fe mêler de prédire l'avenir! Quelle charlatanerie infupportable!

Le mandarin.

Je fuis bien aife que l'impofture et la fuperftition vous déplaifent.

Le jéfuite.

Il faut que vos bonzes foient de grands fripons.

Le mandarin.

Pardonnez; j'en difais autant en voyant en Europe certaines cérémonies, certains prodiges que les uns appellent des fraudes pieufes, les autres des fcandales. Chaque pays a fes bonzes. Mais j'ai reconnu qu'il y en a autant de trompés que de trompeurs Le grand nombre eft de ceux que l'enthoufiafme aveugle dans leur jeuneffe, et qui ne recouvrent jamais la vue; il y en a d'autres qui ont confervé un oeil et qui voient tout de travers. Ceux-là font des charlatans imbécilles.

Le jéfuite.

Vous devez faire une grande différence entre nous et vos bonzes: ils bâtiffent fur l'erreur et nous fur la vérité; et fi quelquefois nous l'avons embellie par des fables, n'eft-il pas permis de tromper les hommes pour leur bien?

Le mandarin.

Je crois qu'il n'est permis de tromper en aucun cas, et qu'il n'en peut résulter que beaucoup de mal.

Le jésuite.

Quoi ! ne jamais tromper ? Mais dans votre gouvernement, dans votre doctrine des lettrés, dans vos cérémonies et vos rites, n'entre-t-il rien qui fascine les yeux du peuple pour les rendre plus soumis et plus heureux ? Vos lettrés se passeraient-ils d'erreurs utiles ?

Le mandarin.

Depuis près de cinq mille ans que nous avons des annales fidelles de notre empire, nous n'avons pas un seul exemple parmi les lettrés des saintes fourberies dont vous parlez ; c'est de tout temps, il est vrai, le partage des bonzes et du peuple ; mais nous n'avons ni la même langue, ni la même écriture, ni la même religion que le peuple. Nous avons adoré dans tous les siècles un seul dieu, créateur de l'univers, juge des hommes, rémunérateur de la vertu, et vengeur du crime dans cette vie et dans la vie à venir.

Ces dogmes purs nous ont paru dictés par la raison universelle. Notre empereur présente au souverain de tous les êtres les premiers fruits de la terre. Nous l'accompagnons dans ces cérémonies simples et auguftes ; nous joignons nos prières aux siennes. Notre sacerdoce est la magistrature ; notre religion est la justice ; nos dogmes sont l'adoration, la reconnaissance et le repentir ; il n'y a rien là dont on puisse abuser ; point de métaphysique obscure qui divise les esprits, point de sujet de querelles ; nul prétexte d'opposer l'autel au trône ; nulle superstition qui indigne les sages ; aucun mystère qui entraîne les faibles dans l'incrédulité, et qui, en les irritant contre des choses incompréhensibles, leur puisse faire rejetter l'idée d'un *dieu* que tout le monde doit comprendre.

Le jésuite.

Comment donc avec une doctrine, que vous dites si pure, pouvez-vous souffrir parmi vous des bonzes qui ont une doctrine si ridicule ?

Le mandarin.

Eh ! comment aurions-nous pu déraciner une ivraie qui couvre le champ d'un vaste empire aussi peuplé que votre Europe ? Je voudrais qu'on pût ramener tous les hommes à notre culte simple et sublime ; ce ne peut être que l'ouvrage des temps et des sages. Les hommes seraient plus justes et plus heureux. Je suis certain par une longue expérience, que les passions qui font commettre de si grands crimes, s'autorisent presque toutes des erreurs que les hommes ont mêlées à la religion.

Le jésuite.

Comment! vous croyez que les passions raisonnent, et qu'elles ne commettent des crimes que parce qu'elles raisonnent mal?

Le mandarin.

Cela n'arrive que trop souvent.

Le jésuite.

Et quel rapport nos crimes ont-ils donc avec les erreurs superstitieuses?

Le mandarin.

Vous le savez mieux que moi. Ou bien ces erreurs révoltent un esprit assez juste pour les sentir, et non assez sage pour chercher la vérité ailleurs; ou bien ces erreurs entrent dans un esprit faible qui les reçoit avidement. Dans les premier cas, elles conduisent souvent à l'athéisme; on dit: mon bonze m'a trompé; donc il n'y a point de religion; donc il n'y a point de *dieu*; donc je dois être injuste si je puis l'être impunément. Dans le second cas, ces erreurs entraînent un plus affreux fanatisme; on dit: mon bonze m'a prêché que tous ceux qui n'ont point donné de robe neuve à la pagode sont les ennemis de *dieu*; qu'on peut, en sureté de conscience, égorger tous ceux qui disent que cette pagode n'a qu'une tête, tandis que mon bonze jure qu'elle en a sept. Ainsi je peux assassiner, dans l'occasion, mes amis, mes parens, mon roi, pour faire mon salut.

Le jésuite.

Il semble que vous vouliez parler de nos moines sous le nom de bonzes. Vous auriez grand tort; ne seriez-vous pas un peu malin?

Le maodarin.

Je suis juste, je suis vrai, je suis humain. Je n'ai acception de personne; je vous dis que les particuliers et les hommes publics commettent, souvent sans remords, les plus abominables injustices, parce que la religion qu'on leur prêche et qu'on altère leur semble absurde. Je vous dis qu'un raïa de l'Inde, qui ne connaît que sa presqu'île, se moque de ses théologiens qui lui crient, que son dieu *Vitsnou* s'est métamorphosé neuf fois pour venir converser avec les hommes; et que, malgré le petit nombre de ses incarnations, il est fort supérieur au dieu *Sammonocodom* qui s'est incarné chez les siamois jusqu'à cinq cents cinquante fois. Notre raïa, qui entend à droite et à gauche cent rêveries de cette espèce, n'a pas de peine à sentir, combien une telle religion est impertinente; mais son esprit, séduit par son cœur pervers, en conclut témérairement qu'il n'y a aucune religion; alors il s'abandonne à toutes les fureurs de son ambition aveugle; il insulte ses voisins, il les dépouille; les campagnes sont ravagées, les villes mises en cendres, les peuples égorgés. Les prédicateurs ne lui avaient jamais parlé contre le crime de la guerre : au contraire ils avaient fait en chaire le panégyrique des déstructeurs nommés conquérans; et ils avaient même arrosé ses drapeaux en cérémonie de l'eau lustrale du Gange. Le vol, le brigandage, tous les excès des plus monstrueuses débauches, toutes les barbaries des assassinats sont commis alors sans scrupule; la famine et la contagion achèvent de désoler cette terre abreuvée de sang. Et cependant les prédicateurs du voisinage prêchent tranquillement la controverse devant de bonnes vieilles femmes, qui, au sortir du sermon, entoureraient leur prochain de fagots allumés, si leur prochain soutenait que *Sammonocodom* s'est incarné cinq cents quarante-neuf fois, et non pas cinq cents cinquante.

J'ose dire que si ce raïa avait été infiniment persuadé de l'existence d'un *dieu* infini, présent par-tout, infiniment juste et qui doit par conséquent venger l'innocence opprimée, et punir un fcélérat né pour le malheur du genre-humain; fi fes courtifans avaient les mêmes principes; fi tous les miniftres de la religion avaient fait tonner dans fon oreille ces importantes vérités, au lieu de parler des métamorphofes de *Vitsnou;* alors ce raïa aurait héfité de fe rendre fi coupable.

Il en eft de même dans toutes les conditions; j'en ai vu plus d'un trifte exemple dans les païs étrangers et dans ma patrie.

Le jéfuite.

Ce que vous dites n'eft que trop vrai; il faut en convenir, et j'en augure un bon fuccès pour l'objet de ma miffion. Mais avant d'avoir l'honneur de vous en parler, dites-moi, je vous prie, fi vous penfez qu'il foit poffible d'obtenir des hommes qu'ils fe bornent à un culte fimple, raifonnable et pur envers l'être fuprême? Ne faut-il pas aux peuples quelque chofe de plus? n'ont-ils pas befoin, je ne dis pas des fourberies de vos bonzes, mais de quelques illufions refpectables? n'eft-il pas avantageux pour eux qu'ils foient pieufement trompés, je ne dis pas par vos bonzes, mais par des gens fages? Une prédiction heureufement appliquée, un miracle adroitement opéré, n'ont-ils pas quelquefois produit beaucoup de bien?

Le mandarin.

Vous me paraissez faire tant de cas de la fourberie, que peut-être je vous la pardonnerais, si elle pouvait en effet être utile au genre humain. Mais je crois fermement qu'il n'y a aucun cas où le mensonge puisse servir la vérité.

Le jésuite.

Cela est bien dur. Cependant je vous jure que nous avons fait parler en Italie et en Espagne plus d'une image de la Vierge avec un très-grand succès; les apparitions des saints, les possessions du malin ont fait chez nous bien des conversions. Ce n'est pas comme chez vos bonzes.

Le mandarin.

Chez vous comme chez eux, la superstition n'a jamais fait que du mal. J'ai lu beaucoup de vos histoires: je vois qu'on a toujours commis les plus grands attentats dans l'espérance d'une expiation aisée. La plupart de vos Européens ont ressemblé à un certain roi (*Louis XI.*) d'une petite province de votre occident, qui portait, dit-on, je ne sais quelle petite pagode à son bonnet, et qui lui demandait toujours permission de faire assassiner ou empoisonner ceux qui lui déplaisaient. Votre premier empereur chrétien se souilla de parricides, comptant qu'il serait un jour purifié avec de l'eau. En vérité le genre-humain est bien à plaindre; les passions portent les hommes aux crimes; s'il n'y a point d'expiation, ils tombent dans le désespoir et dans la fureur; s'il y en a, ils commettent le crime impunément.

Le jésuite.

Hé bien, ne vaudrait-il pas mieux proposer des remèdes à ces malades frénétiques que de les laisser sans secours?

Le mandarin.

Oui; et le meilleur remède est de réparer par une vie pure les injustices commises. Adieu. Voici le temps où je dois soulager quelques-uns de mes frères qui souffrent. J'ai fait des fautes comme un autre; je ne veux pas les expier autrement; je vous conseille d'en faire de même.

Seconde conférence.

Le jésuite.

Je vous supplie avec humilité, de me procurer une place de mandarin, comme plusieurs de nos pères en ont eues, et d'y faire joindre la permission de nous bâtir une maison et une église, et de prêcher en chinois: vous savez que je parle la langue.

Le mandarin.

Mon crédit ne va pas jusque-là; les juifs, les mahométans qui sont dans notre empire, et qui connaissent un seul dieu comme nous, ont demandé la même permission et nous n'avons pu la leur accorder: il faut suivre les loix.

Le jésuite.

Point du tout; il vaut mieux obéir à *dieu* qu'aux hommes.

Le mandarin.

Oui, si les hommes vous commandent des choses évidemment criminelles; p. l. d'égorger votre père et votre mère, d'empoisonner vos amis; mais il me semble qu'il n'est pas injuste de refuser à un étranger la permission d'apporter le trouble dans nos états, et de balbutier dans notre langue, qu'il prononce toujours fort mal, des choses que ni lui ni nous ne pouvons entendre.

Le jésuite.

J'avoue que je ne prononce pas tout-à-fait aussi-bien que vous; je fais gloire quelquefois de ne pas entendre un mot de ce que j'annonce: pour le trouble et la discorde, c'est vraiment tout le contraire; c'est la paix que j'apporte.

Le mandarin.

Vous souvenez-vous de la fameuse requête présentée à nos neuf tribunaux suprêmes, au premier mois de l'année que vous appelez 1717? En voici les premiers mots qui vous regardent, et que vous avez conservés vous-mêmes (dans les *Lettres édifiantes* p. 98 et suiv.): „Ils vinrent d'Europe à Manille sous le „dynaste *Desning*. Ceux de Manille fesaient „leur commerce avec le Japonais. Ces Eu-„ropéens se servirent de leur religion pour ga-„gner le coeur des Japonais: ils en séduisirent „un grand nombre. Ils attaquèrent ensuite le „royaume et en dedans et en dehors, et il ne s'en „fallut presque rien qu'ils ne s'en rendissent „tout-à-fait les maîtres. Ils répandent dans „nos provinces de grandes sommes d'argent; ils „rassemblent, à certains jours, des gens de la „lie du peuple mêlés avec les femmes; je ne „sais pas quel est leur dessein, mais je sais „qu'ils ont apporté leur religion à Manille, et „que Manille a été envahie, et qu'ils ont vou-„lu subjuguer le Japon, etc."

Le jésuite.

Ah! pour Manille et pour le Japon, passe; mais pour la Chine, vous savez que c'est toute autre chose: Vous connaissez la grande vénération, le profond respect, le tendre attachement, la sincère reconnaissance que — — —

Le mandarin.

Mon dieu oui, nous connaissons tout cela; mais souvenez-vous encore une fois des paroles que le dernier empereur *Tont-Chin*, d'éternelle mémoire, adressa à vos bonzes noirs, les voici: (Lettres édif. 17me recueil, p. 263.)

„Que diriez-vous si j'envoyais une troupe
„de bonzes et de lamas dans votre païs? com-
„ment les recevriez-vous? Si vous avez su
„tromper mon père, n'espérez pas de me
„tromper de même. Vous voulez, que tous
„les Chinois embrassent vos loix, votre culte
„n'en tolère pas d'autres; je le sais. En ce
„cas que deviendrons-nous? les sujets de vos
„princes. Les disciples que vous faites ne con-
„naissent que vous; dans un temps de trouble
„ils n'écouteraient d'autre voix que la vôtre.
„Je sais bien qu'à présent il n'y a rien à crain-
„dre; mais quand les vaisseaux viendront par
„milliers, il pourrait y avoir du desordre, etc."

Le jésuite.

Il est vrai que nous avons transmis à notre Europe ce triste discours de l'empereur *Tont-Chin*. Nous sommes d'ailleurs obligés d'avouer que c'était un prince très-sage et très-vertueux, qui a signalé son regne par des traits de bienfesance au dessus de tout ce que nos princes ont jamais fait de grand et de bon.

Mais après tout, les vertus des infidelles sont des crimes *); c'est une des maximes incontestables de notre petit païs. Mais qu'est-il arrivé à ce grand empereur? il est mort sans sacremens, il est damné à jamais. J'aime la paix, je vous l'apporte; mais plût-au ciel, pour le bien de vos ames, que tout votre empire fût bouleversé, que tout nageât dans le sang, et que vous expirassiez tous jusqu'au dernier, confessés par des jésuites! Car enfin, qu'est-ce qu'un royaume de sept cents lieues de long sur sept cents lieues de large réduit en cendres? C'est une bagatelle; c'est l'affaire de quelques jours, de quelques mois, de quelques années tout au plus, et il s'agit de la gloire éternelle que je vous souhaite.

Le mandarin.

Grand merci de votre bonne volonté. Mais en vérité, vous devriez être content d'avoir fait massacrer plus de cent mille citoyens du Japon. Mettez des bornes à votre zèle. Je crois vos intentions bonnes; mais quand vous aurez armé dans notre empire les mains des enfans contre les pères, des disciples contre

---

*) Cette doctrine est très-nouvelle dans le christianisme. Les premiers pères ont soutenu précisément tout le contraire: mais les théologiens sont devenus barbares à mesure qu'ils sont devenus puissans. Voyez *la Mothe le Vayer*, traité de la vertu des payens.

les maîtres, et des peuples contre les rois; il sera certain que vous aurez commis un très-grand mal; et il n'est pas absolument démontré que vous et moi soyons éternellement récompensés pour avoir détruit la plus ancienne nation qui soit sur la terre.

Le jésuite.

Que votre nation soit plus ancienne ou non, ce n'est pas ce dont il s'agit. Nous savons que depuis près de cinq mille ans, votre empire est sagement gouverné; mais vous avez trop de raison pour ne pas sentir qu'il faudrait, sans balancer, anéantir cet empire, s'il n'y avait que ce moyen de faire triompher la vérité. çà, répondez-moi, je suppose qu'il n'y a d'autres ressources pour votre salut que de mettre le feu aux quatre coins de la Chine; n'êtes-vous pas obligé en conscience de tout brûler?

Le mandarin.

Non, je vous jure; je ne brûlerais pas une grange.

Le jésuite.

Vous avez à la Chine d'étranges principes.

Le mandarin.

Je trouve les vôtres terriblement incendiaires. J'ai bien ouï-dire qu'en votre année 1604, quelques gens charitables voulurent en effet consumer, en un moment, par le feu toute la amille royale, et tous les mandarins d'une île nommée l'Angleterre, uniquement pour faire triompher une de vos sectes sur les ruines des autres sectes. Vous avez employé tantôt le fer, tantôt le feu à ces saintes intentions, et c'est donc là cette paix que vos confrères viennent prêcher à des peuples qui vivent en paix.

Le jésuite.

Ce que je vous en dis n'est qu'une supposition théologique; car je vous répète que j'apporte la paix, l'union, la bienfesance et toutes les vertus. J'ajoute seulement que ma doctrine est si belle qu'il faudrait l'acheter aux dépens de la vie de tous les hommes.

Le mandarin.

C'est vendre cher ses coquilles. Mais comment votre doctrine est-elle si belle, puisque vous me disiez hier qu'il fallait tromper?

Le jésuite.

Rien ne s'accorde plus aisément. Nous annonçons des vérités; ces vérités ne sont pas à la portée de tout le monde, et nous rencontrons des ennemis, des jansénistes, qui nous poursuivent jusqu'à la Chine. Que faire alors? il faut bien soutenir une vérité utile par quelques mensonges qui le sont aussi; on ne peut se passer des miracles: cela tranche toutes les difficultés. Je vous avoue, entre nous, que nous n'en fesons point; mais nous disons que nous en avons faits; et si l'on nous croit, nous gagnons des ames. Qu'importe la route, pourvu qu'on arrive au but! Il est bien sûr que notre petit portugais *Xavier* ne pouvait être à la fois en même tems dans deux vaisseaux. Cependant nous l'avons dit; et plus la chose est impossible et extravagante, plus elle a paru admirable. Nous lui avons fait ressusciter a) quatre garçons et cinq filles: cela était important. Un homme qui ne ressuscite personne n'a guere que des succès médiocres. Laissez-nous au moins guérir de la colique quelques servantes de votre maison; nous ne demandons que la permission d'un petit miracle: ne fait-on rien pour son ami?

Le mandarin.

Je vous aime; je vous servirais volontiers, mais je ne peux mentir pour personne.

Le jésuite.

Vous êtes bien dur; mais j'espère enfin vous convertir.

---

a) Wir haben ihn auferwecken lassen, d. i. wir haben gesagt, dafs er auferwecket habe.

Troisième conférence.

Le jésuite.

Oui, je veux bien convenir d'abord que vos loix et votre morale sont divines. Chez nous on n'a que de la politesse pour son père et sa mère ; chez vous on les honore et on leur obéit toujours. Nos loix se bornent à punir les crimes ; les vôtres décernent des récompenses aux vertus. Nos édits, à l'ordinaire, ne parlent que d'impôts, et les vôtres sont souvent des traités de morale ; vous recommandez la justice, la fidélité, la charité, l'amour du bien public, l'amitié. Mais tout cela devient criminel et abominable, si vous ne pensez pas comme nous, et c'est ce que je m'engage à vous prouver.

Le mandarin.

Il vous sera difficile de remplir cet engagement.

Le jésuite.

Rien n'est plus aisé. Toutes les vertus sont des vices quand on n'a pas la foi ; or vous n'avez pas la foi, donc, malgré vos vertus que j'honore, vous êtes tous des coquins, théologiquement parlant.

Le mandarin.

Honnêtement parlant, votre père *le Comte*, votre père *Ricis* et plusieurs autres n'ont-ils pas dit, n'ont-ils pas imprimé en Europe que nous étions, il y a quatre mille ans, le peuple le plus juste de la terre, et que nous adorions le vrai dieu dans le plus ancien temple de l'univers? Vous n'existiez pas alors; nous n'avons pas changé. Comment pouvons-nous avoir eu raison il y a quatre mille ans, et avoir tort à présent?

Le jésuite.

Je vais vous le dire: notre doctrine est incontestablement la meilleure; or, les Chinois ne reconnaissent pas notre doctrine, donc ils ont évidemment tort.

Le mandarin.

On ne peut mieux raisonner; mais nous avons à Kanton des anglais, des hollandais, des danois, qui pensent tout différemment de vous, qui vous ont chassé de leur païs, parce qu'ils trouvaient votre doctrine abominable, et qui disent que vous êtes des corrupteurs; vous-même vous avez eu ici des disputes scandaleuses avec des gens de votre propre secte; vous vous anathématisez les uns les autres: ne sentiez-vous pas l'énorme ridicule d'une troupe d'européens qui venaient nous enseigner un système, dans lequel ils n'étaient pas d'accord entr'eux? Ne voyez-vous pas que vous êtes les enfans perdus b) des puissances qui voudraient s'étendre dans tout l'univers? Quel fanatisme, quelle fureur vous fait passer les mers pour venir aux extrémités de l'orient, nous étourdir par vos disputes, et fatiguer nos tribunaux de vos querelles? Vous nous apportez votre pain et votre vin, et vous dites qu'il n'est permis qu'à vous de boire du vin c): assurément cela n'est pas honnête et civil. Vous nous dites que nous serons damnés, si nous ne mangeons de votre pain; et puis quand quelques-uns de nous ont eu la politesse d'en manger, vous leur dites, que ce n'est pas du pain, que ce sont des membres d'un corps humain et du sang, et qu'ils seront damnés s'ils croient avoir mangé du pain que vous leur avez offert. Les lettrés chinois ont-ils pu penser autre chose de vous, sinon que vous étiez des fous, qui aviez rompu vos chaines, et qui couriez par le monde comme des échappés d)? Du moins les

---

b) Soldaten, die man dem ersten oder gefährlichsten Angriff blofsstellt.

c) Nämlich bei Austheilung des Abendmahls.

d) Dem Tollhaus entlaufene.

européens d'Angleterre, de Hollande, de Danemark et de Suède, ne nous difent pas que du pain n'eft pas du pain; ne foyez pas furpris s'ils ont paru à la Chine et dans l'Inde plus raifonnables que vous. Cependant nous ne leur permettons pas de prêcher à Pekin, et vous voulez qu'on vous le permette?

Le jéfuite.

Ne parlons point de ce myftère. Il eft vrai que dans notre Europe, le réformé, le proteftant, le molinifte, le janfénifte, l'anabaptifte, le méthodifte, le morave, le memnonifte, l'anglican, le quaker, le piétifte, le coccéien, le voétien, le focinien, l'unitaire rigide, le millénaire veulent chacun tirer à eux la vérité, qu'ils la mettent en pièces et qu'on a bien de la peine à en raffembler les morceaux. Mais enfin nous nous accordons fur le fond des chofes.

Le mandarin.

Si vous preniez la peine d'examiner les opinions de chaque difputeur, vous verriez qu'ils ne font de même avis fur aucun point. Vous favez combien nous fumes fcandalifés, quand notre prince *Ourlebert*, que vous avez féduit, nous dit que vous aviez deux loix, que ce qui avait été autrefois vrai et bon, était devenu faux et mauvais. Tous nos tribunaux furent indignés; ils le feraient bien davantage, s'ils apprenaient, que depuis dix-sept siècles vous êtes occupés à expliquer, à retrancher et ajouter, à concilier, à rajuster, à forger: nous, au contraire, depuis cinquante siècles, nous n'avons pas varié un seul moment.

Le jésuite.

C'est parce que vous n'avez jamais été éclairés. Vous n'avez jamais écouté que votre simple raison; elle vous a dit qu'il y a un *dieu*, et qu'il faut être juste; il n'y a pas moyen de disputer sur cela: mais il fallait écouter quelque chose au dessus de votre raison; il fallait lire tous les livres du peuple juif, que malheureusement vous ne connaissez pas et il fallait les croire, et lire tous nos livres grecs et latins. Alors vous auriez eu comme nous mille belles querelles toutes les années; chaque querelle aurait occasionné une décision admirable, un jugement nouveau: voilà ce qui vous a manqué, et c'est ce que je veux apprendre aux Chinois, mais toujours pour le bien de la paix.

Le mandarin.

Hé bien, quand les Chinois, pour le bien de la paix, sauront toutes les opinions qui déchirent votre petit coin de terre au bout de l'occident, en feront ils plus juftes ? honoreront-ils leurs parens davantage ? feront-ils plus fidelles à l'empereur ? l'empire fera-t-il mieux gouverné, les terres mieux cultivées ?

Le jéfuite.

Non affurément ; mais les Chinois feront fauvés comme moi : ils n'ont qu'à croire ce que je ne comprends pas.

Le mandarin.

Pourquoi voulez-vous qu'ils le comprennent ?

Le jéfuite.

Ils ne le comprendront pas non plus.

Le mandarin.

Pourquoi voulez-vous donc le leur apprendre ?

Le jéfuite.

C'eft qu'il eft néceffaire aujourd'hui à tous les hommes de le favoir.

Le mandarin.

S'il eft néceffaire à tous les hommes de le favoir, pourquoi les Chinois l'ont-ils toujours ignoré ? pourquoi l'avez-vous ignoré vous-même fi long-temps ? pourquoi n'en a-t-on jamais rien fu dans toute la grande Tartarie, dans l'Inde et au Japon ? Ce qui eft néceffaire à tous les hommes, ne leur eft-il pas donné à tous ? N'ont-ils pas tous les mêmes fens, le même inſtinct d'amour-propre, le même inſtinct qui les fait vivre en ſociété ? Comment ſe pourrait-il faire que l'être ſuprême, qui nous a donné tout ce qui nous eſt convenable, nous eût refuſé la ſeule choſe eſſentielle ? n'eſt-ce pas une impiété de le croire ?

Le jéſuite.

C'eſt qu'il n'a fait ce préſent qu'à ſes favoris.

Le mandarin.

Vous êtes donc ſon favori ?

Le jéſuite.

Je m'en flate.

Le mandarin.

Pour moi, je ſuis ſimplement ſon adorateur. les ſectes de votre Europe, qui croient que vous êtes des réprouvés ; et tant que vous vous perſécuterez les uns les autres, il ne ſera pas prudent de vous écouter.

Le jéſuite.

Ah ! ſi jamais je retourne à Rome, que je me vengerai de tous ces impies qui empêchent nos progrès à la Chine !

Le mandarin.

Faites mieux, pardonnez-leur. Vivons doucement tous enſemble, tant que vous ſerez ici ; ſecourons-nous mutuellement ; adorons tous l'être ſuprême du fond de notre cœur

Quoique vous ayez plus de barbe que nous, le nez plus long, les yeux moins fendus, les joues plus rouges, les piés plus gros, les oreilles plus petites et l'esprit plus inquiet, cependant nous sommes tous frères.

Le jésuite.

Tous frères; et que deviendra mon titre de père?

Le mandarin.

Vous convenez tous qu'il faut aimer *dieu*?

Le jésuite.

Pas tout-à-fait e) mais je le permets.

Le mandarin.

Qu'il faut être modéré, sobre, compatissant, équitable, bon maître, bon père de famille, bon citoyen?

Le jésuite.

Sans doute.

Le mandarin.

Hé bien, ne vous tourmentez plus tant, je vous assure que vous êtes de ma religion.

Le jésuite.

Ah! vous vous rendez à la fin. Je savais bien que je vous convertirais.

G 5

---

e) Nicht so ganz. Dis beziehet sich auf den Streit, der vor etwa 90 bis 100 Jahren über die reine Liebe zu Gott in Frankreich geführt ward.

Quand le mandarin et le jéfuite eurent été d'accord, le mandarin donna au moine cette profeffion de foi:

1°. La religion confifte dans la foumiffion à *dieu* et dans la pratique des vertus.

2o. Cette vérité inconteftable eft reconnue de toutes les nations et de tous les temps. Il n'y a de vrai que ce qui force tous les hommes à un confentement unanime; les vaines opinions, qui fe contredifent, font fauffes.

3°. Tout peuple qui fe vante d'avoir une religion particulière pour lui feul, offenfe la divinité et le genre-humain; il ofe fuppofer que *dieu* abandonne tous les autres peuples pour n'éclairer que lui.

4o. Les fuperftitions particulières n'ont été inventées, que par des hommes ambitieux qui ont voulu dominer fur les efprits, qui ont fourni un prétexte à la nation qu'ils ont féduite, d'envahir les biens des autres nations.

5o. Il eft conftaté par l'hiftoire, que ces différentes fectes, qui fe profcrivent réciproquement avec tant de fureur, ont été la fource de mille guerres civiles; et il eft évident que fi les hommes fe regardoient tous comme des frères, également foumis à leur père commun, il y aurait eu moins de fang verfé fur la terre, moins de faccagemens, moins de rapines, et moins de crimes de toute espèce.

6°. Des lamas et des bonzes qui prétendent que la mère du dieu *Fo* accoucha de ce dieu par le côté droit, après avoir avalé un enfant, difent une fottife; s'ils ordonnent de la croire, ce font des charlatans tyranniques; s'ils perfécutent ceux qui ne la croient pas, ils font des monftres.

7°. Les brames qui ont des opinions un peu moins abfurdes, et non moins fauffes, auraient également tort de commander de les croire, quand même elles pourraient avoir quelque lueur de vraifemblance; car l'être fuprême ne peut juger les hommes fur les opinions d'un brame, mais fur leurs vertus et fur leurs iniquités; une opinion quelle qu'elle foit, n'a nul rapport avec la manière dont on a vécu; il ne s'agit pas de faire croire telle ou telle métamorphofe, tel ou tel prodige, mais d'être homme de bien. Quand vous êtes accufé devant un tribunal, on ne vous demande pas fi vous croyez que le premier mandarin a encore fon père, s'il marié, s'il est veuf, s'il est riche ou pauvre, grand ou petit ; on vous interroge sur vos actions.

8o. *Si tu n'es pas instruit de certains faits, si tu ne crois pas certaines obscurités, si tu ne sais par coeur certaines formules, si tu n'as pas mangé en certains temps certains alimens qu'on ne trouve point dans la moitié du globe, tu seras éternellement malheureux :* voilà ce que les hommes ont pu inventer de plus absurde et de plus horrible. *Si tu es juste, tu seras récompensé, si tu es injuste, tu seras puni :* voilà ce qui est raisonnable.

9o. Certains brames qui croient que les enfans, morts avant que d'avoir été baignés dans le Gange, sont condamnés à des supplices éternels, sont les plus insensés de tous les hommes et ces plus durs. Ceux qui font voeu de pauvreté pour s'enrichir ne sont pas les moins fourbes ; ceux qui cabalent dans les familles et dans l'état, ne sont pas les moins méchans.

10°. Plus les hommes sont faibles, enthousiastes, fanatiques, plus le gouvernement doit être modéré et sage.

11°. Si vous donnez à un charlatan le privilége exclusif de faire des almanacs, il fera un calendrier de superstition pour tous les jours de l'année ; il intimidera les peuples et les magistrats par les conjonctions et les influences des astres. Si vous laissez vingt charlatans faire des almanacs, ils prédiront des événemens différens ; ils se décréditeront tous les uns les autres : un temps viendra où tout le peuple aura découvert la friponnerie de tous les astrologues.

12o. Alors il n'y aura plus d'almanacs que ceux des véritables astronomes qui calculent juste les mouvemens des globes, qui n'attribuent d'influence à aucun, et qui ne prédisent ni la bonne ni la mauvaise fortune. Le peuple insensiblement ne croira que ces sages ; il adorera d'un culte plus pur le créateur et le guide de tous les globes, et notre petit globe en sera plus heureux.

13°. Il est impossible que l'esprit de paix, l'amour du prochain, le bon ordre, en un mot, la vertu subsiste au milieu des disputes interminables ; il n'y a jamais eu la moindre dispute entre les lettres, qui se bornent à reconnaître un dieu, à l'aimer, à le servir sans mélange de superstitions, et à servir leur prochain.

14°. C'est-là le premier devoir ; le second est d'éclairer les superstitieux ; le troisième est de les tolérer en les plaignant, si on ne peut les éclairer.

15°. Il peut y avoir plusieurs cérémonies; mais il n'y a qu'une seule morale. Ce qui vient de *dieu* est universel et immuable; ce qui vient des hommes est local, inconstant, périssable.

16°. Un imbécille dit: *Je dois penser comme mon bonze, car tout mon village est de son avis.* Sors de ton village, pauvre homme, et tu en verras cent mille autres qui ont chacun leur bonze, et qui pensent tout différemment.

17°. Voyage d'un bout de la terre à l'autre, tu verras que par-tout deux et deux font quatre, que Dieu est adoré par-tout, mais tu verras qu'ici on ne peut mourir sans huile; et que là, en mourant, il faut tenir à la main la queue d'une vache. Laisse-là leur huile et leur queue et sers le maître de l'univers.

18°. Voici un des grands maux que la superstition a fait naître. Un homme a violé sa sœur et tué son frère; mais il fréquente une certaine pagode; il récite certaines formules dans une langue étrangère; il porte une certaine image sur sa poitrine; mille vieilles s'écrient: le bon homme! le saint homme!

Un juste avoue franchement qu'on peut adorer *dieu* sans faire ce pélerinage, sans réciter cette formule; mille vieilles s'écrient: au monstre! au scélérat!

19°. Voici le comble de l'abomination. Voici ce qui fait sécher d'horreur et gémir d'être né homme! Un chef des pagodes, assassin, empoisonneur public, a peuplé l'Inde de ses bâtards, et a vécu tranquille et respecté; il a donné des loix aux princes. Un juste a dit: gardez-vous d'imiter ce chef des pagodes; gardez-vous de croire les métamorphoses qu'il enseigne; et ce juste a été brûlé à petit feu dans la place publique.

20°. O vous, fanatiques actifs, qui, depuis long-temps, troublez la terre par vos querelles raisonnées! et vous, fanatiques passifs, qui, sans raisonner, avez été mordus de ces enragés, et qui êtes malades de la même rage, tâchez de guérir si vous pouvez; esſayez de cette recette que voici: Adorez Dieu ſans vouloir le comprendre; aimez-le ſans vous plaindre des maux qui ſont mêlés ſur la terre avec les biens; regardez comme vos frères le japonais, le ſiamois, l'indien, l'africain, le perſan, le turc, le ruſſe et même les habitans des Païs-bas de l'occident méridional de l'Europe qui tient ſi peu de place ſur la carte.

III.

Auszüge

aus

HISTOIRE DE CHARLES XII.

Schwedens Zuſtand vor Guſtav Waſa bis Karl XII.

Deux tyrans opprimèrent la Suède d'une manière horrible vers l'an 1720. L'un était *Chriſtian* II., roi de Danemark, monſtre formé de vices fans aucune vertu; l'autre, un archevêque d'Upſal, primat du royaume, auſſi barbare que *Chriſtian*. Tous deux de concert firent faiſir un jour les conſuls, magiſtrats de Stockholm, avec quatre-vingt-quatorze ſénateurs, et les firent maſſacrer par des bourreaux, ſous prétexte qu'ils étaient excommuniés par le pape, pour avoir défendu les droits de l'état contre l'archevêque.

Tandis que ces deux hommes ligués pour opprimer, désunis quand il fallait partager les dépouilles, exerçaient ce que le despotisme a de plus tyrannique, et ce que la vengeance a de plus cruel, un nouvel événement changea la face du nord.

Gustave Vasa, jeune homme descendu des anciens rois du païs, sortit du fonds des forêts de la Dalécarlie où il était caché, et vint délivrer la Suède. C'était un de ces grandes ames que la nature forme si rarement, avec toutes les qualités nécessaires pour commander aux hommes. Sa taille avantageuse et son grand air lui fesaient des partisans dès qu'il se montrait. Son éloquence, à qui sa bonne mine donnait de la force, était d'autant plus persuasive qu'elle était sans art: son génie formait de ces entreprises que le vulgaire croit téméraires, qui ne sont que hardies aux yeux des grands-hommes; son courage infatigable les fesait réussir. Il était intrépide avec prudence, d'un naturel doux dans un siècle féroce, vertueux enfin, à ce que l'on dit, autant qu'un chef de parti peut l'être.

Gustave Vasa avait été ôtage de *Christian*, et retenu prisonnier contre le droit des gens. Echappé de sa prison, il avait erré, déguisé en païsan, dans les montagnes et dans les bois de la Dalécarlie. Là il s'était vu réduit à la nécessité de travailler aux mines de cuivre, pour vivre et pour se cacher. Enseveli dans ces souterrains, il osa songer à détrôner le tyran. Il se découvrit aux païsans ; il leur parut un homme d'une nature supérieure, pour qui les hommes ordinaires croient sentir une soumission naturelle. Il fit en peu de temps de ces sauvages des soldats aguerris. Il attaqua *Christian* et l'archevêque les vainquit souvent, les chassa tous deux de la Suède, et fut élu avec justice, par les états, roi du païs dont il était le libérateur. A peine affermi sur le trône, il tenta une entreprise plus difficile que des conquêtes. Les véritables tyrans de l'état étaient les évêques, qui, ayant presque toutes les richesses de la Suède, s'en servaient pour opprimer les sujets, et pour faire la guerre aux rois. Cette puissance était d'autant plus terrible que l'ignorance des peuples l'avait rendu sacrée. Il punit la religion catholique des attentats de ses ministres. En moins de deux ans il rendit la Suède lutherienne, par la supériorité de sa politique, plus encore que par autorité. Ayant ainsi conquis ce royaume, comme il le disait, sur les danois et sur le clergé, il regna heureux et absolu jusqu'à l'âge de soixante et dix ans, et mourut plein de gloire, laissant sur le trône sa famille et sa religion.

L'un de ses descendans fut ce *Gustave-Adolphe*, qu'on nomme le *grand Gustave*. Ce roi conquit l'Ingrie, la Livonie, Brème, Verden, Vismar, la Poméranie, sans compter plus de cent places en Allemagne, rendues par la Suède après sa mort. Il ébranla le trône de *Ferdinand* II. Il protégea les lutheriens en Allemagne, secondé en cela par les intrigues de Rome même, qui craignait encore plus la puissance de l'empereur que celle de l'hérésie. Ce fut lui qui par ses victoires contribua alors en effet à l'abaissement de la maison d'Autriche; entreprise dont on attribue toute la gloire au cardinal de *Richelieu*, qui savait l'art de se faire une réputation, tandis que *Gustave* se bornait à faire de grandes choses. Il allait porter la guerre au delà du Danube, et peut-être détrôner l'empereur, lorsqu'il fut tué à l'âge de trente-sept ans dans la bataille de Lutzen, qu'il gagna contre *Valstein*, emportant dans le tombeau le nom de *grand*, les regrets du nord et l'estime de ses ennemis. Sa fille *Christine*, née avec un génie rare, aima mieux converser avec des savans, que de regner sur un peuple qui ne connaissait que les armes. Elle se rendit aussi illustre en quittant le trône que ses ancêtres l'étaient pour l'avoir conquis ou affermi. Les protestans l'ont déchirée, comme si on ne pouvait pas avoir de grandes vertus fans croire à *Luther*, et les papes triomphèrent trop de la converfion d'une femme qui n'était que philofophe. Elle fe retira à Rome, où elle paffa le refte de fes jours dans le centre des arts qu'elle aimait, et pour lesquels elle avait renoncé à un empire à l'âge de vingt-fept ans.

Avant d'abdiquer, elle engagea les états de la Suède à élire en fa place fon coufin *Charles-Guftave* dixième de ce nom, fils du comte palatin, duc de Deux-ponts. Ce roi ajouta de nouvelles conquêtes à celles de *Guftave-Adolphe*: il porta d'abord fes armes en Pologne, où il gagna la célèbre bataille de Varfovie qui dura trois jours. Il fit long-temps la guerre contre les Danois, affiégea leur capitale, réunit la Scanie à la Suède, et fit affurer du moins pour un temps la poffeffion de Sleswick au duc de Holftein. Enfuite ayant éprouvé des revers, et fait la paix avec fes ennemis, il tourna fon ambition contre fes fujets. Il conçut le deffein s'établir en Suède la puiffance arbitraire; mais il mourut à l'âge de trente-fept ans, comme le *grand Guftave*, avant d'avoir pu achever cet ouvrage du despotisme, que fon fils *Charles* XI éleva jufqu'au comble.

Charles XI., guerrier comme tous ſes ancêtres, fut plus abſolu qu'eux. Il abolit l'autorité du ſénat, qui fut déclaré le ſénat du roi, et non du royaume. Il était frugal, vigilant, laborieux, tel qu'on l'eût aimé, ſi ſon despotisme n'eût réduit les ſentimens de ſes ſujets pour lui à celui de la crainte.

Il épouſa en 1680 *Ulrique Eléonore*, fille de *Frédéric* III. roi de Danemarck, princeſſe vertueuſe et digne de plus de confiance que ſon époux ne lui en témoigna. De ce mariage nâquit *Charles* XII., l'homme le plus extraordinaire, peut-être, qui ait jamais été ſur la terre, qui a réuni en lui toutes les grandes qualités de ſes aïeux, et qui n'a eu d'autre defaut, ni d'autre malheur, que de les avoir toutes outrées.

Karls XII Jugendgeſchichte.

Le premier livre qu'on lui fit lire fut l'ouvrage de *Samuel Puffendorf* a), afin qu'il pût connaître de bonne heure ſes états et ceux de ſes voiſins. Il apprit d'abord l'allemand, qu'il parla

---

a) Eine kurze Geſchichte der vornehmſten Europäiſchen Staaten.

toujours depuis aussi bien que sa langue maternelle. A l'âge de sept ans, il savait manier un cheval. Les exercices violens où il se plaisait, et qui découvraient ses inclinations martiales, lui formèrent de bonne heure une constitution vigoureuse, capable de soutenir les fatigues où le portait son tempérament.

Quoique doux dans son enfance, il avait une opiniâtreté insurmontable : le seul moyen de le plier était de le piquer d'honneur ; avec le mot de *gloire*, on obtenait tout de lui. Il avait de l'aversion pour le latin ; mais dès qu'on lui eut dit, que le roi de Pologne et le roi de Danemarck l'entendaient, il l'apprit bien vîte, et en retint assez pour le parler le reste de sa vie. On s'y prit de la même manière pour l'engager à entendre le français ; mais il s'obstina tant qu'il vécut à ne jamais s'en servir, même avec des ambassadeurs français, qui ne savaient point d'autre langue.

Dès qu'il eut quelque connaissance de la langue latine, on lui fit traduire *Quinte-Curce* : il prit pour ce livre un goût, que le sujet lui inspirait beaucoup plus encore que le style. Celui, qui lui expliquait cet auteur, lui ayant demandé ce qu'il pensait d'*Alexandre : je pen-*

se, dit le prince, *que je voudrais lui ressembler.* Mais, lui dit-on, il n'a vécu que trente-deux ans. *Ah!* reprit-il, *n'est-ce pas assez quand on a conquis des royaumes?* On ne manqua pas de rapporter ces réponses au roi son père, qui s'écria: *Voilà un enfant qui vaudra mieux que moi, et qui ira plus loin que le grand Gustave.* Il s'amusait un jour dans l'appartement du roi à regarder deux cartes géographiques, l'une d'une ville de Hongrie, prise par les turcs sur l'empereur, et l'autre de Riga, capitale de la Livonie, province conquise par les Suédois depuis un siècle. Au bas de la carte de la ville hongroise il y avait ces mots tirés du livre de *Job*: *Dieu me l'a donnée, Dieu me l'a ôtée, le nom du Seigneur soit béni.* Le jeune prince ayant lu ces paroles, prit sur le champ un crayon, et écrivit au bas de la carte de Riga: *Dieu me l'a donnée, le Diable ne me l'ôtera pas.* Aussi dans les actions les plus indifférentes de son enfance, ce naturel indomptable laissait souvent échapper de ces traits qui caractérisent les ames singulières, et qui marquaient ce qu'il devait être un jour.

Il avait onze ans lorsqu'il perdit sa mère.[*]) Cette princesse mourut d'une maladie, causée

---

[*]) Le 5 Août 1693.

dit-on, par les chagrins que lui donnait fon mari, et par les efforts qu'elle fefait pour les diffimuler. Charles XI. avait dépouillé de leurs biens un grand nombre de fes fujets, par le moyen d'une espèce de cour de juftice, nommée la chambre des liquidations b) établie, de fon autorité feule. Une foule de citoyens ruinés par cette chambre, nobles, marchands, fermiers, veuves, orphelins, rempliffaient les rues de Stockholm, et venaient tous les jours à la porte du palais pouffer des cris inutiles.

H 2

b) Mit diefer *Abrechnungs*-kammer hatte es folgende Bewandnifs: Alle Güter, welche das Reich jemals verfezt hatte, folten vermöge eines Reichstags-befchluffes eingelöfet, vorher aber mit den Pfandhabern Abrechnung gehalten und zu dem Ende unterfucht werden, ob fie der Krone baares Geld, oder Waren, als Lebensmittel u. dergl., es fey zur Armee oder zur Flotte, vorgefchoffen, und wie viel fürs Hundert fie dafür genoffen hätten. Die Lebensmittel folten dann nach dem gewöhnlichen Marktpreife berechnet werden.

Aufferdem wolte man eine Redukzion (Einziehung von Gütern) vornehmen, d. i. alle Graffchaften, Freiherrfchaften, adeliche Soldaten-güter, kurz alle Schenkungen und Wohlthaten, unter was für Namen und Vorwand, von welchen Königen und in welchen noch fo entfernten Jahrhunderten fie gegeben worden, und gleichviel wo fie lägen, in Schweden, in den eroberten Provinzen oder im Auslande, folten wieder an die Krone auf ewige Zeiten als unveränderliches Eigenthum zurückfallen.

Durch Volziehung diefer beiden Artikel des Reichstagsbefchluffes entftand die Noth, wovon im Texte die Rede ift.

La reine fecourut ces malheureux de tout ce qu'elle avait. Elle leur donna fon argent, fes pierreries, fes meubles fes habits même. Quand elle n'eut plus rien à leur donner, elle fe jeta en larmes aux pieds de fon mari, pour le prier d'avoir compaffion de fes fujets. Le roi lui répondit gravement: *Madame, nous vous avons prife pour nous donner des enfans, et non pour nous donner des avis.* Depuis ce temps il la traita, dit-on, avec une dureté qui avança fes jours.

Il mourut quatre ans après elle, dans la quarante-deuxième année de fon âge *), et dans la trente-feptième de fon règne, lorsque l'Empire, l'Espagne, la Hollande d'un côté, et la France de l'autre, venaient de remettre la décifion de leurs querelles à fa médiation, et qu'il avait déjà entamé l'ouvrage de la paix entre ces puiffances.

Il laiffa à fon fils, âgé de quinze ans, un trône affermi et refpecté au dehors, des fujets pauvres, mais belliqueux et foumis, avec des finances en bon ordre ménagées par des miniftres habiles.

*) 13 Avril 1697.

Patkul.

Le feu roi *Charles* XI, dans ses sévérités pour ses sujets, n'avait pas épargné les Livoniens. Il les avait dépouillés de leurs privilèges et d'une partie de leurs patrimoines. *Patkul*, malheureusement célèbre depuis par sa mort tragique, fut député de la noblesse livoniene pour porter au trône les plaintes de la province. Il fit à son maître une harangue respectueuse, mais forte et pleine de cette éloquence mâle que donne la calamité quand elle est jointe à la hardiesse. Mais les rois ne regardent trop souvent ces harangues publiques, que comme des cérémonies vaines qu'il est d'usage de souffrir, sans y faire attention. Toutefois *Charles* XI, dissimulé quand il ne se livrait pas aux emportemens de sa colère, frappe doucement sur l'épaule de *Patkul*: vous avez parlé pour votre patrie en brave homme, lui dit-il, je vous en estime, continuez. Mais peu de jours après, il le fit déclarer coupable de lèze-majesté, et comme tel, condamner à la mort. *Patkul*, qui s'était caché, prit la fuite. Il porta dans la Pologne ses ressentimens. Il fut admis depuis devant le roi *Auguste*. *Charles* XI était mort; mais la sentence de *Patkul* et son indignation subsistaient. Il représenta au monarque polonais la facilité de la conquête de la Livonie ; des peuples désespérés, prêts à secouer le joug de la Suède ; un roi enfant, incapable de se défendre. Ces follicitations furent bien reçues d'un prince déjà tenté de cette conquête.

* * *

Patkul proscrit en Suède, pour avoir soutenu les privilèges de la Livonie sa patrie, avait été général du roi *Auguste ;* mais son esprit vif et altier s'accommodant mal des hauteurs du général *Flemming*, favori du roi, plus impérieux et plus vif que lui, il avait passé au service du czar, dont il était alors c) général et ambassadeur auprès d'*Auguste*. C'était un esprit pénétrant ; il avait démêlé que les vues de *Flemming* et du chancelier de Saxe étaient de proposer la paix au roi de Suède à quelque prix que ce fût. Il forma aussi-tôt le dessein de les prévenir, de ménager un accommodement entre le czar et la Suède. Le chancelier éventa son projet, et obtint qu'on se saisît de sa personne. Le roi *Auguste* dit au czar que *Patkul* était un perfide qui les trahissait tous deux. Il n'était pourtant coupable que d'avoir trop bien servi son nouveau

---

c) Zu der Zeit, als Karl XII mit' dem Zaar in Krieg verwickelt war.

maître; mais un service, rendu mal à propos, est souvent puni comme une trahison.

* * *

D'un côté le czar le redemandait hautement comme son ambassadeur; de l'autre le roi de Suède exigeait, en menaçant, qu'on le lui livrât. *Patkul* était alors enfermé dans le château de Koenigstein en Saxe. Le roi *Auguste* crut pouvoir satisfaire *Charles* XII. et son honneur en même temps. Il envoya des gardes pour livrer ce malheureux aux troupes suédoises; mais auparavant il envoya au gouverneur de Koenigstein un ordre secret de laisser échapper son prisonnier. La mauvaise fortune de *Patkul* l'emporta sur le soin qu'on prenait de le sauver. Le gouverneur, sachant que *Patkul* était très-riche, voulut lui faire acheter sa liberté. Le prisonnier, comptant encore sur le droit des gens, et informé des intentions du roi *Auguste*, refusa de payer ce qu'il pensait devoir obtenir pour rien. Pendant cet intervalle les gardes commandés pour saisir le prisonnier arrivèrent, et le livrèrent immédiatement à quatre capitaines suédois, qui l'emmenèrent d'abord au quartier général d'Altranstadt, où il demeura trois mois attaché à un poteau avec une grosse chaîne de fer. De là il fut conduit à Casimir.

Charles XII, oubliant que *Patkul* était ambassadeur du czar, et se souvenant seulement qu'il était né son sujet, ordonna au conseil de guerre de le juger avec la dernière rigueur. Il fut condamné à être rompu vif et à être mis en quartiers. Un chapelain vint lui annoncer qu'il fallait mourir, sans lui apprendre le genre de supplice. Alors cet homme, qui avait bravé la mort dans tant de batailles, se trouvant seul avec un prêtre, et son courage n'étant plus soutenu par la gloire ni par la colère, sources de l'intrépidité des hommes, répandit amèrement des larmes dans le sein du chapelain. Il était fiancé avec une dame saxonne nommée Madame d'*Einsiedel*, qui avait de la naissance, du mérite et de la beauté, et qu'il avait compté d'épouser à peu près dans le temps même qu'on le livra au supplice. Il recommanda au chapelain d'aller la trouver pour le consoler, et de l'assurer qu'il mourrait plein de tendresse pour elle. Quand on l'eut conduit au lieu du supplice, et qu'il vit les roues et les pieux dressés, il tomba dans des convulsions de frayeur, et se rejeta dans les bras du ministre, qui l'embrassa en le couvrant de son manteau et en pleurant. Alors un officier suédois lut à haute voix un papier dans lequel étaient ces paroles:

„On fait savoir que l'ordre très - exprès „de sa majesté, notre seigneur très - clément, „est que cet homme, qui est traitre à la pa- „trie, soit roné et écartelé pour réparation de „ses crimes et pour l'exemple des autres. Que „chacun se donne de garde de la trahison et „serve son roi fidellement." A ces mots de *prince très-clément*: quelle clémence! dit *Patkul*, et à ceux de *traitre à la patrie*: hélas! dit-il, je l'ai trop bien servie. Il reçut seize coups, et souffrit le supplice le plus long et le plus affreux qu'on puisse imaginer. Ainsi périt l'infortuné *Jean Réginold Patkul*, ambassadeur et général de l'empereur de Russie. Ceux, qui ne voyaient en lui qu'un sujet révolté contre son roi, disaient: qu'il avait mérité la mort; ceux qui le regardaient comme un livonien, né dans une province, laquelle avait des privilèges à défendre, et qui se souvenaient qu'il n'était sorti de la Livonie que pour en avoir soutenu les droits, l'appelaient le martyr de la liberté de son païs. Tous convenaient d'ailleurs que le titre d'ambassadeur du czar devait rendre sa personne sacrée. Le seul roi de Suède, élevé dans les principes du despotisme, crut n'avoir fait qu'un acte de justice; tandis que toute l'Europe condamnait sa cruauté.

Les membres de *Patkul* coupés en quartiers restèrent exposés sur des poteaux jusqu'en 1713, qu'*Auguste* étant remonté sur son trône fit rassembler ces témoignages de la nécessité où il avait été réduit à Altranstadt. On les lui apporta à Varsovie dans une cassette, en présence de *Buzenval* envoyé de France. Le roi de Pologne montrant la cassette à ce ministre: voilà, lui dit-il simplement, les membres de *Patkul*, sans rien ajouter pour blâmer ou pour plaindre sa mémoire; et sans que personne de ceux qui étaient présens, ôsât parler sur un sujet si délicat et si triste.

* * *

Environ ce temps-là, un livonien nommé *Paikel*, officier dans les troupes saxonnes, fait prisonnier les armes à la main, venait d'être jugé à mort à Stockholm par arrêt du sénat, mais il n'avait été condamné qu'à perdre la tête. Cette différence de supplice dans le même cas fesait trop voir que *Charles*, en fesant périr *Patkul* d'une mort si cruelle, avait plus songé à se venger qu'à punir. Quoiqu'il en soit, *Paikel*, après sa condamnation, fit proposer au sénat de donner au roi le secret de faire de l'or, si on voulait lui pardonner. Il fit faire l'expérience de son secret dans la prison, en présence du colonel *Hamilton* et des magistrats de la ville; et soit qu'il eût en effet découvert quelque art utile, soit qu'il n'eût que celui de tromper habilement, ce qui est beaucoup plus vraisemblable, on porta à la monnaie de Stockholm l'or qui se trouva dans le creuset à la fin de l'expérience, et on en fit au sénat un rapport si juridique, et qui parut si important, que la reine aïeule de *Charles* ordonna de suspendre l'exécution, jusqu'à ce que le roi informé de cette singularité envoyât ses ordres à Stockholm.

Le roi répondit qu'il avait refusé à ses amis la grâce du criminel, et qu'il n'accorderait jamais à l'intérêt ce qu'il n'avait pas donné à l'amitié. Cette inflexibilité eut quelque chose d'héroïque dans un prince, qui d'ailleurs croyait le secret possible. Le roi *Auguste*, qui en fut informé, dit: je ne m'étonne pas que le roi de Suède ait tant d'indifférence pour la pierre philosophale; il l'a trouvée en Saxe.

Quand le czar eut appris l'étrange paix que le roi *Auguste*, malgré leurs traités, avait conclue à Altranſtadt, et que *Patkul*, ſon ambaſſadeur plénipotentiaire, avait été livré au roi de Suède, au mépris des loix des nations, il fit éclater ſes plaintes dans toutes les cours de l'Europe. Il écrivit à l'empereur d'Allemagne, à la reine d'Angleterre, aux Etats-généraux des provinces-unies. Il appelait lâcheté et perfidie la néceſſité douloureuſe ſous laquelle *Auguſte* avait ſuccombé. Il conjura toutes ces puiſſances d'interpoſer leur médiation pour lui faire rendre ſon ambaſſadeur, et pour prévenir l'affront qu'on allait faire en ſa perſonne à toutes les têtes couronnées. Il les preſſa, par le motif de leur honneur, de ne pas s'avilir jusqu'à donner de la paix d'altranſtadt une garantie que *Charles* XII leur arrachait en menaçant. Ces lettres n'eurent d'autre effet que de mieux faire voir la puiſſance du roi de Suède. L'empereur, l'Angleterre et la Hollande avaient alors à ſoutenir contre la France une guerre ruineuſe; ils ne jugèrent pas à propos d'irriter *Charles* XII par le refus de la vaine cérémonie de la garantie d'un traité. A l'égard du malheureux *Patkul*, il n'y eut pas une puiſſance qui interpoſât ſes bons offices en ſa faveur, et qui ne fît voir combien peu un ſujet doit compter ſur des rois, et combien tous les rois alors craignaient celui de Suède.

Karls erster Feldzug in seinem achtzehnten Jahre.

Trois puissans rois d) menaçaient l'enfance de *Charles* XII. Les bruits de ces préparatifs consternaient la Suède, et alarmaient le conseil. Les grands généraux étaient morts; on avait raison de tout craindre sous un jeune roi, qui n'avait encore donné de lui que de mauvaises impressions. Il n'assistait presque jamais dans le conseil, que pour croiser les jambes sur la table; distrait, indifférent, il n'avait paru prendre part à rien.

Le conseil délibéra en sa présence sur le danger où l'on était: quelques conseillers proposaient de détourner la tempête par des négociations. Tout d'un coup le jeune prince se lève, avec l'air de gravité et d'assurance d'un homme supérieur, qui a pris son parti. „Mes„sieurs, dit-il, j'ai résolu de ne jamais faire „une guerre injuste, mais de n'en finir une „légitime que par la perte de mes ennemis. „Ma résolution est prise; j'irai attaquer le pre„mier qui se déclarera; et quand-je l'aurai „vaincu, j'espère faire quelque peur aux au„tres." Ces paroles étonnèrent tous ces vieux conseillers; ils se regardèrent sans oser ré-

---
d) Die Beherrscher Dänemarks, Polens und Rußlands.

pondre. Enfin, étonnés d'avoir un tel roi, et honteux d'espérer moins que lui, ils reçurent avec admiration fes ordres pour la guerre.

On fut bien plus furpris encore, quand on le vit renoncer tout à coup aux amufemens les plus innocens de la jeuneffe. Du moment qu'il fe prépare à la guerre, il commença une vie toute nouvelle, dont il ne s'eft jamais depuis écarté un feul moment. Plein de l'idée d'*Alexandre* et de *Céfar*, il fe propofa d'imiter tout de ces deux conquérans, hors leurs vices. Il ne connut plus ni magnificence, ni jeux, ni délaffemens; il réduifit fa table à la frugalité la plus grande. Il avait aimé le fafte dans les habits; il ne fut vêtu depuis que comme un fimple foldat. On l'avait foupçonné d'avoir une paffion pour une femme de fa cour; foit que cette intrigue fût vraie ou non, il eft certain qu'il renonça alors aux femmes pour jamais, non-feulement de peur d'en être gouverné, mais pour donner l'exemple à fes foldats, qu'il voulait contenir dans la discipline la plus rigoureufe; peut-être encore par la vanité d'être le feul de tous les rois, qui domptât un penchant fi difficile à furmonter. Il réfolut auffi de s'abftenir de vin tout le refte de fa vie. Les uns m'ont dit qu'il n'avait pris ce parti que pour dompter en tout la nature, et pour ajouter une nouvelle vertu à fon héroïsme; mais le plus grand nombre m'a affuré qu'il voulut par-là fe punir d'un excès qu'il avait commis, et d'un affront qu'il avait fait à table à une femme en préfence même de la reine fa mère. Si cela eft ainfi, cette condamnation de foi-même, et cette privation qu'il s'impofa toute fa vie, font une espèce d'héroïsme non moins admirable.

Il commença par affurer des fecours au duc de Holftein fon beau-frère. Huit mille hommes furent envoyés d'abord en Poméranie, province voifine du Holftein, pour fortifier le duc contre les attaques des Danois. Le duc en avait befoin. Ses états étaient déjà ravagés, fon château de Gottorp pris, fa ville de Tonningue preffé par un fiége opiniâtre, où le roi de Danemark était venu en perfonne, pour jouir d'une conquête qu'il croyait fure. D'un côté les troupes faxonnes du roi de Pologne, celles de Brandebourg, de Volfenbuttel, de Heffe-Caffel, marchaient pour fe joindre aux Danois. De l'autre, les huit mille hommes du roi de Suède, les troupes de Hanovre et de Zell, et trois régimens de Hollande, venaient fecourir le duc. Tandis que le petit païs de Holstein était ainsi le théâtre de la guerre, deux escadres, l'une d'Angleterre et l'autre de Hollande, parurent dans la mer baltique. Ces deux états étaient garans du traité d'Altona rompu par les Danois; ils s'empressaient alors à secourir le duc de Holstein opprimé, parce que l'intérêt de leur commerce s'opposait à l'agrandissement du roi de Danemark. Ils savaient que le Danois étant maître du passage du Sund imposerait des loix onéreuses aux nations commerçantes, quand il serait assez fort pour en user ainsi impunément. Cet intérêt a long-temps engagé les anglais et les hollandais à tenir, autant qu'ils l'ont pu, la balance égale entre les princes du nord. Ils se joignirent au jeune roi de Suède, qui semblait devoir être accablé par tant d'ennemis réunis, et le secoururent par la même raison, pour laquelle on l'attaquait, parce qu'on ne le croyait pas capable de se défendre.

Il était à la chasse aux ours, quand il reçut la nouvelle de l'irruption des saxons en Livonie. Il fesait cette chasse d'une manière aussi nouvelle que dangereuse; on n'avait d'autres armes que des bâtons fourchus derrière un filet tendu à des arbres. Un ours d'une grandeur démesurée vint droit au roi qui le terrassa après une longue lutte à l'aide du filet et de son bâton. Il faut avouer qu'en confidérant de telles aventures, la force prodigieufe du roi *Augufte* et les voyages du czar, on croirait être au temps des *Hercules* et des *Thefées*.

Il partit pour sa première campagne le 8 mai, nouveau style, de l'année 1700. Il quitta Stockholm, où il ne revint jamais. Une foule innombrable de peuple l'accompagna jusqu'au port de Carlscroon, en fefant des voeux pour lui, en verfant des larmes et en l'admirant. Avant de fortir de Suède, il établit à Stockholm un confeil de défenfe, compofé de plufieurs fénateurs. Cette commiffion devait prendre foin de tout ce qui regardait la flotte, les troupes et les fortifications du païs. Le corps du fénat devait régler tout le refte provifionnellement dans l'intérieur du royaume. Ayant ainfi mis un ordre certain dans fes états, fon esprit libre de tout autre foin ne s'occupa plus qe de la guerre. Sa flotte était compofée de quarante-trois vaiffeaux : celui qu'il monta, nommé *le roi Charles*, le plus grand qu'on ait jamais vu, était de cent vingt pièces de canon ; le comte de *Piper* fon premier miniftre, et le général *Renfchild* s'y embarquèrent avec lui.

Il joignit les escadres des alliés. La flotte danoise évita le combat, et laiſſa la liberté aux trois flottes combinées de s'approcher aſſez près de Copenhague pour y jeter quelques bombes. Il eſt certain que ce fut le roi lui-même, qui propoſa alors au général *Renſchild* de faire une descente et d'aſſiéger Copenhague par terre, tandis qu'elle ſerait bloquée par mer. *Renſchild* fut étonné d'une propoſition qui marquait autant d'habilité que de courage dans un jeune prince ſans expérience. Bientôt tout fut prêt pour la descente; les ordres furent donnés pour faire embarquer cinq mille hommes, qui étaient ſur les côtes de Suède, et qui furent joints aux troupes qu'on avait à bord. Le roi quitta ſon grand vaiſſeau, et monta une frégate plus légère. On commença par faire partir trois cents grenadiers dans de petites chaloupes. Entre ces chaloupes, de petits bateaux plats portaient des fascines, des chevaux de friſe $_e$) et les inſtrumens des pionniers $_f$).

e) *Spaniſche Reiter.* d. i. viereckige oder ſechsekige zehn bis zwölf Fuſs lange Hölzer, ins Kreuz durchſpikt mit vielen ſtarken Stäben, die mit ſpitzigen Eiſen beſchlagen ſind. Man braucht ſie unter andern um der feindlichen Reiterei den Durchgang durch enge Wege beſchwerlich zu machen.

f) *Pionnier, Schanz-gräber,* ſind überhaupt die, welche zum Behuf der Armee den *Boden bearbeiten*, es ſey durch Gräben-ziehn, oder durch Wege-beſſern u. ſ. w.

Cinq cents hommes d'élite suivaient dans d'autres chaloupes. Après venaient les vaisseaux de guerre du roi, avec deux frégates anglaises et deux hollandaises, qui d.vaient favoriser la descente à coups de canon.

Copenhague, ville capitale du Danemark, est située dans l'île de Zééland, au milieu d'une belle plaine, ayant au nord-ouest le Sund, et à l'orient la mer baltique, ou était alors le roi de Suède. Au mouvement imprévu des vaisseaux qui menaçaient d'une descente, les habitans consternés par l'inaction de leur flotte et par le mouvement des vaisseaux suédois, regardaient avec crainte en quel endroit fondrait l'orage. La flotte de *Charles* s'arrêta vis-à-vis de Humblebek à sept milles de Copenhague. Aussitôt les Danois rassemblent en cet endroit leur cavalerie. Des milices furent placées derrière d'épais retranchemens, et l'artillerie qu'on put y conduire, fut tournée contre les suédois.

Le roi quitta alors sa frégate pour s'aller mettre dans la première chaloupe, à la tête de ses gardes. L'ambassadeur de France était alors auprès de lui. *Monsieur l'ambassadeur*, lui dit-il en latin, (car il ne voulait jamais parler français) *vous n'avez rien à démêler avec les Danois: vous n'irez pas plus loin, s'il vous plait. Sire,* lui répondit le comte de *Guiscard* en français, *le roi mon maître m'a ordonné de résider auprès de votre majesté; je me flatte que vous ne me chasserez pas aujourd'hui de votre cour, qui n'a jamais été si brillante.* En disant ces paroles, il donna la main au roi, qui sauta dans la chaloupe, où le comte de *Piper* et l'ambassadeur entrèrent. On s'avançait sous les coups de canon des vaisseaux qui favorisaient la descente. Les bateaux de débarquement n'étaient encore qu'à trois cents pas du rivage. *Charles* XII, impatient de ne pas aborder assez près, ni assez tôt, se jette de sa chaloupe dans la mer, l'épée à la main, ayant de l'eau par de-là la ceinture. Ses ministres, l'ambassadeur de France, les officiers, les soldats suivent aussi-tôt son exemple, et marchent au rivage, malgré une grêle de mousquetades. Le roi, qui n'avait entendu de sa vie de mousqueterie chargée à balle, demanda au major-général *Stuart,* qui se trouva auprès de lui, ce que c'était que ce petit sifflement qu'il entendait à ses oreilles? „*C'est le bruit que font les balles de fusil qu'on vous tire,* lui dit le major.“ *Bon,* dit le roi, *ce sera là dorénavant ma musique.* Dans le même moment le major, qui expliquait le bruit des mousquetades, en reçut une dans l'épaule; et un lieutenant tomba mort à l'autre côté du roi.

Il eſt ordinaire à des troupes attaquées dans leurs retranchemens d'être battues, parce que ceux qui attaquent ont toujours une impétuoſité, que ne peuvent avoir ceux qui ſe défendent, et qu'attendre les ennemis dans ſes lignes, c'eſt ſouvent un aveu de ſa faibleſſe et de leur ſupériorité. La cavalerie danoiſe et les milices s'enfuirent après une faible réſiſtance. Le roi, maître de leurs retranchemens, ſe jeta à genoux pour remercier Dieu du premier ſuccès de ſes armes. Il fit ſur le champ élever des redoutes vers la ville, et marqua lui-même un campement. En même temps il renvoya ſes vaiſſeaux en Scanie, partie de la Suède, voiſine de Copenhague, pour chercher neuf mille hommes de renfort. Tout conſpirait à ſervir la vivacité de *Charles*: les neuf mille hommes étaient ſur le rivage prêts à s'embarquer, et dès le lendemain un vent favorable les lui amena.

Tout cela s'était fait à la vue de la flotte danoiſe, qui n'avait oſé s'avancer. Copenhague intimidée envoya auſſi-tôt des députés au roi, pour le ſupplier de ne point bombarder la ville. Il les reçut à cheval, à la tête de son régiment des gardes. Les députés se mirent à genoux devant lui; il fit payer à la ville quatre cents mille rixdalers, avec ordre de faire voiturer au camp toutes sortes de provisions, qu'il promit de faire payer fidellement. On lui apporta des vivres, parce qu'il fallait obéir; mais on ne s'attendait guère que des vainqueurs daignassent payer; ceux qui les apportèrent furent bien étonnés d'être payés généreusement et sans délai par les moindres soldats de l'armée g).

Schwedische Kriegs-zucht.

Ilegnait depuis long-temps dans les troupes suédoises une discipline, qui n'avait pas peu contribué à leur victoire: le jeune roi en augmenta encore la sévérité. Un soldat n'eût pas osé refuser le payement de ce qu'il achetait, encore moins aller en maraude, pas même sortir du camp. Il voulut de plus que, dans une victoire, ses troupes ne dépouillassent les morts qu'après en avoir eu la permission; et il parvint aisément à faire observer cette loi. On

---

g) Der Krieg mit Dänemark ward in sechs Wochen durch den Traventhaler Frieden geendigt.

faisait toujours dans son camp la prière deux fois par jour, à sept heures du matin, et à quatre heures du soir: il ne manqua jamais d'y assister, et de donner à ses soldats l'exemple de la piété, qui fait toujours impression sur les hommes, quand ils n'y soupçonnent pas de l'hypocrisie. Son camp, mieux policé que Copenhague, eut tout en abondance; les païsans aimaient mieux vendre leurs denrées aux suédois leurs ennemis qu'aux danois, qui ne les payaient pas si bien. Les bourgeois de la ville furent même obligés de venir plus d'une fois chercher au champ du roi de Suède des provisions, qui manquaient dans leurs marchés.

* * *

On sait sous quelle discipline sévère vivaient les troupes de *Charles* XII; qu'elles ne pillaient pas les villes prises d'assaut, avant d'en avoir reçu la permission; qu'elles allaient même au pillage avec ordre, et le quittaient au premier signal. Les suédois se vantent encore aujourd'hui de la discipline qu'ils observèrent en Saxe; et cependant les saxons se plaignent des dégats affreux qu'ils y commirent; contradictions qu'il serait impossible de concilier, si l'on ne savait combien les hommes voient différemment les mêmes objets. Il était bien difficile que les vainqueurs n'abufaffent quelquefois de leurs droits, et que les vaincus ne priffent les plus legères léfions pour des brigandages barbares. Un jour, le roi fe promenant à cheval près de Leipſick, un païfan faxon vint fe jeter à fes pieds, pour lui demander juftice d'un grenadier qui venait de lui enlever ce qui était deftiné pour le dîner de fa famille. Le roi fit venir le foldat: *eſt-il vrai*, dit-il d'un vifage févère, *que vous avez volé cet homme?* Sire, dit le foldat, „je ne lui ai „pas fait tant de mal que votre majeſté en a „fait à fon maitre; vous lui avez ôté un royau„me, et je n'ai pris à ce manant qu'un din„don." Le roi donna dix ducats de fa main au païfan, et pardonna au foldat, en faveur de la hardieffe du bon mot, en lui difant: „fou„viens-toi, mon ami, que fi j'ai ôté un royau„me au roi Auguſte, je n'en ai rien pris pour „moi b)."

La grande foire de Leipſick fe tint comme à l'ordinaire: les marchands y vinrent avec une fureté entière: on ne vit pas un foldat fuédois dans la foire; on eût dit que l'armée du

---

b) Karl hatte Stanislaus zum König von Polen an Auguſts Stelle gemacht.

de Suède n'était en Saxe que pour veiller à la confervation du païs. Il commandait dans tout l'électorat avec un pouvoir auſſi abſolu et une tranquillité auſſi profonde que dans Stockholm.

Karl demüthigt den Wiener Hof.

Le roi, qui n'avait point encore éprouvé de revers, ni même de retardement dans ſes ſuccès [1]), croyait qu'une année lui ſuffirait pour détrôner le czar, et qu'il pourrait enſuite revenir ſur ſes pas s'ériger en arbitre de l'Europe; mais il voulait auparavant humilier l'empereur d'Allemagne.

Le baron de *Stralheim*, envoyé de Suède à Vienne, avait eu dans un repas une querelle avec le comte de *Zobor*, chambellan de

---

1) Bis ins Jahr 1707, wo der Friede zu Altranſtadt zwiſchen *Karl* und *Auguſt* geſchloſſen worden. Den Zaar hatte Karl ſchon in der berühmten Schlacht bei Narwa den 30. November 1700 beſiegt. Um dieſen ebenfals, ſo wie den König Auguſt, abzuſetzen, verlieſs er mit ſeiner Armee Sachſen im September 1707, nahm ſeinen Weg durch Polen nach Moscow, und jagte die Ruſſen immer vor ſich her. Als er nur noch funfzig Meilen von Moscow entfernt war, wandte er ſich mit ſeinem Heer nach der Ukraine, wo das Glück endlich von ihm wich.

l'empereur : celui-ci ayant refusé de boire à la santé de *Charles* XII, et ayant dit durement que ce prince en usait trop mal avec son maître, *Stralheim* lui avait donné un démenti et un soufflet, et avait osé, après cette insulte, demander réparation à la cour impériale. La crainte de déplaire au roi de Suède avait forcé l'empereur à bannir son sujet qu'il devait venger. *Charles* XII ne fut pas satisfait ; il voulut qu'on lui livrât le comte de *Zobor*. La fierté de la cour de Vienne fut obligée de fléchir ; on mit le comte entre les mains du roi, qui le renvoya, après l'avoir gardé quelque temps prisonnier à Stetin.

Il demanda de plus, contre toutes les loix des nations, qu'on lui livrât quinze cents malheureux moscovites qui, ayant échappé à ses armes, avaient fui jusques sur les terres de l'empire. Il fallut encore que la cour de Vienne consentît à cette étrange demande ; et, si l'envoyé moscovite à Vienne n'avait adroitement fait évader ces malheureux par divers chemins, ils étaient tous livrés à leurs ennemis.

La troisième et la dernière de ses demandes fut la plus forte. Il se déclara le protecteur des sujets protestans de l'empereur en

Siléfie, province appartenante à la maiſon d'Autriche, non à l'empire. Il voulut que l'empereur leur accordât des libertés et des privilèges, établis à la vérité par les traités de Veſtphalie, mais éteints, ou du moins éludés par ceux de Rysvick. L'empereur, qui ne cherchait qu'à éloigner un voiſin ſid angereux, plia encore, et accorda tout ce qu'on voulut. Les luthériens de Siléfie eurent plus de cent égliſes que les catholiques furent obligés de leur céder par ce traité; mais beaucoup de ces conceſſions, que leur aſſurait la fortune du roi de Suède, leur furent ravies dès qu'il ne fut plus en état d'impoſer des loix. L'empereur, qui fit ces conceſſions forcées et qui plia en tout ſous la volonté de *Charles* XII, s'appelait *Joseph*; il était fils ainé de *Léopold*, et frère de *Charles* VI qui lui ſuccéda depuis. L'internonce du pape, qui réſidait alors auprès de *Joseph*, lui fit des reproches fort vifs de ce qu'un empereur catholique, comme lui, avait fait céder l'intérêt de ſa propre religion à ceux des hérétiques. „*Vous „êtes bien heureux,*" lui répondit l'empereur en riant, „*que le roi de Suède ne m'ait pas „propoſé de me faire luthérien; car s'il l'avait „voulu, je ne ſais ce que j'aurais fait.*" Le comte de *Wratislau*, ſon ambaſſadeur auprès de *Charles* XII, apporta à Leipſick le traité en faveur des ſiléſiens, ſigné de la main de ſon maître. Alors *Charles* dit: qu'il était le meilleur ami de l'empereur; cependant il ne fut pas ſans dépit que Rome l'eût traverſé autant qu'elle l'avait pu. Il regardait avec mépris la faibleſſe de cette cour qui, ayant aujourdhui la moitié de l'Europe pour ennemis irréconciliables, eſt toujours en défiance de l'autre, et ne ſoutient ſon crédit que par l'habilité des négociations. Cependant il ſongeait à ſe venger d'elle. Il dit au comte de *Wratislau*, que les ſuédois avaient autrefois ſubjugué Rome et qu'il n'avaient pas dégénéré comme elle. Il fit avertir le pape qu'il lui redemanderait un jour les effets que la reine *Chriſtine* avait laiſſés à Rome. On ne ſait jusqu'où ce jeune conquérant eût porté ſes reſſentimens et ſes armes, ſi la fortune eût ſecondé ſes deſſeins; rien ne lui paraiſſait alors impoſſible. Il avait même envoyé ſecrétement pluſieurs officiers en Aſie, et jusque dans l'Egypte, pour lever le plan des villes, et l'informer des forces de ces états. Il eſt certain, que, ſi quelqu'un eût pu renverſer l'empire des perſans et des turcs, et paſſer enſuite en Italie, c'était *Charles* XII. Il était auſſi jeune qu'*Alexan-*

dre, aussi guerrier, aussi entreprenant, plus infatigable, plus robuste et plus tempérant; et les suédois valaient peut-être mieux que les macédoniens: mais de pareils projets, qui sont traités de divins quand il réussissent, ne sont regardés que comme des chimères quand on est malheureux.

Enfin toutes les difficultés étant applanies, toutes ses volontés exécutées, après avoir humilié l'empereur, donné la loi dans l'empire, avoir protégé sa religion luthérienne au milieu des catholiques, détrôné un roi, couronné un autre, se voyant la terreur de tous les princes, il se prépara à partir. Les délices de la Saxe, où il était resté oisif une année, n'avaient en rien adouci sa manière de vivre. Il montait à cheval trois fois par jour, se levait à quatre heures du matin, s'habillait seul, ne buvait point de vin, ne restait à table qu'un quart d'heure, exerçait les troupes tous les jours, et ne connaissait d'autre plaisir que celui de faire trembler l'Europe.

Die Schlacht bei Pultawa.

Ce fut le 8 Juillet de l'année 1709 que se donna cette bataille décisive de Pultava, entre

les deux plus singuliers monarques qui fuſ-
sent alors dans le monde : *Charles* XII illuſtre
par neuf années de victoires, *Pierre Alexiowitz* par neu années de peines, priſes pour former des troupes égales aux troupes ſuédoiſes ; l'un
glorieux d'avoir donné des états, l'autre d'avoir ci-
viliſé les ſiens ; *Charles* aimant les dangers, et
ne combattant que pour la gloire, *Alexiowiiz* ne
fuyant point le péril, et ne feſant la guerre
que pour ſes intérêts ; le monarque ſuédois
libéral par grandeur d'ame, le moscovite ne
donnant jamais que par quelque vue ; celui-là
d'une ſobriété et d'une continence ſans exemple,
d'un naturel magnanime, et qui n'avait été
barbare qu'une fois ; celui-ci n'ayant pas dépouillé la rudeſſe de son éducation et de son
païs, auſſi terrible à ſes ſujets qu'admirable
aux étrangers, et trop adonné à des excès
qui ont même abrégé ſes jours. *Charles*
avait le titre *d'invincible*, qu'un moment pouvait lui ôter ; les nations avaient déjà donné
à *Pierre Alexiowitz* le nom de *grand*, qu'une
défaite ne pouvait lui faire perdre parce
qu'il ne la devait pas à des victoires.

Pour avoir une idée nette de cette bataille et du lieu où elle fut donnée, il faut ſe
figurer Pultava au nord, lè camp du roi de

Suède au sud, tirant un peu vers l'orient, son bagage derrière lui à environ un mille, et la rivière de Pultava au nord de la ville, coulant de l'orient à l'occident. Le czar avait passé la rivière une lieue de Pultava, du côté de l'occident, et commençait à former son camp.

A la pointe du jour les suédois parurent hors de leurs tranchées avec quatre canons de fer pour toute artillerie: le reste fut laissé dans le camp avec environ trois mille hommes ; quatre mille demeurèrent au bagage. De sorte que l'armée suédoise marcha aux ennemis, forte d'environ vingt et un mille hommes, dont il y avait environ seize mille suédois.

Les généraux *Renſchild*, *Roos*, *Lewenhaupt*, *Slippenbach*, *Hoorn*, *Sparre*, *Hamilton*, le prince de *Wirtemberg* parent du roi, et quelques autres, dont la plupart avaient vu la bataille de Nerva, feſaient tous souvenir les officiers subalternes de cette journée, où huit mille suédois avaient détruit une armée de quatre-vingts mille moscovites dans un camp retranché. Les officiers le disaient aux soldats ; tous s'encourageaient en marchant.

Le roi conduisait la marche, porté *k*) sur un brancard à la tête de son infanterie. Une partie de la cavalerie s'avança par son ordre pour attaquer celle des ennemis; la bataille commença par cet engagement à quatre heures et demie du matin. La cavalerie ennemie était à l'occident, à la droite du camp moscovite; le prince *Menzikoff* et le comte *Golowin* l'avaient disposée par intervalles entre des redoutes garnies de canon. Le général *Slippenbach*, à la tête des suédois, fondit sur cette cavalerie. Tous ceux, qui ont servi dans les troupes suédoises, savent qu'il était presque impossible de résister à la fureur de leur premier choc. Les escadrons moscovites furent rompus et enfoncés. Le czar accourut lui-même pour les rallier; son chapeau fut percé d'une balle de mousquet; *Menzikoff* eut trois chevaux tués sous lui: les suédois crièrent victoire. *Charles* ne douta pas que la bataille ne fût gagnée; il avait envoyé au milieu de la nuit le général *Creuts,* avec cinq mille cavaliers ou dragons, qui devaient prendre les ennemis en flanc, tandis qu'il les attaquerait de front; mais son malheur voulut que *Creuts* s'égarât, et ne parut point. Le

---

k) Er mufste sich tragen lassen, weil er einige Wochen vorher am Bein schwer verwundet worden.

czar qui s'était cru perdu, eut le temps de rallier sa cavalerie. Il fondit à son tour sur celle du roi, qui, n'étant point soutenue par le détachement de *Creuts*, fut rompue à son tour. *Slippenbach* même fut fait prisonnier dans cet engagement. En même temps soixante et douze canons tiraient du camp sur la cavalerie suédoise, et l'infanterie russienne débouchant ¹) de ses lignes venait attaquer celle de *Charles*. Le czar détacha alors le prince *Menzikoff*, pour aller se poster entre Pultava et les suédois: le prince *Menzikoff* exécuta avec habileté et avec promptitude l'ordre de son maître; non seulement il coupa la communication entre l'armée suédoise et les troupes restées au camp devant Pultava, mais ayant rencontré un corps de trois mille hommes, il l'enveloppa et le tailla en pièces. Si *Menzikoff* fit cette manoeuvre de lui-même, la Russie lui dut son salut: si le czar l'ordonna, il était un digne adversaire de *Charles* XII. Cependant l'infanterie moscovite sortait de ses lignes, et s'avançait en bataille dans la plaine. D'un autre côté la cavalerie suédoise se ralliait à un quart de lieue de l'ar-

---

1) Dis sagt eben soviel als das bald nachher folgende *sortait de ses lignes*.

mée ennemie; et le roi, aidé de son Feld-maréchal *Renschild*, ordonnait tout pour un combat général.

Il rangea sur deux lignes ce qui restait de troupes, son infanterie occupant le centre, sa cavalerie les deux ailes. Le czar disposa son armée de même; il avait l'avantage du nombre et celui de soixante et douze canons, tandis que les suédois ne lui en opposaient que quatre, et qu'ils commençaient à manquer de poudre. L'empereur moscovite était au centre de son armée, n'ayant alors que le titre de major-général, et semblait obéir au général *Czermetoff*; mais il allait comme empereur de rang en rang monté sur un cheval turc, qui était un présent du grand-seigneur, exhortant les capitaines et les soldats, et promettant à chacun des récompenses.

A neuf heures du matin, la bataille recommença. Une des premières volées du canon moscovite emporta les deux chevaux du brancard de *Charles*, il en fit atteler deux autres. Une seconde volée mit le brancard en pièces et renversa le roi. De vingt quatre drabans m)

---

m) Trabanten, d. i. Leib-diener, Leib-wächter eine Obern, nach *Frisch*. Warum mag es V. mit einem d. Œtt t schreiben?

qui se relayaient pour le porter, vingt et un furent tués. Les suédois consternés s'ébranlèrent, et le canon ennemi continuant de les écraser, la première ligne se replia sur la seconde, et la seconde s'enfuit. Ce ne fut en cette dernière action qu'une ligne de dix mille hommes de l'infanterie russe qui mit en déroute l'armée suédoise; tant les choses étaient changées.

Tous les écrivains suédois disent, qu'ils auraient gagné la bataille, si on n'avait point fait de fautes; mais tous les officiers prétendent que c'en était une grande de la donner, et une plus grande encore de s'enfermer dans ces païs perdus n), malgré l'avis des plus sages, contre un ennemi aguerri, trois fois plus fort que *Charles* XII par le nombre d'hommes et par les ressources qui manquaient aux suédois. Le souvenir de Nerva fut la principale cause du malheur de *Charles* à Pultava.

Déjà le prince de *Wirtemberg*, le général *Renschild* et plusieurs officiers principaux

I 6

n) „Les habitans de ces cantons, voisins de la petite Tartarie, ne semaient ni ne plantaient, parce que les tartares de Budziac, ceux de Precop, les moldaves, tous peuples brigands auraient ravagé leurs moissons." *Voltaire.*

étaient prisonniers, le camp devant Pultava forcé, et tout dans une confusion, à laquelle il n'y avait plus de reffource. Le comte de *Piper* avec quelques autres officiers de la chancellerie étaient fortis de ce camp, et ne favaient ni ce qu'ils devaient faire, ni ce qu'était devenu le roi; ils couraient de côté et d'autre dans la plaine. Un major nommé *Bère* s'offrit de les conduire au bagage; mais les nuages de pouffière et de fumée qui couvraient la campagne, et l'égarement d'esprit naturel dans cette défolation, les conduifirent droit fur la contrefcarpe o) de la ville même, où ils furent tous pris par la garnifon.

Le roi ne voulut point fuir, et ne pouvait fe défendre. Il avait en ce moment auprès de lui le général *Poniatowski*, colonel de la garde fuédoife du roi *Stanislas*, homme d'un mérite rare, que fon attachement pour la perfonne de *Charles* avait engagé à le fuivre en Ukrai-

---

o) Eigentlich die äufsere Böfchung oder fchiefe Fläche des Grabens einer Feftung gegen das Feld zu (im Gegenfatz der *escarpe* oder innern Böfchung des Grabens am Hauptwall.) Uneigentlich verfteht man aber durch *contrescarpe* gemeiniglich den bedeckten Weg und das *Glacis* (die Abdachung der Bruftwehre des bedeckten Weges) nebft allem was an der eigentlichen Contrescarpe gegen das Feld zu liegt.

ne fans aucun commandement. C'était un homme, qui, dans toutes les occurrences de fa vie et dans les dangers, où les autres n'ont tout au plus que de la valeur, prit toujours fon parti fur le champ, et bien et avec bonheur. Il fit figne à deux drabans, qui prirent le roi par-deffous le bras et le mirent à cheval, malgré les douleurs extrêmes de fa bleffure. *Poniatowski*, quoiqu'il n'eût point de commandement dans l'armée, devenu en cette occafion général par néceffité, rallia cinq cents cavaliers auprès de la perfonne du roi; les uns étaient des drabans, les autres des officiers, quelques-uns de fimples cavaliers. Cette troupe raffemblée, et ranimée par le malheur de fon prince, fe fit jour à travers plus de dix régimens moscovites, er conduifit *Charles* au milieu des ennemis l'espace d'une lieue jusqu'au bagage de l'armée fuédoife.

Le roi fuyant et pourfuivi eut fon cheval tué fous lui, le colonel *Gieta*, bleffé et perdant tout fon fang, lui donna le fien. Ainfi on remit deux fois à cheval dans fa fuite ce conquérant, qui n'avait pu y monter pendant la bataille. Cette retraite étonnante était beaucoup dans un fi grand malheur; mais il fallait fuir plus loin. On trouva dans le bagage le carrosse du comte *Piper*, car le roi n'en eut jamais depuis qu'il sortit de Stockholm. On le mit dans cette voiture, et l'on prit avec précipitation la route du Boristhène. Le roi, qui depuis le moment, où on l'avait mis à cheval jusqu'à son arrivée au bagage, n'avait pas dit un seul mot, demanda alors ce qu'était devenu le comte *Piper*. *Il est pris avec toute la chancellerie*, lui répondit-on. *Et le général Renschild et le duc de Wirtemberg*, ajouta-t-il? *Ils sont aussi prisonniers*, lui dit *Poniatowski*. *Prisonniers chez des russes!* reprit *Charles* en haussant les épaules; *allons donc, allons plutôt chez les turcs.* On ne remarquait pourtant point d'abattement sur son visage, et quiconque l'eût vu alors, et eût ignoré son état, n'eût point soupçonné qu'il était vaincu et blessé. Pendant qu'il s'éloignait, les russes saisirent son artillerie dans le camp devant Pultava, son bagage, sa caisse militaire, où ils trouvèrent six millions en espèces, dépouilles des polonais et des saxons. Près de neuf mille hommes suédois ou cosaques, qui fuyaient vers le Boristhène, sous la conduite du général *Léwenhaupt*. Il marcha d'un côté avec ses troupes fugitives; le roi alla par un autre chemin avec quelques cavaliers. Le carrosse, où il était, rompit dans la marche; on le remit à cheval. Pour comble de disgrace, il s'égara pendant la nuit dans un bois ; là son courage ne pouvant plus supléer à ses forces épuisées, les douleurs de sa blessure devenu plus insupportables par la fatigue, son cheval étant tombé de lassitude, il se coucha quelques heures au pied d'un arbre, en danger d'être surpris à tout moment par les vainqueurs qui le cherchaient de tous côtés.

Enfin la nuit du 9 au 10 Juillet il se trouva vis-à-vis le Boristhène. *Lewenhaupt* venait d'arriver avec les débris de l'armée. Les suédois revirent, avec une joie mêlée de douleur, leur roi qu'ils croyaient mort. L'ennemi approchait ; on n'avait ni pont pour passer le fleuve, ni temps pour en faire, ni poudre pour se défendre, ni provisions pour empêcher de mourir de faim une armée qui n'avait mangé depuis deux jours. Cependant les restes de cette armée étaient des suédois, et ce roi vaincu, était *Charles* XII. Presque tous les officiers croyaient qu'on attendrait là de pied ferme les russes, et qu'on périrait ou qu'on vaincrait sur le bord du Boristhène. *Charles* eût pris sans doute cette résolution, s'il n'eût été accablé de faiblesse. Sa plaie suppurait, il avait la fièvre ; et on a remarqué, que la plûpart des hommes les plus intrépides perdent dans la fièvre de la suppuration cet instinct de valeur, qui, comme les autres vertus, demande une tête libre. *Charles* n'était plus lui-même. C'est ce qu'on m'a assuré, et qui est plus vraisemblable. On l'entraîna comme un malade qui ne se connaît plus. Il y avait encore par bonheur une mauvaise calèche qu'on avait amenée à tout hazard jusqu'en cet endroit: on l'embarqua sur un petit bateau; le roi se mit dans un autre avec le général *Mazeppa* p). Celui-ci avait sauvé plusieurs coffres pleins d'argent; mais le courant étant trop rapide, et un vent violent commençant à souffler, ce cosaque jeta plus de trois quarts de ses trésors dans le fleuve pour soulager le bateau. *Mullern*, chancelier du roi, et le comte *Poniatowski*, homme plus que jamais nécessaire au roi par les ressources que son esprit lui fournissait dans les disgrâces, passèrent dans d'autres barques avec quelques officiers. Trois cents cavaliers et un très-grand nombre de polonais et de cosaques, se fiant sur la bonté de leurs

---

p) *Mazeppa*, von Geburt ein polnischer Edelmann, vom Zaar zum Fürsten der Ukraine gemacht, nachher von eben demselben persönlich beleidigt, verband sich mit *Karln*, um den Untergang des Zars zu beschleunigen und sich und die Ukraine unabhängig zu machen.

chevaux hazardèrent de passer le fleuve à la nage, leur troupe bien serrée résistait au courant et rompait les vagues; mais tous ceux qui s'écartèrent un peu au-dessous furent emportés et abymés dans le fleuve. De tous les fantassins, qui risquèrent le passage, aucun n'arriva à l'autre bord.

Tandis que les débris de l'armée étaient dans cette extrêmité, le prince *Menzikoff* s'approchait avec dix mille cavaliers ayant chacun un fantassin en croupe. Les cadavres suédois, morts dans le chemin de leurs blessures, de fatigue et de faim, montraient assez au prince *Menzikoff* la route qu'avait prise le gros de l'armée fugitive. Le prince envoya au général suédois un trompette pour lui offrir une capitulation. Quatre officiers généraux furent aussi-tôt envoyés par *Löwenhaupt* pour recevoir la loi du vainqueur. Avant ce jour seize mille soldats du roi *Charles* eussent attaqué toutes les forces de l'empire moscovite, et eussent péri jusqu'au dernier plûtôt que de se rendre; mais après une bataille perdue, après avoir fui pendant deux jours, ne voyant plus leur prince, qui était contraint de fuir lui-même, les forces de chaque soldat étant épuisées, leur courage n'étant plus soutenu par aucune espérance, l'amour de la vie l'emporta fur l'intrépidité. Il n'y eut que le colonel *Troutfetre* qui, voyant approcher les moscovites, s'ébranla avec un bataillon fuédois pour les charger, espérant entraîner le refte des troupes. Mais *Léwenhaupt* fut obligé d'arrêter ce mouvement inutile. La capitulation fut achevée, et cette armée entière fut faite prifonnière de guerre. Quelques foldats défespérés de tomber entre les mains des moscovites fe précipitèrent dans le Borifthène. Deux officiers du régiment de ce brave *Troutfetre* s'entretuèrent, le refte fut fait esclave. Ils défilèrent tous en préfence du prince *Menzikoff*, mettant les armes à fes pieds, comme trente mille moscovites avaient fait neuf ans auparavant devant le roi de Suède à Nerva. Mais au lieu que le roi avait alors renvoyé tous ces prifonniers moscovites qu'il ne craignait pas, le czar retint les fuédois pris à Pultava. Ces malheureux furent difperfés depuis dans les états du czar, mais particulièrement en Sibérie, vafte province de la grande Tartarie, qui du côté de l'orient s'étend jusqu'aux frontières de l'empire chinois. Dans ce païs barbare, où l'ufage du pain n'était pas même connu, les fuédois devenu ingénieux par le befoin, y exercèrent les métiers et les arts dont ils pouvaient avoir quelque teinture.

Alors toutes les diſtinctions que la fortune met entre les hommes furent bannies. L'officier, qui ne put exercer aucun métier, fut réduit à fendre et à porter le bois du ſoldat devenu tailleur, drapier, menuiſier, ou maçon, ou orfèvre, et qui gagnait de quoi ſubſiſter. Quelques officiers devinrent peintres, d'autres architectes. Il y en eut qui y établirent même des écoles publiques, qui avec le temps devinrent ſi utiles et ſi connues, qu'on y envoyait des enfans de Moscou.

Le comte *Piper*, premier miniſtre du roi de Suède, fut long-temps enfermé à Pétersbourg. Le czar était perſuadé, comme le reſte de l'Europe, que ce miniſtre avait vendu ſon maître au duc de *Marlborough*, et avait attiré ſur la Moscovie les armes de la Suède qui auraient pu pacifier l'Europe. Il lui rendit ſa captivité plus dure. Ce miniſtre mourut quelques années après en Moscovie, peu ſecouru par ſa famille qui vivait à Stockholm dans l'opulence, et plaint inutilement par ſon roi, qui ne voulut jamais s'abaiſſer à offrir pour ſon miniſtre une rançon qu'il craignit que le czar n'acceptât pas; car il n'y eut jamais de cartel d'échange entre *Charles* et le czar.

L'empereur moscovite, pénétré d'une joie qu'il ne se mettait pas en peine de dissimuler, recevait sur le champ de bataille les prisonniers qu'on lui amenait en foule, et demandait à tout moment: où est donc mon frère *Charles*?

Il fit aux généraux suédois l'honneur de les inviter à sa table. Entr'autres questions qu'il leur fit, il demanda au général *Renschild* à combien les troupes du roi son maître pouvaient monter avant la bataille. *Renschild* répondit que le roi seul en avait la liste, qu'il ne communiquait à personne; mais que pour lui il pensait que le tout pouvait aller à environ trente mille hommes, savoir dix-huit mille suédois, et le reste cosaques. Le czar parut surpris, et demanda comment ils avaient pu hazarder de pénétrer dans un païs si reculé, et d'assiéger Pultava avec ce peu de monde. Nous n'avons pas toujours été consultés, reprit le général suédois; mais comme fidelles serviteurs, nous avons obéi aux ordres de notre maître sans jamais y contredire. Le czar se tourna à cette réponse, vers quelques-uns de ses courtisans, autrefois soupçonnés d'avoir trempé dans des conspirations contre lui: „*ah!* dit il, „*voilà comme il faut servir son souverain.* Alors „prenant un verre de vin: *à la santé*, dit-il

„de mes maîtres dans l'art de la guerre. Ren-
„schild lui demanda qui étaient ceux qu'il ho-
„norait d'un si beau titre? *vous, messieurs les
„généraux suédois*, reprit le czar. *Votre ma-
„jesté est donc bien ingrate*, reprit le comte, *d'a-
„voir tant maltraité ses maîtres!"* Le czar,
après le repas, fit rendre les epées à tous les
officiers-généraux, et les traita comme un
prince qui voulait donner à ses sujets des leçons de générosité et de la politesse qu'il connaissait. Mais ce même prince, qui traita si
bien les généraux suédois, fit rouer tous les
cosaques qui tombèrent dans ses mains.

Cependant cette armée suédoise, sortie de
la Saxe si triomphante, n'était plus. La moitié avait péri de misère; l'autre moitié était
esclave ou massacrée. *Charles* XII avait perdu
en un jour le fruit de neuf ans de travaux, et
de près de cent combats. Il fuyait dans une
méchante calèche, ayant à son côté le major-
général *Hord*, blessé dangereusement. Le reste
de sa troupe suivait, les uns à pied, les autres
à cheval quelques-uns dans des charrettes, à
travers un désert où il ne voyaient ni huttes,
ni tentes, ni hommes, ni animaux, ni chemins; tout y manquait, jusqu'à l'eau même.
C'était dans le commencement de Juillet. Le

païs est situé au quarante-septième degré. Le sable aride du désert rendait la chaleur du soleil plus insupportable, les chevaux tombaient; les hommes étaient près de mourir de soif. Un ruisseau d'eau bourbeuse fut l'unique ressource qu'on trouva vers la nuit; on remplit des outres de cette eau, qui sauva la vie à la petite troupe du roi de Suède. Après cinq jours de marche, il se trouva sur le rivage du fleuve Hippanis, aujourd'hui nommé le Bogh par les barbares, qui ont défiguré jusqu'au nom de ces païs, que des colonies grecques firent fleurir autrefois. Ce fleuve se joint à quelques milles de là au Boristhène, et tombe avec lui dans la mer noire.

Au-delà du Bogh, du côté du midi, est la petite ville d'Oczakow, frontière de l'empire des turcs. Les habitans, voyant venir à eux une troupe de gens de guerre, dont l'habillement et le langage leur étaient inconnus, refusèrent de les passer à Oczakow, sans un ordre de *Méhemet* bacha, gouverneur de la ville. Le roi envoya un exprès à ce gouverneur, pour lui demander le passage; ce turc, incertain de ce qu'il devait faire dans un païs ou une fausse démarche coûte souvent la vie, n'osa rien prendre sur lui sans avoir auparavant la permiſſion du ſérasquier de la province, qui réſide à Bender dans la Beſſarabie. Pendant qu'on attendait cette permiſſion, les ruſſes, qui avaient pris l'armée du roi priſonnière, avaient paſſé le Boriſthène et approchaient pour le prendre lui-même. Enfin le bacha d'Oczakow envoya dire au roi qu'il fournirait une petite barque pour ſa perſonne et pour deux ou trois hommes de ſa ſuite. Dans cette extrémité les ſuédois prirent de force ce qu'ils ne pouvaient avoir de gré : quelques-uns allèrent à l'autre bord, dans une petite nacelle, ſe ſaiſir de quelques bateaux, et les amenèrent à leur rivage. Ce fut leur ſalut ; car les patrons des barques turques, craignant de perdre une occaſion de gagner beaucoup, vinrent en foule offrir leurs ſervices. Préciſément dans le même temps la réponſe favorable du ſérasquier de Bender arrivait auſſi, et le roi eut la douleur de voir cinq cents hommes de ſa ſuite ſaiſis par ſes ennemis, dont il entendait les bravades inſultantes. Le bacha d'Oczakow lui demanda par un interprète pardon de ſes retardemens, qui étaient cauſe de la priſe de ces cinq cents hommes, et le ſupplia de vouloir bien ne point s'en plaindre au grand-ſeigneur. *Charles* le promit, non ſans lui faire une réprimande, comme s'il eût parlé à un de ſes ſujets.

Le commandant de Bender, qui était en même temps férasquier, titre qui répond à celui de général, et bacha de la province, qui signifie gouverneur et intendant, envoya en hâte un aga complimenter le roi, et lui offrir une tente magnifique, avec les provisions, le bagage, les chariots, les commodités, les officiers, toute la suite nécessaire pour le conduire avec splendeur jusqu'à Bender, car tel est l'usage des turcs, non seulement de défrayer les ambassadeurs jusqu'au lieu de leur résidence, mais de fournir tout abondamment aux princes réfugiés chez eux pendant le temps de leur séjour.

Karls Aufenthalt zu Bender.

Charles écrivit à l'empereur des Turs dès qu'il fut sur ses terres; sa lettre est du 13 Juillet 1709. Il en courut plusieurs copies différentes, qui toutes passent aujourd'hui pour infidelles; mais de toutes celles que j'ai vues, il n'en est aucune qui ne marquât de la hauteur, et qui ne fût plus conforme à son courage qu'à sa situation. Le sultan ne lui fit réponse que vers la fin de Septembre. La fierté de la porte ottomane fit sentir à *Charles* XII la différence qu'elle mettait entre l'empereur turc et un roi d'une partie de la Scandinavie, chrétien, vaincu et fugitif. Au reste toutes ces lettres, que les rois écrivent très-rarement eux-mêmes, ne sont que de vaines formalités qui ne font connaître ni le caractère des souverains ni leurs affaires.

Charles XII en Turquie n'était en effet qu'un captif honorablement traité. Cependant il concevait le dessein d'armer l'empire ottoman contre ses ennemis. Il se flattait de ramener la Pologne sous le joug, et de soumettre la Russie; il avait un envoyé à Constantinople; mais celui qui le servit le plus dans ses vastes projets fut le comte *Poniatowski*: lequel alla à Constantinople sans mission, et se rendit bien-tôt nécessaire au roi, agréable à la porte, et enfin dangereux aux grands-visirs même.

Un de ceux qui secondèrent plus adroitement ses desseins fut le médecin *Fonseca*, portugais, juif, établi à Constantinople, homme savant et délié, capable d'affaires et le seul philosophe peut-être de sa nation. Sa profession lui procurait des entrées à la porte ottomane, et souvent la confiance des visirs. Il l'ai fort connu à Paris; il m'a confirmé toutes les particularités que je vais raconter. Le comte *Poniatowski* m'a dit lui-même, et m'a écrit qu'il avait eu l'adresse de faire tenir des lettres à la sultane *Validé* mère de l'empereur regnant, autrefois maltraitée par son fils, mais qui commençait à prendre du crédit dans le serrail. Une juive, qui approchait souvent de cette princesse, ne cessait de lui raconter les exploits du roi de Suède, et la charmait par ses récits. La sultane par une secrete inclination, dont presque toutes les femmes se sentent surprises en faveur des hommes extraordinaires, même sans les avoir vus, prenait hautement dans le serrail le parti de ce prince: elle ne l'appelait que son lion. „*Quand voulez* „*vous donc*, disait-elle quelquefois au sultan „son fils, *aider mon lion à dévorer ce czar?*" Elle passa même par dessus les lois austères du serrail, au point d'écrire de sa main plusieurs lettres au comte *Poniatowski*, entre les mains duquel elles sont encore au temps qu'on écrit cette histoire.

Cependant on avait conduit le roi avec honneur à Bender, par le désert qui s'appelait autre fois la solitude des Gètes. Les turcs eurent soin que rien ne manquât sur sa route de tout ce qui pouvait rendre fon voyage plus agréable. Beaucoup de polonais, de fuédois, de cofaques, échappés les uns après les autres des mains des moscovites, venaient par différens chemins groſſir fa fuite fur la route. Il avait avec lui dix huit cents hommes, quand il fe trouva à Bender: tout ce monde était nourri, logé, eux et leurs chevaux, aux dépens du grand-feigneur.

Le roi voulut camper auprès de Bender, au lieu de demeurer dans la ville. Le férasquier *Juſſuf* bacha lui fit dreſſer une tente magnifique, et on en fournit à tous les feigneurs de fa fuite. Quelque temps après le prince fe fit bâtir une maifon dans cet endroit; fes officiers en firent autant à fon exemple; les foldats dreſſèrent des baraques, de forte que ce camp devint infenfiblement une petite ville. Le roi n'étant point encore guéri de fa bleſſure, il fallut lui tirer un os carié; mais, dès qu'il put monter à cheval, il reprit fes fatigues ordinaires, toujours fe levant avant le foleil, laſſant trois chevaux par jour, fefant faire l'exercice à fes foldats. Pour tout amufement il jouait quelquefois aux échecs. Il eſt permis de rapporter les petites chofes qui peignent les hommes. On a remarqué qu'il fefait toujours marcher le roi à ce jeu ; il s'en fervait plus que des autres pièces, et par-là il perdait toutes les parties.

Il fe trouvait à Bender dans une abondance de toutes chofes, bien rare pour un prince vaincu et fugitif ; car outre les provifions plus que fuffifantes, et les cinq cents écus par jour qu'il recevait de la magnificence ottomane, il tirait encore de l'argent de France, et il empruntait des marchands de Conftantinople. Une partie de cet argent fervit à ménager des intrigues dans le ferrail, à acheter la faveur des vifirs, ou à procurer leur perte. Il répandait l'autre partie avec profufion parmi fes officiers et les janiffaires qui lui fervaient de gardes à Bender. *Grothufen*, fon favori et tréforier, était le dispenfateur de fes libéralités : c'était un homme qui, contre l'ufage de ceux qui font en cette place, aimait autant à donner que fon maître. Il lui apporta un jour un compte de foixante mille écus en deux lignes : *dix mille écus donnés aux fuédois et aux janiffaires par les ordres généreux de fa majefté, et le refte mangé par moi.* ,,Voilà comme j'aime que mes amis me ,,rendent leurs comptes, dit ce prince ; *Mullern* ,,*me fait lire des pages entières pour des fom-*

„mes de dix mille francs ; j'aime mieux le ſtyle
„laconique de Grothuſen." Un de ſes vieux
officiers, ſoupçonné d'être un peu avare, ſe
plaignit à lui de ce que ſa majeſté donnait
tout à *Grothuſen*: „je ne donne de l'argent,
„répondit le roi, *qu'à ceux qui ſavent en faire*
„*uſage.*" Cette généroſité le réduiſit ſouvent
à n'avoir pas de quoi donner. Plus d'économie dans ſes libéralités eût été auſſi honorable et plus utile; mais c'était le défaut de ce
prince de pouſſer à l'excès toutes les vertus.

Beaucoup d'étrangers accouraient de Conſtantinople pour le voir. Les turcs, les tartares du voiſinage y venaient en foule; tous
le reſpectaient et l'admiraient. Son opiniâtreté
à s'abſtenir du vin, et ſa régularité à aſſiſter
deux fois par jour aux prières publiques, leur
feſaient dire: *c'eſt un vrai muſulman*. Ils
brûlaient d'impatience de marcher avec lui à
la conquête de la Moſcovie.

Dans ce loiſir de Bender, qui fut plus
long qu'il ne penſait, il prit inſenſiblement
du goût pour la lecture. Le baron *Fabrice*,
gentilhomme du duc de Holſtein, jeune homme aimable, qui avait dans l'eſprit cette gaieté et ce tour aiſé qui plait aux princes, fut

celui qui l'engagea à lire. Il était envoyé auprès de lui à Bender pour ménager les intérêts du jeune duc de Holſtein, et il y réuſſit en ſe rendant agréable. Il avait lu tous les bons auteurs français. Il fit lire au roi les tragédies de *Pierre Corneille*, celle de *Racine* et les ouvrages de *Despréaux*. Le roi ne prit nul goût aux ſatires de ce dernier qui en effet ne ſont pas ſes meilleures pièces; mais il aimait fort ſes autres écrits. Quand on lui lut ce trait de la ſatire huitième, où l'auteur traite *Alexandre* de fou et d'enragé, il déchira le feuillet.

De toutes les tragédies françaiſes, *Mithridate* était celle qui lui plaiſait davantage, parce que la ſituation de ce roi, vaincu et reſpirant la vengeance, était conforme à la ſienne. Il montrait avec le doigt à M. *Fabrice* les endroits qui le frappaient; mais il n'en voulait lire aucun tout haut, ni hazarder jamais un mot en français, même quand il vit depuis à Bender M. *Déſaleurs*, ambaſſadeur de France à la Porte, homme d'un mérite diſtingué, mais qui ne ſavait que ſa langue naturelle. Il répondit à cet ambaſſadeur en latin, et ſur ce que M. *Déſaleurs* proteſta qu'il n'entendait pas quatre mots de cette langue, le roi, plutôt que de parler français, fit venir un interprète.

Telles étaient les occupations de *Charles* XII à Bender, où il attendait qu'une armée de turcs vînt à son secours. Son envoyé présentait des mémoires en son nom au grand-visir, et *Poniatowski* les soutenait par le crédit qu'il savait se donner. L'insinuation réussit par tout. Il ne paraissait vêtu qu'à la turque; il se procurait toutes les entrées. Le grand seigneur lui fit présent d'une bourse de mille ducats, et le grand-visir lui dit: „*je prendrai votre roi* „*d'une main, et une épée dans l'autre, et je le* „*menerai à Moscou, à la tête de deux cents* „*mille hommes.* Ce grand visir s'appelait *Chourlouli Ali* bacha; il était fils d'un païsan du village de Chourlou. Ce n'est point parmi les turcs un reproche qu'une telle extraction; on n'y connait point la noblesse, soit celle à laquelle les emplois sont attachés, soit celle qui ne consiste que dans des titres. Les services seuls sont censés tout faire; c'est l'usage de presque tout l'orient; usage très-naturel et très-bon, si les dignités pouvaient n'être donnés qu'au mérite; mais les visirs ne sont d'ordinaire que des créatures d'un eunuque noir, ou d'une esclave favorite.

Le premier ministre changea bien-tôt d'avis, le roi ne pouvait que négocier, et le czar pouvait donner de l'argent ; il en donna, et ce fut de celui même de *Charles* XII qu'il se servit. La caisse militaire prise à Pultava fournit de nouvelles armes contre le vaincu ; il ne fut alors plus question de faire la guerre aux russes. Le crédit du czar fut tout-puissant à la Porte ; elle accorda à son envoyé des honneurs dont les ministres moscovites n'avaient point encore joui à Constantinople ; on lui permit d'avoir un serrail, c'est-à dire un palais dans le quartier des francs, et de communiquer avec les ministres étrangers. Le czar crut même pouvoir demander qu'on lui livrât le général *Mazeppa*, comme *Charles* XII s'était fait livrer le malheureux *Patkul*. *Chourlouli Ali*, bacha ne savait plus rien refuser à un prince qui demandait en donnant des millions : ainsi ce même grand-visir, qui auparavant avait promis solemnellement de mener le roi de Suède en Moscovie avec deux cents mille hommes, osa bien lui faire proposer de consentir au sacrifice du général *Mazeppa*. *Charles* fut outré de cette demande. On ne sait jusqu'où le visir eût poussé l'affaire, si *Mazeppa*, âgé de soixante et dix ans, ne fût mort précisément dans cette conjoncture. La douleur et le dépit du roi augmentèrent, quand il apprit que *Tolstoi*, devenu l'ambassadeur du czar à la

Porte, était publiquement servi par des suédois faits esclaves à Pultava, et qu'on vendait tous les jours ces braves soldats dans le marché de Constantinople. L'ambassadeur moscovite disait même hautement que les troupes musulmanes, qui étaient à Bender, y étaient plus pour s'assurer du roi que pour lui faire honneur.

Charles, abandonné par le grand-visir, vaincu par l'argent du czar en Turquie, après l'avoir été par ses armes dans l'Ukraine, se voyait trompé, dédaigné par la Porte, presque prisonnier parmi des tatares. Sa suite commençait à désespérer, lui seul tint ferme, et ne parut pas abattu un moment; il crut que le sultan ignorait les intrigues de *Chourlouli Ali*, son grand-visir : il résolut de les lui apprendre, et *Poniatowski* se chargea de cette commission hardie. Le grand seigneur va tous les vendredis à la mosquée entouré de ses *Solaks*, espèce de gardes, dont les turbans sont ornés de plumes si hautes qu'elles dérobent le sultan à la vue du peuple. Quand on a quelque placet à présenter au grand seigneur, on tâche de se mêler parmi ces gardes, et on lève en haut le placet. Quelquefois le sultan daigne le prendre lui-même; mais le plus souvent il ordonne à un aga de s'en charger, et se fait ensuite représenter les placets au sortir de la mosquée. Il n'est pas à craindre qu'on ose l'importuner de mémoires inutiles et de placets sur des bagatelles, puisqu'on écrit moins à Constantinople en toute une année qu'à Paris en un seul jour. On se hazarde encore moins à présenter des mémoires contre les ministres, à qui pour l'ordinaire le sultan les renvoie sans les lire. *Poniatowski* n'avait que cette voie pour faire passer jusqu'au grand seigneur les plaintes du roi de Suède. Il dressa un mémoire accablant contre le grand-visir. M. de *Fériol*, alors ambassadeur de France, et qui m'a conté le fait, fit traduire le mémoire en turc. On donna quelque argent à un grec pour le présenter. Ce grec s'étant mêlé parmi les gardes du grand seigneur, leva le papier si haut, si long-temps, et fit tant de bruit que le sultan l'apperçut, et prit lui-même le mémoire.

On se servit plusieurs fois de ce moyen pour présenter au sultan des mémoires contre ses visirs : un suédois nommé *Leloing*, en donna encore un autre bien-tôt après. *Charles* XII, dans l'empire des turcs, était réduit à employer les ressources d'un sujet opprimé.

Quelques jours après le sultan envoya au roi de Suède, pour toute réponse à ses plaintes, vingt-cinq chevaux arabes, dont l'un, qui avait porté sa hautesse, était couvert d'une selle et d'une housse enrichie de pierreries, avec des étriers d'or massif. Ce présent fut accompagné d'une lettre obligeante, mais conçue en termes généraux, et qui fesait soupçonner que le ministre n'avait rien fait que du consentement du sultan. *Chourlouli*, qui savait dissimuler, envoya aussi cinq chevaux très-rares au roi. *Charles* dit fièrement à celui qui les amenait: ,,Retournez vers votre maître, et ,,dites-lui que je ne reçois point de présent ,,de mes ennemis." M. *Poniatowski*, ayant déjà osé faire présenter un mémoire contre le grand-visir, conçut alors le hardi dessein de le faire déposer. Il savait que ce visir déplaisait à la sultane mère, que le Kislar aga, chef des eunuques noirs, et l'aga des janissaires le haïssaient; il les excita tous trois à parler contre lui. C'était une chose bien surprenante de voir un chrétien, un polonais, un agent sans caractère d'un roi suédois réfugié chez les turcs, cabaler presque ouvertement à la Porte contre un vice-roi de l'empire ottoman qui de plus était utile et agréable à son maître. *Poniatowski* n'eût jamais réussi, et l'idée seule du projet lui eût couté la vie, si une puissance plus forte que toutes celles qui étaient dans

K 6

fes intérêts, n'eût porté les derniers coups à la fortune du grand-visir *Chourlouli*.

Le fultan avait un jeune favori qui a depuis gouverné l'empire ottoman, et a été tué en Hongrie en 1716 à la bataille de Peterwaradin, gagnée fur les turcs par le prince *Eugène* de Savoie. Son nom était *Coumourgi Ali* bacha. Sa naiffance n'était guere différente de celle de *Chourlouli*; il était fils d'un porteur de charbon, comme *Coumourgi* le fignifie; car *coumour* veut dire *charbon* en turc. L'empereur *Achmet* II, oncle d'*Achmet* III, ayant rencontré dans un petit bois près d'Andrianople *Coumourgi* encore enfant, dont l'extrême beauté le frappa, le fit conduire dans fon ferrail. Il plut à *Muftapha*, fils aîné te fucceffeur de *Mahomet*. *Achmet* III en fit fon favori... Il n'avait alors que la charge de Sélictar aga, porte-épée de la couronne. Son extrême jeuneffe ne lui permettait pas de prétendre à l'emploi de grand-vifir: mais il avait l'ambition d'en faire. La faction de Suède ne put jamais gagner l'efprit de ce favori. Il ne fut en aucun temps l'ami de *Charles*, ni d'aucun prince chrétien, ni d'aucun de leurs miniftres; mais en cette occafion, il fervait le roi *Charles* fans le vouloir; il s'unit avec la sultane *Validé* et les grands officiers de la Porte pour faire tomber *Chourlouli* qu'ils haïssaient tous. Ce vieux ministre, qui avait longtemps et bien servi son maître, fut la victime du caprice d'un enfant et des intrigues d'un étranger. On le dépouilla de sa dignité et de ses richesses: on lui ôta sa femme, qui était fille du dernier sultan *Mustapha:* et il fut relégué à Caffa, autrefois Théodosie, dans la Tartarie-Crimée. On donna le *bul*, c'est-à-dire le sceau de l'empire, à *Numan Couprougli*, petit fils du grand *Couprougli* qui prit Candie. Ce nouveau visir était tel que les chrétiens mal-instruits ont peine à se figurer un turc; homme d'une vertu inflexible, scrupuleux observateur de la loi, il opposait souvent la justice aux volontés du sultan. Il ne voulut point entendre parler de la guerre conte le moscovite, qu'il traitait d'injuste et d'inutile; mais le même attachement à sa loi, qui l'empêchait de faire la guerre au czar malgré la foi des traités, lui fit respecter les devoirs de l'hospitalité envers le roi de Suède. Il disait à son maître: „*La loi te défend d'attaquer le czar qui ne t'a* „*point offensé, mais elle t'ordonne de secourir* „*le roi de Suède qui est malheureux chez toi.*" Il fit tenir à ce prince huit cents bourses, (une bourse vaut cinq cents écus) et lui conseilla de s'en retourner paisiblement dans ses états, par les terres de l'empereur d'Allemagne, ou par des vaisseaux français qui étaient alors au port de Constantinople, et que M. de *Fériol*, ambassadeur de France à la Porte, offrait à *Charles* pour le transporter à Marseille. Le comte *Poniatowski* négocia plus que jamais avec ce ministre, et acquit dans les négociations une supériorité que l'or des moscovites ne pouvait plus lui disputer auprès d'un visir incorruptible. La faction russe crut que la meilleure ressource pour elle était d'empoisonner un négociateur si dangereux. On gagna un de ses domestiques, qui devait lui donner du poison dans du caffé; le crime fut découvert avant l'exécution; on trouva le poison entre les mains du domestique dans une petite fiole que l'on porta au grand seigneur. L'empoisonneur fut jugé en plein divan et condamné aux galères, parce que la justice des turcs ne punit jamais de mort les crimes qui n'ont pas été exécutés.

Charles II, toujours persuadé que tôt ou tard il réussirait à faire déclarer l'empire turc contre celui de Russie, n'accepta aucune des propositions qui tendaient à un retour paisible dans ses états; il ne cessait de représenter aux turcs ce même czar qu'il avait si long-temps méprisé comme formidable. Ses émissaires insinuaient sans cesse que *Pierre Alexiowitz* voulait se rendre maître de la navigation de la mer noire qu'après avoir subjugué les cosaques, il en voulait à la Tartarie-Crimée. Tantôt ses représentations animaient la Porte, tantôt les ministres russes les rendaient sans effet.

Tandis que *Charles* XII fesait ainsi dépendre sa destinée des volontés des visirs, qu'il recevait des bienfaits et des affronts d'une puissance étrangère, qu'il fesait présenter des placets au sultan, qu'il subsistait de ses libéralités dans un désert, tous ses ennemis réveillés attaquaient ses états.

Czar Peters Einzug in Moscow.

Dans ces conjonctures, le czar, après avoir laissé ses troupes en quartier dans la Lithuanie, et avoir ordonné le siége de Riga, s'en retourna à Moscou étaler à ses peuples un appareil aussi nouveau que tout ce qu'il avait fait jusqu'alors dans ses états : ce fut un triomphe tel à peu près que celui des anciens Romains. Il fit son entrée dans Moscou sous sept arcs triomphans *), dreſſés dans les rues ornées de tout ce que le climat peut fournir, et de ce que le commerce floriſſant par ſes ſoins y avait pu apporter. Un régiment des gardes commençait la marche, ſuivi des pièces d'artillerie priſes ſur les ſuédois à Lesno et à Pultava: chacune était trainée par huit chevaux couverts de houſſes d'écarlate pendantes à terre. Enſuite venaient les étendards, les timbales, les drapeaux gagnés à ces deux batailles, portés par les officiers et par les ſoldats qui les avaient pris. Toutes ces dépouilles étaient ſuivies des plus belles troupes du czar. Après qu'elles eurent défilé, on vit ſur un char fait exprès paraître le brancard de *Charles* XII, trouvé ſur le champ de bataille de Pultava, tout briſé de deux coups de canon. Derrière ce brancard marchaient deux à deux tous les priſonniers: on y voyait le comte *Piper*, premier miniſtre de Suède, le célèbre maréchal *Renſchild*, le comte de *Löwenhaupt*, les généraux *Slippenback*, *Stackelberg*, *Hamilton*, tous les officiers et les ſoldats qu'on diſperſa depuis dans la grande Ruſſie. Le czar paraiſſait immédiatement après eux ſur le même cheval qu'il avait monté à la bataille de Pultava. A quelques

---

*) Janvier 1710.

pas de lui on voyait les généraux qui avaient eu part au succès de cette journée. Un autre régiment des gardes venait ensuite. Les chariots de munitions des suédois fermaient la marche. Cette pompe passa au bruit de toutes les cloches de Moscou, au son des tambours, des timbales, des trompettes et d'un nombre infini d'instrumens de musique, qui se fesaient entendre par reprises, avec les salves de deux cents pièces de canon, et les acclamations de cinq cents mille hommes, qui s'écriaient: *vive l'empereur notre père,* à chaque pause que fesait le czar dans cette entrée triomphale.

Fortsetzung von Karls Aufenthalt zu Bender q).

Le visir crut faire assez pour le grand seigneur son maître, de conclure une paix avantageuse.

q) Es war endlich doch zum Kriege zwischen der Pforte und dem Zaar gekommen. Der ehrliche *Couprougli* war nach Verlauf von zwei Monaten abgesetzt worden, und sein Nachfolger *Baltagi Mehemet* widersetzte sich dem Hofe, der durchaus den Krieg wolte, nicht. Der Krieg lief unglücklich ab für den Zaar; er wäre mit seinem ganzen Heer verloren gewesen, wenn seine Gemahlin *Katharina* ihn nicht gerettet hätte. Sie that dieses dadurch, daß

Il exigea que les moscovites rendissent Azoph, qu'ils brûlassent les galères qui étaient dans ce port, qu'ils démolissent des citadelles importantes bâties sur le Palus-Méotide, et que tout le canon et les munitions de ces forteresses demeurassent au grand seigneur; que le czar retirât ses troupes de la Pologne; qu'il n'inquiétât plus le petit nombre de cosaques qui étaient sous la protection des Polonais, ni ceux qui dépendaient de la Turquie, et qu'il payât dorénavant aux tartares un subside de quarante mille sequins par an, tribut odieux, imposé depuis long-temps, mais dont le czar avait affranchi son païs.

Enfin le traité allait être signé, sans qu'on eût seulement fait mention du roi de Suède. Tout ce que *Poniatowski* put obtenir du visir, fut qu'on insérât un article, par lequel le moscovite s'engageait à ne point troubler le retour de *Charles* XII; et ce qui est assez singulier, il fut stipulé dans cet article que le czar et le roi de Suède feraient la paix s'ils en avaient envie, et s'ils pouvaient s'accorder. A

sie, gerade wie die Sachen am schlimmsten standen und der Zaar sich schon ganz der Verzweiflung ergeben hatte, den Frieden vermittelte, Von diesem Frieden ist hier die Rede. Die Sache geschah am Prut in der Moldau unweit Yassi, der Hauptstadt dieses Landes,

ces conditions le czar eut la liberté de se retirer avec son armée, son canon, son artillerie, ses drapeaux, son bagage. Les turcs lui fournirent des vivres, et tout abonda dans son camp deux heures après la signature du traité, qui fut commencé le 21 Juillet 1711, et signé le premier Août.

Dans le temps que le czar, échappé de ce mauvais pas, se retirait tambour battant et enseignes déployées, arrive le roi de Suède, impatient de combattre, et de voir son ennemi entre ses mains. Il avait couru plus de cinquante lieues à cheval depuis Bender jusqu'auprès d'Yassi. Il arriva dans le temps que les russes commençaient à faire paisiblement leur retraite; il fallait, pour pénétrer au camp des turcs, aller passer le Pruth sur un pont à trois lieues de là. *Charles* XII, qui ne fesait rien comme les autres hommes, passa la rivière à la nage au hazard de se noyer, et traversa le camp moscovite au hazard d'être pris: il parvint à l'armée turque, et descendit à la tente du comte *Poniatowski*, qui m'a conté et écrit ce fait. Le comte s'avança tristement vers lui, et lui apprit comment il venait de perdre une occasion qu'il ne recouvrerait peut-être jamais.

Le roi, outré de colère, va droit à la tente du grand-vifir; il lui reproche, avec un vifage enflammé, le traité qu'il vient de conclure: „J'ai droit, dit le grand-vifir d'un air calme, „de faire la guerre et la paix. Mais, reprend „le roi, n'avais-tu pas toute l'armée moscovite „en ton pouvoir. Notre loi nous ordonne, re-„partit gravement le vifir, de donner la paix „à nos ennemis, quand ils implorent notre mi-„féricorde. Eh! ordonne-t elle, infifte le roi „en colère, de faire un mauvais traité, quand tu „peux impofer telles lois que tu veux. Ne- „dépendait-il pas de toi d'amener le czar pri- „fonnnier à Conftantinople?"

Le turc, pouffé à bout répondit féchement: „eh! qui gouvernerait fon empire en fon abfen- „ce? il ne faut pas que tous les rois foient „hors de chez eux." *Charles* répliqua par un fourire d'indignation: il fe jetta fur un fo- pha, et regardant le vifir d'un air plein de co- lère et de mépris, il étendit fa jambe vers lui, et embarraffant exprès fon éperon dans la robe du turc, il la lui déchira; fe releva fur le champ, remonta à cheval, et retourna à Ben- der, le défespoir dans le coeur. *Poniatowski* refta encore quelque temps avec le grand-vifir, pour effayer par des voies plus douces de l'engager à tirer un meilleur parti du czar; mais l'heure de la prière étant venue, le turc, fans répondre un feul mot, alla fe laver et prier Dieu.

La fortune du roi de Suède, fi changée de ce qu'elle avait été, le perfécutait dans les moindres chofes : il trouva à fon retour fon petit camp de Bender et tout le logement inondés des eaux du Niefter. Il fe retira à quelques milles, près d'un village nommé Varnitza; et comme s'il eût eu un fecret preffentiment de ce qui devait lui arriver,' il fit bâtir en cet endroit une large maifon de pierre, capable en un befoin de foutenir quelques heures un affaut. Il la meubla même magnifiquement contre fa coutume, pour impofer plus de refpect aux turcs.

Il en conftruifit auffi deux autres, l'une pour fa chancellerie, l'autre pour fon favori *Grothufen*, qui tenait une de fes tables. Tandis que le roi bâtiffait ainfi près de Bender, comme s'il eût voulu refter toujours en Turquie, *Baltagi-Mehemet*, craignant plus que jamais les intrigues et les plaintes de ce prince à la Porte, avait envoyé le réfident de l'empereur d'Allemagne demander lui-même à

Vienne un passage pour le roi de Suède par les terres héréditaires de la maison d'Autriche. Cet envoyé avait rapporté en trois semaines de temps une promesse de la régence impériale de rendre à *Charles* XII les honneurs que lui étaient dûs, et de le conduire en toute sureté en Poméranie.

On s'était adressé à cette régence de Vienne, parce qu'alors l'empereur d'Allemagne *Charles*, successeur de *Joseph* I, était en Espagne, où il disputait la couronne à *Philippe* V. Pendant que l'envoyé allemand exécutait à Vienne cette commission, le grand-visir envoya trois bachas au roi de Suède, pour lui signifier qu'il fallait quitter les terres de l'empire turc.

Le roi qui savait l'ordre dont ils étaient chargés, leur fit d'abord dire que s'ils osaient lui rien proposer contre son honneur, et lui manquer de respect, il les ferait pendre tous trois sur l'heure. Le bacha de Salonique, qui portait la parole, déguisa la dureté de sa commission sous les termes les plus respectueux. *Charles* finit l'audience sans daigner seulement répondre; son chancelier *Mullern*, qui resta avec ces trois bachas, leur expliqua en peu de mots le refus de son maître, qu'ils avaient assez compris par son silence.

Le grand-visir ne se rebuta pas; il ordonna à *Ismaël* bachà, nouveau sérasquier de Bender, de menacer le roi de l'indignation du sultan, s'il ne se déterminait pas sans délai. Ce sérasquier était d'un tempérament doux et d'un esprit conciliant, qui lui avait attiré la bienveillance de *Charles* et l'amitié de tous les suédois. Le roi entra en conférence avec lui; mais ce fut pour lui dire qu'il ne partirait que quand *Achmet* lui aurait accordé deux choses, la punition de son grand-visir, et cent mille hommes pour retourner en Pologne. *Baltagi-Mehemet* sentait bien que *Charles* restait en Turquie pour le perdre; il eut soin de faire mettre des gardes sur toutes les routes de Bender à Constantinople, pour intercepter les lettres du roi. Il fit plus; il lui retrancha son *thaïm*, c'est à dire la provision que la Porte fournit aux princes à qui elle accorde un asyle. Celle du roi de Suède était immense, consistant en cinq cents écus par jour en argent, et dans une provision de tout ce qui peut contribuer à l'entretien d'une cour dans la splendeur et dans l'abondance.

Dès que le roi fut que le vifir avait ofé retrancher fa fubfiftance, il fe tourna vers fon grand-maître-d'hôtel, et lui dit: „vous n'a-„vez eu que deux tables jusqu'à préfent, je „vous ordonne d'en tenir quatre, dès de-„main."

Les officiers des *Charles* XII étaient accoutumés à ne trouver rien d'impoffible de ce qu'il ordonnait: cependant on n'avait ni provifions ni argent; on fut obligé d'emprunter à vingt, à trente, à quarante pour cent des officiers, des domeftiques et des janiffaires devenus riches par les profufions du roi. M. *Fabrice*, l'envoyé de Holftein, *Jeffreys*, miniftre d'Angleterre, leurs fecrétaires, leurs amis donnèrent ce qu'ils avaient. Le roi, avec fa fierté ordinaire et fans inquiétude du lendemain, fubfiftait de ces dons qui n'auraient pas fuffi long-temps. Il fallut tromper la vigilance des gardes, et envoyer fecrétement à Con-ftantinople pour emprunter de l'argent des négocians européens. Tous refufèrent d'en prêter à un roi qui femblait s'être mis hors d'état de jamais rendre. Un feul marchand anglais, nommé *Couk*, ofa enfin prêter environ quarante mille écus, fatisfait de les perdre fi le roi de Suède venait à mourir. On apporta cet argent au petit camp du roi, dans le temps qu'on commençait à manquer de tout, et à ne plus espérer de reſſource. Dans cet intervalle, M. *Poniatowski* écrivit du camp même du grand-viſir, une relation de la campagne du Pruth, dans laquelle il accuſait *Baltigi-Mehemet* de lâcheté et de perfidie. Un vieux janiſſaire, indigné de la faibleſſe du viſir, et de plus gagné par les préſens de *Poniatowski*, ſe chargea de cette relation; et ayant obtenu un congé, il préſenta lui-même la lettre au ſultan.

Poniatowski partit du camp quelques jours après, et alla à la Porte ottomane former des intrigues contre le grand-viſir ſelon ſa coutume.

Les circonſtances étaient favorables : le czar en liberté ne ſe preſſait pas d'accomplir ſes promeſſes : les clefs d'Azoph ne venaient point ; le grand-viſir qui en était reſponſable, craignant avec raiſon l'indignation de ſon maître, n'oſait s'aller préſenter devant lui.

Le ſerrail était alors rempli plus que jamais d'intrigues et de factions. Ces cabales que l'on voit dans toutes les cours, et qui se terminent d'ordinaire dans les nôtres par quelque déplacement de ministre, ou tout au plus par quelque exil, font toujours tomber à Constantinople plus d'une tête; il en couta la vie à l'ancien visir *Chourlouli* et à *Osman* ce lieutenant de *Baltagi-Mehemet*, qui était le principal auteur de la paix du Pruth, et qui depuis cette paix avait obtenu une charge considérable à la Porte. On trouva parmi les trésors d'*Osman* la bague de la czarine, et vingt mille pièces d'or au coin de la Saxe et de Moscovie; ce fut une preuve que l'argent seul avait tiré le czar du précipice, et avait ruiné la fortune de *Charles* XII. Le visir *Baltagi-Mehemet* fut relégué dans l'île de Lemnos, où il mourut trois ans après. Le sultan ne saisit son bien ni à son exil ni à sa mort: il n'était pas riche, et sa pauvreté justifia sa mémoire.

A ce grand-visir succéda *Juſſuf*, c'est à dire *Joseph*, dont la fortune était aussi singulière que celle de ses prédécesseurs. Né sur les frontières de la Moscovie, et fait prisonnier par les turcs à l'âge de six ans avec sa famille, il avait été vendu à un janissaire. Il fut long-temps valet dans le serrail, et devint enfin la seconde personne de l'empire où il avait été esclave; mais ce n'était qu'un fantôme de ministre. Le jeune Sélictar *Ali Coumourgi* l'éleva à ce poste glissant, en attendant qu'il pût s'y placer lui-même; et *Juffuf* sa créature n'eut d'autre emploi que d'apposer les sceaux de l'empire aux volontés du favori. La politique de la cour ottomane parut toute changée dès les premiers jours de ce visirat; les plénipotentiaires du czar qui restaient à Constantinople, et comme ministres, et comme ôtages, y furent mieux traités que jamais; le grand-visir confirma avec eux la paix du Pruth; mais ce qui mortifia le plus le roi de Suède, ce fut d'apprendre que les liaisons secrètes qu'on prenait à Constantinople avec le czar, étaient le fruit de la médiation des ambassadeurs d'Angleterre et de Hollande.

Constantinople, depuis la retraite de *Charles* à Bender, était devenue ce que Rome a été si souvent, le centre des négociations de la chrétienté. Le comte *Défaleurs*, ambassadeur de France, y appuyait les intérêts de *Charles* et de *Stanislas*: le ministre de l'empereur allemand les traversait; les factions de Suède et de Moscovie s'entrechoquaient comme on à vu long-temps celles de France et d'Espagne agiter la cour de Rome.

L'Angleterre et la Hollande, qui paraiſſaient neutres, ne l'étaient pas ; le nouveau commerce, que le czar avait ouvert dans Pétersbourg, attirait l'attention de ces deux nations commerçantes.

Les Anglais et les Hollandais feront toujours pour le prince qui favoriſera le plus leur trafic. Il y avait beaucoup à gagner avec le czar : il n'eſt donc pas étonnant que les miniſtres d'Angleterre et de Hollande le ferviſſent fecrétement à la Porte ottomane. Une des conditions de cette nouvelle amitié fut que l'on ferait fortir inceſſamment *Charles* des terres de l'empire turc ; foit que le czar eſpérât fe faiſir de fa perfonne fur les chemins, foit qu'il crût *Charles* moins redoutable dans fes états qu'en Turquie, où il était toujours fur le point d'armer les forces ottomanes contre l'empire des ruſſes.

Le roi de Suède follicitait toujours la Porte de le renvoyer par la Pologne avec une nombreuſe armée. Le divan réfolut en effet de le renvoyer, mais avec une fimple eſcorte de sept à huit mille hommes; non plus comme un roi qu'on voulait secourir, mais comme un hôte dont on voulait se défaire. Pour cet effet le sultan *Achmet* lui écrivit en ces termes:

Très-puissant entre les rois adorateurs de Jesus, redresseur des torts et des injures, et protecteur de la justice dans les ports et les républiques du Midi et du Septentrion; éclatant en majesté, ami de l'honneur et de la gloire, et de notre sublime Porte, Charles roi de Suède, dont Dieu couronne les entreprises de bonheur.

„Aussitôt que le très-illustre *Achmet*, ci-de-
„vant chiaoux pachi, aura eu l'honneur de vous
„présenter cette lettre, ornée de notre sceau
„impérial, soyez persuadé et convaincu de la
„vérité de nos intentions qui y sont contenues
„à savoir, que, quoique nous nous fussions pro-
„posé de faire marcher de nouveau contre le
„czar nos troupes toujours victorieuses, ce-
„pendant ce prince, pour éviter le juste ressen-
„timent que nous avait donné son retardement
„à exécuter le traité conclu sur les bords du
„Pruth, et renouvelé depuis à notre sublime
„Porte, ayant rendu à notre empire le châ-
„teau et la ville d'Azoph, et cherché par la

,,médiation des ambaſſadeurs d'Angleterre et
,,de Hollande, nos anciens amis, à cultiver
,,avec nous les liens d'une conſtante paix,
,,nous la lui avons accordée et donné à ſes plé-
,,nipotentiaires, qui nous reſtent pour ôtages,
,,notre ratification impériale après avoir reçu
,,la ſienne de leurs mains."

,,Nous avons donné au très-honorable et
,,vaillant *Delvet Gherai*, han [r]) de Budziack,
,,de Crimée, de Nagay et de Circaſſie, et à
,,notre très-ſage conſeiller et généreux ſéras-
,,quier de Bender, *Ismaël*, (que Dieu perpétue
,,et augmente leur magnificence et prudence)
,,nos ordres inviolables et ſalutaires pour votre
,,retour par la Pologne, ſelon votre premier
,,deſſein qui nous a été renouvelé de votre part.
,,Vous devez donc vous préparer à partir ſous
,,les auſpices de la providence, et avec une
,,honorable escorte, l'hiver prochain, pour
,,vous rendre dans vos provinces, ayant ſoin
,,de paſſer en ami par celles de la Pologne.
,,Tout ce qui ſera néceſſaire pour votre voyage
,,vous ſera fourni par ma ſublime Porte, tant
,,en argent qu'en hommes, chevaux et cha-
,,riots. Nous vous exhortons ſurtout, et vous

---

r) Kan.

,,recommandons de donner vos ordres les plus
,,pofitifs et les plus clairs à tous les fuédois
,,et autres gens qui fe trouvent auprès de vous,
,,de ne commettre aucun défordre, et de ne
,,faire aucune action qui tende directement ou
,,indirectement à violer cette paix et amitié.
,,Vous conferverez parlà notre bienveillance,
,,dont nous chercherons à vous donner d'auffi
,,grandes et d'auffi fréquentes marques qu'il
,,s'en préfentera d'occafions. Nos troupes de-
,,ftinées pour vous accompagner recevront des
,,ordres conformes à nos intentions impériales.

,,Donné à notre fublime Porte de Conftan-
,,tinople, le 14 de la lune Rebyul Eu-
,,rech 1214."

ce qui revient au 29 Avril 1712.

Cette lettre ne fit point encore perdre l'espérance au roi de Suède: il écrivit au fultan
qu'il ferait toute fa vie reconnaiffant des faveurs dont fa hauteffe l'avait comblé; mais
qu'il croyait le fultan trop jufte pour le renvoyer avec la fimple escorte d'un camp volant,
dans un païs encore inondé des troupes du
czar. En effet, l'empereur ruffe, malgré le
premier article de la paix du Pruth, par lequel
il s'était engagé à retirer toutes fes troupes de

la Pologne, y en avait fait eocore paſſer de nouvelles; et ce qui ſemble étonnant, c'eſt que le grand ſeigneur n'en ſavait rien.

La mauvaiſe politique de la Porte d'avoir toujours par vanité des ambaſſadeurs des princes chrétiens à Conſtantinople, et de ne pas entretenir un ſeul agent dans les cours chrétiennes, fait que ceux-ci pénètrent et conduiſent quelquefois les réſolutions les plus ſecrètes du ſultan, et que le divan eſt toujours dans une profonde ignorance de ce qui ſe paſſe publiquement chez les chrétiens.

Le ſultan, enfermé dans ſon ſerrail parmi ſes femmes et ſes eunuques, ne voit que par les yeux de ſon grand-viſir: ce miniſtre, auſſi inacceſſible que ſon maître, occupé des intrigues du ſerrail; et ſans correſpondance au dehors, eſt d'ordinaire trompé, ou trompe le ſultan, qui le dépoſe ou le fait étrangler à la première faute, pour en choiſir un autre auſſi ignorant ou auſſi perfide, qui ſe conduit comme ſes prédéceſſeurs, et qui tombe bien-tôt comme eux.

Telle eſt pour l'ordinaire l'inaction et la ſécurité de cette cour, que ſi les princes chrétiens se liguaient contre elle, leurs flottes seraient aux Dardanelles *), et leur armée de terre aux portes d'Andrinople, avant que les turcs eussent songé à se défendre; mais les divers intérêts qui diviseront toujours la chrétienté sauveront les turcs d'une destinée que leur peu de politique et leur ignorance dans la guerre et dans la marine semblent leur préparer aujourd'hui.

Achmet était si peu informé de ce qui se passait en Pologne, qu'il envoya un aga pour voir s'il était vrai que les armées du czar y fussent encore: deux secrétaires du roi de Suède, qui savaient la langue turque, accompagnèrent l'aga, afin de servir de témoins contre lui en cas qu'il fît un faux rapport. Cet aga vit par ses yeux la vérité, et en vint rendre compte au sultan même. *Achmet* indigné allait faire étrangler le grand-visir: mais le favori qui le protégeait, et qui croyait avoir besoin de lui, obtint sa grâce, et le soutint encore quelque temps dans le ministère.

L 5

---

*) Zwei feste Schlösser auf beiden Seiten der Konstantinopelschen Meer-enge; auch diese Meer-enge selbst.

Les russes étaient protégés ouvertement par le visir, et secrétement par *Ali Coumourgi*, qui avait changé de parti; mais le sultan était si irrité, l'infraction du traité était si manifeste, et les janissaires, qui font trembler souvent les ministres, les favoris et les sultans, demandaient si hautement la guerre que personne dans le serrail n'osa ouvrir un avis modéré. Aussi-tôt le grand seigneur fit mettre aux sept tours les ambassadeurs moscovites, déjà aussi accoutumés à aller en prison qu'à l'audience. La guerre est de nouveau déclarée contre le czar, les queues de cheval arborées, les ordres donnés à tous les bachas d'assembler une armée de deux cents mille combattants. Le sultan lui-même quitta Constantinople et vint établir sa cour à Andrinople, pour être moins éloigné du théâtre de la guerre. Pendant ce temps une ambassade solennelle envoyée au grand seigneur de la part d'*Auguste*, et de la république de Pologne, s'avançait sur le chemin d'Andrinople ; le palatin de Mazovie était à la tête de l'ambassade, avec une suite de plus de trois cents personnes.

Tout ce qui composait l'ambassade fut arrêté et retenu prisonnier dans l'un des faubourgs de la ville; jamais le parti du roi de

Suède ne s'était plus flatté que dans cette occasion; cependant ce grand appareil devint encore inutile, et toutes ses espérances furent trompées.

Si l'on en croit un ministre public, homme sage et clair-voyant, qui résidait alors à Constantinople, le jeune *Coumourgi* roulait déjà dans sa tête d'autres desseins que de disputer des déserts au czar de Moscovie dans une guerre douteuse. Il projetait d'enlever aux Vénitiens le Peloponèse, nommé aujourd'hui la Morée, et de se rendre maître de la Hongrie.

Il n'attendait, pour exécuter ses grands desseins, que l'emploi de premier visir, dont sa jeunesse l'écartait encore. Dans cette idée il avait plus besoin d'être l'allié que l'ennemi du czar; son intérêt ni sa volonté n'étaient pas de garder plus long-temps le roi de Suède, encore moins d'armer la Turquie en sa faveur. Non seulement il voulait renvoyer ce prince, mais il disait ouvertement qu'il ne fallait plus souffrir désormais aucun ministre chrétien à Constantinople; que tous ces ambassadeurs ordinaires n'étaient que des espions honorables, qui corrompaient ou qui trahissaient les visirs, et donnaient depuis trop long-temps le mouvement aux intrigues du ferrail; que les francs établis à Péra, et dans les Echelles du levant¹), font des marchands qui n'ont besoin que d'un consul et non d'un ambassadeur. Le grand-visir, qui devait son établissement et sa vie même au favori, et qui de plus le craignait, se conformait à ses intentions d'autant plus aisément qu'il s'était vendu aux Moscovites, et qu'il espérait se venger du roi de Suède qui avait voulu le perdre. Le muphti, créature d'*Ali Coumourgi*, était aussi l'esclave de ses volontés : il avait conseillé la guerre contre le czar, quand le favori la voulait; il la trouvait injuste dès que ce jeune homme eut changé d'avis; ainsi à peine l'armée fut assemblée qu'on écouta des propositions d'accommodement. Le vice chancelier *Schaffirof*, et le jeune *Czéremetof*, plénipotentiaires et ôtages du czar à la Porte, promirent, après bien des négociations, que le czar retirerait ses troupes de la Pologne. Le grand-visir, qui savait bien que le czar n'exécuterait pas ce traité, ne laissa pas de le signer; et le sultan, content d'avoir en apparence imposé des lois aux russes, resta encore à Andrinople. Ainsi on vit en moins de

---

¹) Die Hauptplätze in Vorder-asien und Egipten, als Smirna, Alexandrien u. s. w.

six mois la paix jurée avec le czar, ensuite la guerre déclarée, et la paix renouvelée encore.

Le principal article de tous ces traités fut toujours qu'on ferait partir le roi de Suède. Le sultan ne voulait point commettte son honneur et celui de l'empire ottoman, en exposant le roi à être pris sur la route par ses ennemis. Il fut stipulé qu'il partirait, mais que les ambassadeurs de Pologne et de Moscovie répondraient de la sureté de sa personne: ces ambassadeurs jurèrent au nom de leurs maîtres que ni le czar, ni le roi *Auguste*, ne troubleraient son passage ; et que *Charles* de son côté ne tenterait d'exciter aucun mouvement en Pologne. Le divan, ayant ainsi réglé la destinée de *Charles*, Ismaël, sérasquier de Bender, se transporta à Varnitza, où le roi était campé, et vint lui rendre compte des résolutions de la Porte, en lui insinuant adroitement qu'il n'y avait plus à différer et qu'il fallait partir.

Charles ne répondit autre chose, sinon que le grand seigneur lui avait promis une armée et non une escorte, et que des rois devaient tenir leur parole.

Cependant le général *Flemming*, ministre et favori du roi *Auguste*, entretenait une correspondance secrète avec le kan de Tartarie et le sérasquier de Bender. *La Mare*, gentilhomme français, colonel au service de Saxe, avait fait plus d'un voyage de Bender à Dresde, et tous ces voyages étaient suspects.

Précisément dans ce tems, le roi de Suède fit arrêter, sur les frontières de la Valachie, un courrier que *Flemming* envoyait au prince de Tartarie. Les lettres lui furent apportées; on les déchiffra; on y vit une intelligence marquée entre les tartares et la cour de Dresde; mais elles étaient conçues en termes si généraux et si ambigus qu'il était difficile de démêler si le but du roi *Auguste* était seulement de détacher les turcs du parti de la Suède, ou s'il voulait que le kan livrât *Charles* à ses saxons en le reconduisant en Pologne.

Il semblait difficile d'imaginer qu'un prince aussi généreux qu'*Auguste* voulût, en saisissant la personne du roi de Suède, hasarder la vie de ses ambassadeurs, et de trois cents gentilshommes Polonais qui étaient retenus à Andrinople, comme des gages de la sûreté de *Charles*.

Mais d'un autre côté, on savait que *Flemming*, ministre absolu d'*Auguste*, était très-délié et peu scrupuleux. Les outrages faits au roi électeur par le roi de Suède semblaient rendre toute vengeance excusable; et on pouvait penser que si la cour de Dresde achetait *Charles* du kan des tartares, elle pourrait acheter aisément de la cour ottomane la liberté des ôtages polonais.

Ces raisons furent agitées entre le roi, *Mullern* son chancelier privé, et *Grothusen* son favori. Ils lurent et relurent les lettres; et la malheureuse situation où ils étaient les rendant plus soupçonneux, ils se déterminèrent à croire ce qu'il y avait de plus triste.

Quelques jours après, le roi fut confirmé dans ses soupçons par le départ précipité d'un comte *Sapiéha* réfugié auprès de lui, qui le quitta brusquement pour aller en Pologne se jetter entre les bras d'*Auguste*. Dans toute autre occasion *Sapiéha* ne lui aurait paru qu'un mécontent; mais dans ces conjonctures délicates, il ne balança pas à le croire un traître. Les instances réitérées qu'on lui fit alors de partir, changèrent ses soupçons en certitude. L'opiniâtreté de son caractère se joignant à toutes ces vraisemblances, il demeura ferme dans l'opinion qu'on voulait le trahir et le livrer à ſes ennemis, quoique ce complot n'ait jamais été prouvé.

Il pouvait ſe tromper dans l'idée qu'il avait que le roi *Auguſte* avait marchandé ſa perſonne avec les tartares : mais il ſe trompait encore davantage en comptant ſur le ſecours de la cour ottomane. Quoi qu'il en ſoit, il réſolut de gagner du temps.

Il dit au bacha de Bender, qu'il ne pouvait partir ſans avoir auparavant de quoi payer ſes dettes ; car quoiqu'on lui eût rendu depuis long-temps ſon thaïm, ſes libéralités l'avaient toujours forcé d'emprunter. Le bacha lui demanda ce qu'il voulait ; le roi répondit au haſard, mille bourſes, qui font quinze cents mille francs de notre argent en monnaie forte. Le bacha en écrivit à la Porte : le ſultan, au lieu de mille bourſes qu'on lui demandait, en accorda douze cents, et écrivit au bacha la lettre ſuivante :

Lettre du grand ſeigneur au bacha de Bender.

,,Le but de cette lettre impériale eſt pour
,,vous faire ſavoir, que ſur votre recommanda-

„tion et représentation, et sur celle du très-
„noble *Delvet Ghérai* han à notre sublime Por-
„te, notre impériale magnificence a accordé
„mille bourses au roi de Suède, qui seront en-
„voyées à Bender sous la conduite et la charge
„du très-illustre *Mehemet* Bacha, ci-devant
„*Chiaoux Pachi*, pour rester sous votre
„garde jusqu'au temps du départ du roi de
„Suède, dont Dieu dirige les pas; et lui être
„données alors avec deux cents bourses de
„plus comme un surcroît à notre libéralité im-
„périale qui excède sa demande. Quant à la
„route de Pologne qu'il est résolu de prendre,
„vous aurez soin, vous et le han, qui devez
„l'accompagner, de prendre des mesures si
„prudentes et si sages que pendant tout le
„passage, les troupes qui sont sous votre com-
„mandement, et les gens du roi de Suède, ne
„causent aucun dommage et ne fassent aucune
„action qui puisse être réputée contraire à la
„paix qui subsiste encore entre notre sublime
„Porte et le royaume et la république de Po-
„logne; en sorte que le roi passe comme ami
„sous notre protection."

„Ce que fesant, comme vous lui recom-
„manderez bien expressément de faire, il re-
„cevra tous les honneurs et les égards dus à

„sa majesté de la part des Polonais, ce dont
„nous ont fait assurer les ambassadeurs du roi
„*Auguste* et de la république, en s'offrant mê-
„me à cette condition, aussi bien que quelques
„autres nobles polonais, si nous le requérons,
„pour ôtages et sureté de son passage."

„Lorsque le temps dont vous serez con-
„venu avec le très-noble *Delvet Ghérai* pour
„la marche, sera venu, vous vous mettrez à la
„tête de vos braves soldats, entre lesquels seront
„les tartares, ayant à leur tête le han, et vous
„conduirez le roi de Suède, et ses gens."

„Qu'ainsi il plaise au seul Dieu tout puis-
„sant de diriger vos pas et les leurs; le bacha
„d'Aulos restera à Bender pour le garder en
„votre absence, avec un corps de Spahis u) et
„un autre de janissaires; et en suivant nos or-
„dres et nos intentions impériales en tous ces
„points et articles, vous vous rendrez digne
„de la continuation de notre faveur impériale,
„aussi bien que des louanges et des récompen-
„ses dues à tous ceux qui les observent.

„Fait à notre résidence impériale de Con-
„stantinople le 2 de la lune de Cheval 1214
„de l'hégire."

u) Türkische Reuter. Die Janitscharen sind das Fufsvolk.

Pendant qu'on attendait cette réponſe du grand ſeigneur, le roi écrivit à la Porte pour ſe plaindre de la trahiſon dont il ſoupçonnait le kan des tartares ; mais les paſſages étaient bien gardés ; de plus le miniſtère lui était contraire ; les lettres ne parvinrent point au ſultan, le viſir empêcha même M. *Déſaleurs* de venir à Andrinople où était la Porte, de peur que ce miniſtre, qui agiſſait pour le roi de Suède, ne voulût déranger le deſſein qu'on avait de le faire partir.

Charles, indigné de ſe voir en quelque ſorte chaſſé des terres du grand ſeigneur, ſe détermina à ne point partir du tout.

Il pouvait demander à s'en retourner par les terres d'Allemagne, ou s'embarquer ſur la mer noire, pour ſe rendre à Marſeille par la Méditerranée ; mais il aima mieux ne demander rien et attendre les événemens.

Quand les douze cents bourſes furent arrivées, ſon tréſorier *Grothuſeu*, qui avait appris la langue turque dans ce long ſéjour, alla voir le bacha ſans interprète, dans le deſſein de tirer de lui les douze cents bourſes, et de former enſuite à la Porte quelque intrigue nouvelle, toujours fur cette fauffe fuppofition, que le parti fuédois armerait enfin l'empire ottoman contre le czar.

Grothufen dit au bacha que le roi ne pouvait avoir fes équipages prêts fans argent. ,,Mais, dit le bacha, c'eft nous qui ferons tous ,,les frais de votre départ; votre maître n'a ,,rien à dépenfer tant qu'il fera fous la protec- ,,tion du mien." *Grothufen* répliqua qu'il y avait tant de différence entre les équipages turcs et ceux des francs *) qu'il fallait avoir recours aux artifans fuédois et polonais qui étaient à Varnitza.

Il l'affura que fon maître était difpofé à partir, et que cet argent faciliterait et avancerait fon départ. Le bacha trop confiant donna les douze cents bourfes; il vint quelques jours après demander au roi d'une manière très-refpectueufe les ordres pour le départ. Sa furprife fut extrême quand le roi lui dit qu'il n'était pas prêt à partir, et qu'il lui fallait encore mille bourfes. Le bacha, à cette réponfe, fut quelque temps fans pouvoir parler. Il fe retira vers une fenêtre, où on le vit verfer

---

*) So nennen die Türken, wie auch die Griechen und Araber alle abendländifche Europäer.

quelques larmes. Enfuite s'adreffant au roi:
„il m'en coutera la tête, dit-il, pour avoir
„obligé ta majefté; j'ai donné les douze cents
„bourfes malgré l'ordre exprès de mon fouve-
„rain." Ayant dit ces paroles, il s'en retour-
nait plein du triftefse.

Le roi l'arrêta, et lui dit qu'il l'excuferait
auprès du fultan. „Ah! repartit le turc en
„s'en allant, mon maître ne fait point excufer
„les fautes; il ne fait que les punir."

Ismaël bacha alla apprendre cette nouvelle
au kan des tartares, lequel ayant reçu le même ordre que le bacha, de ne point fouffrir
que les douze cents bourfes fuffent données
avant le départ du roi et ayant confenti qu'on
délivrât cet argent, appréhendait auffi-bien
que le bacha l'indignation du grand feigneur.
Ils écrivirent tous deux à la Porte pour fe juftifier; ils proteftèrent qu'ils n'avaient donné les
douze cents bourfes que fur les promeffes pofitives d'un miniftre du roi de partir fans délai; et ils fupplièrent fa hauteffe que le refus
du roi ne fût point attribué à leur défobéiffance.

Charles perfiftant toujours dans l'idée que
le kan et le bacha voulaient le livrer à fes en-

nemis, ordonna à M. *Funk*, alors son envoyé auprès du grand seinneur, de porter contre eux ses plaintes, et de demander encore mille bourses. Son extrême générosité, et le peu de cas qu'il fesait de l'argent l'empêchaient de sentir qu'il y avait de l'avilissement dans cette proposition. Il ne la fesait que pour s'attirer un refus, et pour avoir un nouveau prétexte de ne point partir: mais c'était être réduit à d'étranges extrémités que d'avoir besoin de pareils artifices. *Savari* son interprète, homme adroit et entreprenant, porte sa lettre à Andrinople; malgré la sévérité avec laquelle le grand visir fesait garder les passages.

Funk fut obligé d'aller faire cette demande dangereuse. Pour toute réponse, on le fit mettre en prison. Le sultan indigné fit assembler un divan extraordinaire et y parla lui-même, ce qu'il ne fait que très-rarement. Tel fut son discours selon la traduction qu'on en fit alors. „Je n'ai presque connu le roi de Suède „que par la défaite de Pultava et par la prière „qu'il ma faite de lui accorder un asyle dans „mon empire; je n'ai, je crois, nul besoin de „lui, et n'ai sujet ni de l'aimer ni de le crain„dre; cependant, sans consulter d'autres mo„tifs que l'hospitalité d'un musulman, et ma

,,générofité qui répand la rofée de fes faveurs ,,fur les grands comme fur les petits, fur les ,,étrangers comme fur mes fujets, je l'ai re- ,,çu et fecouru de tout, lui, fes miniftres, fes ,,officiers, fes foldats, et n'ai ceffé pendant ,,trois ans et demi de l'accabler de préfens. Je ,,lui ai accordé une escorte confidérable pour ,,le conduire dans fes états. Il a demandé ,,mille bourfes pour payer quelques frais, ,,quoique je les faffe tous: au lieu de mille, ,,j'en ai accordé douze cents; après les avoir ,,tirées de la main du férasquier de Bender, il ,,en demande encore mille autres et ne veut ,,point partir, fous prétexte que l'escorte eft ,,trop petite, au lieu qu'elle n'eft que trop ,,grande pour paffer par un païs ami."

,,Je demande donc fi c'eft violer les lois ,,de l'hospitalité que de renvoyer ce prince, ,,et fi les puiffances étrangères doivent m'ac- ,,cufer de violence et d'injuftice, en cas qu'on ,,foit réduit à le faire partir par force?" Tout le divan répondit que le grand feigneur agif- fait avec juftice.

Le muphti déclara que l'hospitalité n'eft point de commande aux mufulmans envers les infidelles, encore moins envers les ingrats;

et il donna son *fetfa*, espèce de mandement qui accompagne presque toujours les ordres importans du grand seigneur; ces fetfas sont révérés comme des oracles, quoique ceux dont ils émanent soient des esclaves du sultan comme les autres.

L'ordre et le fetfa furent portés à Bender par le *Bouyouk Imraour*, grand maître des écuries et un chiaou bacha premier huissier. Le bacha de Bender reçut l'ordre chez le kan des tartares; aussitôt il alla à Varnitza demander si le roi voulait partir comme ami, ou le réduire à exécuter les ordres du sultan.

Charles XII menacé n'était pas maître de sa colère: „Obéis à ton maître, si tu l'oses, „lui dit-il, et sors de ma présence." Le bacha indigné s'en retourna au grand galop contre l'usage ordinaire des turcs: en s'en retournant, il rencontra *Fabrice*, et lui cria toujours en courant: „Le roi ne veut point „écouter la raison; tu vas voir des choses „bien étranges." Le jour même il retrancha les vivres au roi, et lui ôta sa garde de janissaires. Il fit dire aux polonais et aux cosaques, qui étaient à Varnitza, que s'ils voulaient avoir des vivres, il fallait quitter le camp du roi de Suède, et venir se mettre dans la ville de Bender sous la protection de la Porte. Tous obéirent et laissèrent le roi réduit aux officiers de sa maison et à trois cents soldats suédois contre vingt mille tartares et six mille turcs.

Il n'y avait plus de provisions dans le camp pour les hommes, ni pour les chevaux. Le roi ordonna qu'on tuât hors du camp à coups de fusil vingt de ces beaux chevaux arabes que le grand seigneur lui avait envoyés, en disant: „Je ne veux ni de leurs „provisions ni de leurs chevaux." Ce fut un régal pour les troupes tartares qui, comme on sait, trouvent la chair de cheval délicieuse. Cependant les turcs et les tartares investirent de tous côtés le petit camp du roi.

Ce prince sans s'étonner fit faire des retranchemens réguliers par ses trois cents soldats suédois; il y travailla lui-même; son chancelier, son trésorier, ses secrétaires, les valets de chambre, tous ses domestiques aidaient à l'ouvrage. Les uns barricadaient les fenêtres, les autres enfonçaient des solives derrière les portes en forme d'arc-boutans.

Quand on eut bien barricadé la maison, et que le roi eut fait le tour de ses prétendus retranchemens, il se mit à jouer aux échecs tranquillement avec son favori *Grothusen*, comme s'il eût été dans une sécurité profonde. Heureusement *Fabrice*, l'envoyé de Holstein, ne s'était point logé à Varnitza, mais dans un petit village entre Varnitza et Bender, où demeurait aussi M. *Jeffreys* envoyé d'Angleterre auprès du roi de Suède. Ces deux ministres voyant l'orage prêt à éclater, prirent sur eux de se rendre médiateurs entre les turcs et le roi. Le kan et sur-tout le bacha de Bender, qui n'avait nulle envie de faire violence à ce monarque, reçurent avec empressement les offres de ces deux ministres : ils eurent ensemble à Bender deux conférences, où assistèrent cet huissier du serrail et le grand-maître des écuries, qui avaient apporté l'ordre du sultan et le fetfa du muphti.

M. *Fabrice* leur avoua que sa majesté suédoise avait de justes raisons de croire qu'on voulait le livrer à ses ennemis en Pologne. Le kan, le bacha et les autres jurèrent sur leurs têtes, prirent Dieu à témoin qu'ils détestaient une si horrible perfidie, qu'ils verseraient tout leur sang plutôt que de souffrir qu'on manquât feulement de refpect au roi en Pologne, ils dirent qu'ils avaient entre leurs mains les ambaffadeurs ruffes et polonais, dont la vie leur répondait du moindre affront qu'on oferait faire au roi de Suède. Enfin ils fe plaignirent amèrement des foupçons outrageans que le roi concevait fur des perfonnes qui l'avaient fi bien reçu et fi bien traité. Quoique les fermens ne foient fouvent que le langage de la perfidie, *Fabrice* fe laiffa perfuader: il crut voir dans leurs proteftations cet air de vérité que le menfonge n'imite jamais qu'imparfaitement. Il favait bien qu'il y avait eu une fecrète correfpondance entre le kan tartare et le roi *Augufte;* mais il demeura convaincu qu'il ne s'était agi dans leur négociation, que de faire fortir *Charles* XII des terres du grand feigneur. Soit que *Fabrice* fe trompât ou non, il les affura qu'il repréfenterait au roi l'injuftice de fes défiances. „Mais prétendez-vous le forcer à partir? „ajouta-t-il. Oui, dit le bacha; tel eft „l'ordre de notre maître." Alors il les pria encore une fois de bien confidérer fi cet ordre était de verfer le fang d'une tête couronnée? „Oui, répliqua le kan en colère, fi „cette tête couronnée défobéit au grand fei„gneur dans fon empire."

Cependant tout étant prêt pour l'affaut, la mort de *Charles* XII paraissait inévitable, et l'ordre du sultan n'étant pas positivement de le tuer en cas de résistance, le bacha engagea le kan à souffrir qu'on envoyât dans le moment un exprès à Andrinople, où était alors le grand seigneur, pour avoir les derniers ordres de sa hautesse.

M. *Jeffreys* et M. *Fabrice*, ayant obtenu ce peu de relâche, courent en avertir le roi ; ils arrivent avec l'empressement de gens qui apportaient une nouvelle heureuse ; mais ils furent très-froidement reçus ; il les appela médiateurs volontaires, persista à soutenir que l'ordre du sultan et le fetfa du muphti étaient forgés, puisqu'on venait d'envoyer demander de nouveaux ordres à la Porte. Le ministre anglais, se retira, bien résolu de ne plus se mêler des affaires d'un prince si inflexible. M. *Fabrice* aimé du roi, et plus accoutumé à son humeur que le ministre anglais, resta avec lui pour le conjurer de ne pas hasarder une vie si précieuse dans une occasion si inutile.

Le roi, pour toute réponse, lui fit voir ses retranchemens, et le pria d'employer sa médiation seulement pour lui faire avoir des vivres; on obtint aisément des turcs de laisser passer des provisions dans le camp du roi en attendant que le courrier fut revenu d'Andrinople. Le kan même avait défendu à ses tartares, impatiens du pillage, de rien attenter contre les suédois jusqu'à nouvel ordre; de sorte que *Charles* XII sortait quelquefois de son camp avec quarante chevaux, et courait au milieu des troupes tartares, qui lui laissaient respectueusement le passage libre, il marchait même droit à leurs rangs, et ils s'ouvraient plutôt que de résister. Enfin l'ordre du grand seigneur étant venu, de passer au fil de l'épée tous les suédois qui feraient la moindre résistance, et de ne pas épargner la vie du roi, le bacha eut la complaisance de montrer cet ordre à M. *Fabrice*, afin qu'il fît un dernier effort sur l'esprit de *Charles*. *Fabrice* vint faire aussitôt ce triste rapport. „Avez-vous vu l'ordre dont vous parlez? dit le „roi. Oui, répondit *Fabrice*. Hé bien, dites-leur de ma part que c'est un second or„dre qu'ils ont supposé, et que je ne veux „point partir." *Fabrice* se jetta à ses pieds, se mit en colère, lui reprocha son opiniâtreté: tout fut inutile. „Retournez à vos turcs, lui „dit le roi en souriant; s'ils m'attaquent, je „saurai bien me défendre." Les chapelains du roi se mirent aussi à genoux devant lui, le conjurant de ne pas exposer à un massacre certain les malheureux restes de Pultava, et sur-tout sa personne sacrée; l'assurant de plus, que cette résistance était injuste, qu'il violait les d oits de l'hospitalité, en s'opiniâtrant à rester par force chez des étrangers qui l'avaient si long-temps et si généreusement secouru. Le roi, qui né s'était point fâché contre *Fabrice*, se mit en colère contre ses prêtres, et leur dit qu'il les avait pris pour-faire les prières, et non pour lui dire leurs avis.

Le général *Hord* et le général *Dardoff*, dont le sentiment avait toujours été de ne pas tenter un combat dont la suite ne pouvait être que funeste, montrèrent au roi leurs estomacs couverts de blessures reçues à son service; et l'assurant qu'ils étaient prêts de mourir pour lui; ils le supplièrent que ce fût au moins dans une occasion plus nécessaire. „Je „sais par vos blessures et par les miennes, „leur-dit *Charles* XII, que nous avons vail„lamment combattu ensemble; vous avez fait „votre devoir jusqu'à présent, faites-le encore „aujourd'hui." Il n'y eut plus alors qu'à obéir; chacun eut honte de ne pas chercher à mourir avec le roi. Ce prince préparé à l'afsaut se flattait en secret du plaisir et de l'honneur de soutenir, avec trois cents suédois, les efforts de toute une armée. Il plaça chacun à son poste: son chancelier *Mullern*, le secrétaire *Empreus* et les clercs devaint défendre la maison de chancellerie; le baron *Fief* à la tête des officiers de la bouche, était à un autre poste: les palefreniers, les cuisiniers, avaient un autre endroit à garder, car avec lui tout était soldat; il courait à cheval de ses retranchemens à sa maison, promettant des récompenses à tout le monde, créant des officiers, et assurant de faire capitaines les moindres valets qui combattraient avec courage.

On ne fut pas long-temps sans voir l'armée des turcs et des tartares qui venaient attaquer le petit retranchement avec dix pièces de canon et deux mortiers. Les queues de cheval flottaient en l'air, les clairons sonnaient, les cris de *alla* y), *alla*, se fesaient entendre de tous côtés. Le baron de *Grothusen* remarqua que les turcs ne mêlaient dans leurs cris aucune injure contre le roi, et qu'ils l'appelaient seulement *Demirbash*, tête de fer. Aussi-

---

y) Ungefähr unser: *in Gottes Namen*, oder *mit Gott*

tôt il prend le parti de sortir seul sans armes des retranchemens; il s'avança dans les rangs des janissaires, qui presque tous avaient reçu de l'argent de lui. „Eh quoi!, mes amis, leur „dit-il en propres mots, venez vous massacrer „trois-cents suédois sans défense? Vous, bra„ves janissaires, qui avez pardonné à cent mil„le russes, quand ils vous ont crié *amman* „(pardon). Avez-vous oublié les bienfaits que „vous avez reçus de nous? et voulez-vous „assassiner ce grand roi de Suède que vous ai„mez tant, et qui vous a fait tant de libérali„tés? Mes amis, il ne demande que trois jours „et les ordres du sultan ne sont pas si sévères „qu'on vous le fait croire." Ces paroles firent un effet que *Grothusen* n'attendait pas lui-même. Les janissaires jurèrent sur leurs barbes qu'ils n'attaqueraient point le roi, et qu'ils lui donneraient les trois jours qu'il demandait. En vain on donna le signal de l'assaut: les janissaires, loin d'obéir, menacèrent de se jeter sur leurs chefs, si l'on n'accordait pas trois jours au roi de Suède; ils vinrent en tumulte à la tente du bacha de Bender, criant que les ordres du sultan étaient supposés. A cette sédition inopinée le bacha n'eut à opposer que la patience.

Il feignit d'être content de la généreuse résolution des janissaires, et leur ordonna de se retirer à Bender. Le kan des tartares, homme violent voulait donner immédiatement l'assaut avec ses troupes; mais le bacha, qui ne prétendait pas que les tartares eussent seuls l'honneur de prendre le roi, tandis qu'il serait puni peut-être de la désobéissance de ses janissaires, persuada au kan d'attendre jusqu'au lendemain.

Le bacha, de retour à Bender, assembla tous les officiers des janissaires et les plus vieux soldats; il leur lut et fit voir l'ordre positif du sultan et le fetfa du muphti. Soixante des plus vieux, qui avaient des barbes blanches vénérables, et qui avaient reçu mille présens des mains du roi, proposèrent d'aller eux-mêmes le supplier de se remettre entre leurs mains, et de souffrir qu'ils lui servissent de garde.

Le bacha le permit; il n'y avait point d'expédient qu'il n'eût pris, plutôt que d'être réduit à faire tuer ce prince. Ces soixante vieillards allèrent donc le lendemain matin à Varnitza, n'ayant dans leurs mains que de longs bâtons blancs, seules armes des janissaires quand ils ne vont point au combat ; car les turcs regardent comme barbare la coutume des chrétiens, de porter des épées en temps de paix et d'entrer armés chez leurs amis et dans leurs églises.

Ils s'adressèrent au baron de *Grothusen* et au chancelier *Mullern* ; ils leur dirent qu'ils venaient dans le dessein de servir de fidelles gardes au roi ; et que s'il voulait, ils le conduiraient à Andrinople, où il pourrait parler lui-même au grand seigneur. Dans le temps qu'ils fesaient cette proposition, le roi lisait des lettres qui arrivaient de Constantinople, et que *Fabrice*, qui ne pouvait plus le voir, lui avait fait tenir secrétement par un janissaire. Elles étaient du comte *Poniatowski*, qui ne pouvait le servir à Bender ni à Andrinople, étant retenu à Constantinople par ordre de la Porte, depuis l'indiscrète demande des mille bourses. Il mandait au roi que les ordres du sultan, pour saisir ou massacrer sa personne royale en cas de résistance, n'étaient que trop réels ; qu'à la vérité le sultan était trompé par ses ministres, mais que plus l'empereur était trompé dans cette affaire, plus il voulait être obéi ; qu'il fallait céder au temps et plier sous la nécessité ; qu'il prenait la liberté de lui confeiller de tout tenter auprès des miniſtres par la voie des négociations; de ne point mettre de l'inflexibilité où il ne fallait que de la douceur, et d'attendre de la politique et du temps le remède à un mal que la violence aigrirait ſans reſſource.

Mais ni les propoſitions de ces vieux janiſſaires, ni les lettres de *Poniatowski*, ne purent donner ſeulement au roi l'idée qu'il pouvait fléchir ſans déshonneur. Il aimait mieux mourir de la main des turcs que d'être en quelque ſorte leur priſonnier; il renvoya ces janiſſaires ſans les vouloir voir, et leur fit dire que s'ils ne ſe retiraient, il leur ferait couper la barbe; ce qui eſt dans l'orient le plus outrageant de tous les affronts.

Les vieillards, remplis de l'indignation la plus vive, s'en retournèrent en criant: ,,ah la ,,tête de fer! puisqu'il veut périr, qu'il périſ- ,,ſe." Ils vinrent rendre compte au bacha de leur commiſſion, et apprendre à leurs camarades à Bender l'étrange reception qu'on leur avait faite. Tous jurèrent alors d'obéir aux ordres du bacha ſans délai, et eurent autant d'impatience d'aller à l'aſſaut qu'ils en avaient eu peu le jour précédent.

L'ordre eſt donné dans le moment: les turcs marchent aux retranchemens: les tartares les attendaient déjà, et les canons commençaient à tirer. Les janiſſaires d'un côté, et les tartares de l'autre, forcent en un inſtant ce petit camp; à peine vingt ſuédois tirèrent l'épée; les trois cents ſoldats furent enveloppés et faits priſonniers ſans réſiſtance. Le roi était alors à cheval entre ſa maiſon et ſon camp, avec les généraux *Hord*, *Dardoff* et *Sparre*: voyant que tous les ſoldats s'étaient laiſſés prendre en ſa préſence, il dit de ſang-froid à ces trois officiers: ,,allons défendre la maiſon; ,,nous combattrons, ajouta-t-il en ſouriant, ,,*pro aris et focis*." Auſſitôt il galope avec eux vers cette maiſon, où il avait mis environ quarante domeſtiques en ſentinelle, et qu'on avait fortifiée du mieux qu'on avait pu.

Ces généraux, tout accoutumés qu'ils étaient à l'opiniâtre intrépidité de leur maître, ne pouvaient ſe laſſer d'admirer qu'il voulût de ſang-froid, et en plaiſantant ſe défendre contre dix canons et toute une armée: ils le ſuivirent avec quelques gardes et quelques domeſtiques, qui feſaient en tout vingt perſonnes.

Mais quand ils furent à la porte, ils la trouvèrent aſſiégée de janiſſaires; déjà même près de deux-cents turcs ou tartares étaient entrés par une fenêtre, et s'etaient rendus maîtres de tous les appartemens, à la réserve d'une grande salle où les domestiques du roi s'étaient retirés. Cette salle était heureusement près de la porte par où le roi voulait entrer avec sa petite troupe de vingt personnes; il s'était jeté en bas de son cheval le pistolet et l'épée à la main, et sa suite en avait fait autant. Les janissaires tombent sur lui de tous côtés; ils étaient animés par la promesse qu'avait fait le bacha de huit ducats d'or z) à chacun de ceux qui auraient seulement touché son habit, en cas qu'on pût le prendre. Il blessait, et il tuait tous ceux qui s'approchaient de sa personne. Un janissaire qu'il avait blessé lui appuya son mousqueton sur le visage; si le bras du turc n'avait fait un mouvement causé par la foule qui allait et qui venait comme des vagues, le roi était mort; la balle glissa sur son nez, lui emporta un bout de l'oreille, et alla casser le bras au général *Hord*, dont la destinée était d'être toujours blessé à côté de son maître.

Le roi enfonça son épée dans l'estomac du janissaire. En même temps ces domestiques,

---

z) Es gibt auch silberne Ducaten, die ungefähr drei Livres (18 Groschen) an Werth betragen.

qui étaient enfermés dans la grande salle, en ouvrent la porte: le roi entre comme un trait suivi de sa troupe; on referme la porte dans l'instant, et on la barricade avec tout ce qu'on peut trouver. Voilà *Charles* XII dans cette salle enfermé avec toute sa suite qui consistait en près de soixante hommes, officiers, gardes, secrétaires, valets de chambre, domestiques de toute espèce.

Les janissaires et les tartares pillaient le reste de la maison, et remplissaient les appartemens. ,,Allons un peu chasser de chez moi ,,ces barbares, dit-il;" et se mettant à la tête de son monde, il ouvrit lui-même la porte de la salle, qui donnait dans son appartement à coucher; il entre, et fait feu sur ceux qui pillaient.

Les turcs, chargés de butin, épouvantés de la subite apparition de ce roi qu'ils étaient accoutumés à respecter, jettent leurs armes, sautent par la fenêtre, ou se retirent jusque dans les caves. Le roi profitant de leur désordre, et les siens animés par les succès, poursuivent les turcs de chambre en chambre, tuent ou blessent ceux qui ne fuient point, et en un quart-d'heure nettaient la maison d'ennemis.

Le roi apperçut dans la chaleur du combat deux janiſſaires qui ſe cachaient ſous ſon lit; il en tue un d'un coup d'épée; l'autre lui demanda pardon en criant *amman*. „Je te don-
„ne la vie, dit le roi au turc, à condition que
„tu iras faire au bacha un fidelle récit de ce
„que tu as vu." Le turc promit aiſément ce qu'on voulut; et on lui permit de ſauter par la fenêtre comme les autres. Les ſuédois étant enfin maîtres de la maiſon, refermèrent et barricadèrent encore les fenêtres. Ils ne manquaient point d'armes: une chambre baſſe pleine de mousquets et de poudre avait échappé à la recherche tumultueuſe des janiſſaires. On s'en ſervit à propos; les ſuédois tiraient à travers les fenêtres presque à bout portant a) ſur cette multitude de turcs, dont ils tuèrent deux cents en moins d'un demi-quart d'heure.

Le canon tirait contre la maiſon; mais les pierres étant fort molles, il ne feſait que des trous et ne renverſait rien.

Le kan des tartares et le bacha, qui voulaient prendre le roi en vie, honteux de

---

a) So daſs der Schuſs faſt immer traf. Buchſtäblich ſcheint dieſe Redensart, zu ſagen, daſs das Ende der Flinte den Gegenſtand abreichen konnte, d. i. ihn ſehr nahe hatte.

perdre du monde, et d'occuper une armée entière contre soixante personnes, jugèrent à propos de mettre le feu à la maison pour obliger le roi de se rendre. Ils firent lancer sur le toit, contre les portes et contre les fenêtres, des flèches entortillées de mèches allumées; la maison fut en flammes en un moment. Le toit tout embrâsé était prêt à fondre sur les suédois. Le roi donna tranquillement ses ordres pour éteindre le feu. Trouvant un petit baril plein de liqueur, il prend le baril lui-même, et aidé de deux suédois, il le jette à l'endroit où le feu était le plus violent. Il se trouva que ce baril était rempli d'eau-de-vie; mais la précipitation, inséparable d'un tel embarras, empêcha d'y penser. L'embrâsement redoubla de rage: l'appartement du roi était consumé; la grande salle, où les suédois se tenaient, était remplie d'une fumée affreuse, mêlée de tourbillons de feu qui entraient par les portes des appartemens voisins; la moitié du toit était abimée dans la maison même, l'autre tombait en dehors en éclatant dans les flammes.

Un garde, nommé *Walberg*, osa dans cette extrémité crier qu'il fallait se rendre. ,,Voilà ,,un étrange homme, dit le roi, qui s'imagine

,,qu'il n'est pas plus beau d'être brûlé que d'ê-
,,tre prisonnier." Un autre garde, nommé
Rosen, s'avisa de dire que la maison de la chancellerie, qui n'était qu'à cinquante pas, avait
un toit de pierre, et était à l'épreuve du feu;
qu'il fallait faire une sortie, gagner cette maison et s'y défendre. ,,Voilà un vrai suédois,"
s'écria le roi: il embrassa ce garde et le créa
colonel sur le champ. ,,Allons, mes amis,
,,dit-il, prenez avec vous le plus de poudre
,,et de plomb que vous pourrez, et gagnons la
,,chancellerie l'épée à la main."

Les turcs, qui cependant entouraient cette
maison toute embrâsée, voyaient avec une admiration mêlée d'épouvante, que les suédois
n'en sortaient point; mais leur étonnement fut
encore plus grand, lorsqu'ils virent ouvrir les
portes, et le roi et les siens fondre sur eux en
désespérés. *Charles* et ses principaux officiers
étaient armés d'épées et de pistolets: chacun
tira deux coups à la fois à l'instant que la porte s'ouvrit; et dans le même clin d'oeil, jetant
leurs pistolets et s'armant de leurs épées, ils
firent reculer les turcs plus de cinquante pas.
Mais le moment d'après cette petite troupe fut
entourée; le roi qui était en bottes, selon sa
coutume, s'embarrassa dans ses éperons et tom-

ba: vingt et un janiffaires fe jettent auffi-tôt fur lui; il jette en l'air fon épée pour s'épargner la douleur de la rendre; les turcs l'emmènent au quartier du bacha; les uns le tenant fous les jambes, les autres fous les bras, comme on porte un malade que l'on craint d'incommoder.

Au moment que le roi fe vit faifi, la violence de fon tempérament, et la fureur où un combat fi long et fi terrible avait dû le mettre, firent place tout à coup à la douceur et à la tranquillité. Il ne lui échappa pas un mot d'impatience, pas un coup-d'œil de colère. Il regardait les janiffaires en fouriant, et ceux-ci le portaient en criant, *alla*, avec une indignation mêlée de refpect. Ses officiers furent pris au même temps et dépouillés par les turcs et par les tartares. Ce fut le 12 Février de l'an 1713 qu'arriva cet étrange événement, qui eut encore des fuites fingulières b).

> b) Karl ward nach Demirftah, einem kleinen Schloffe bei Adrianopel, und von da, auf fein Verlangen, nach Demotica, fechs Stunden von Adrianopel, gebracht. Hier lag er, um aller Zudringlichkeit von Seiten der Türken auszuweichen, zehn Monat im Bette und ftellte fich krank. Endlich, als Coumourgi, fein erklärter Feind, Grofs-Vezir geworden war, und als er vernahm, dafs der Reichs-rath in Stockholm feine Schwefter, die Vice-Regentin, nöthigen wollte, mit feinen Feinden Friede zu machen, welches gar nicht nach feinem Sinne war, entfchlofs er fich zurückzukehren, und liefs es den Grofs-Vezir wiffen, der auch darein willigte.

Karls Rückkehr.

Enfin, le premier Octobre 1714, le roi de Suède se mit en route pour quitter la Turquie. Un capigi bacha avec six chiaoux le vinrent prendre au château de Démirtash, où ce prince demeurait depuis quelques jours; on lui présenta de la part du grand seigneur une large tente d'écarlate brodée d'or, un sabre avec une poignée garnie de pierreries, et huit chevaux arabes d'une beauté parfaite, avec des selles superbes dont les étriers étaient d'argent massif. Il n'est pas indigne de l'histoire de dire qu'un écuyer arabe, qui avait soin de ces chevaux, donna au roi leur généalogie; c'est un usage établi depuis long-temps chez ces peuples, qui semblent faire beaucoup plus d'attention à la noblesse des chevaux qu'à celle des hommes; ce qui peut-être n'est pas si déraisonnable, puisque chez les animaux les races dont on a soin, et qui sont sans mélange, dégénèrent jamais.

Soixante chariots, chargés de toutes sortes de provisions, et trois-cents chevaux, formaient le convoi. Le capigi bacha, sachant que plusieurs turcs avaient prêté de l'argent aux gens de la suite du roi à un gros intérêt, lui dit que l'usure étant contraire à la loi mahométane, il suppliait sa majesté de liquider toutes ses dettes, et ordonner au résident, qu'il laissait à Constantinople, de ne payer que le capital. ,,Non, dit le roi, si mes domesti-,,ques ont donné des billets de cent écus, je ,,veux les payer, quand ils n'en auraient reçu ,,que dix." Il fit proposer aux créanciers de le suivre, avec l'assurance d'être payés de leurs frais et de leurs dettes. Plusieurs entreprirent le voyage de Suède, et *Grothusen* eut soin qu'ils fussent payés.

Les turcs, afin de montrer plus de déférence pour leur hôte, le fesaient voyager à très-petites journées; mais cette lenteur respectueuse gênait l'impatience du roi. Il se levait dans la route, à trois heures du matin, selon sa coutume. Dès qu'il était habillé, il éveillait lui-même le capigi et les chiaoux, et ordonnait la marche au milieu de la nuit noire. La gravité turque était dérangée par cette manière nouvelle de voyager; mais le roi prenait plaisir à leur embarras, et disait qu'il se vengeait un peu de l'affaire de Bender.

Tandis qu'il gagnait les frontières des Turcs, *Stanislas* c) en sortait par un autre chemin,

---

c) Um eben die Zeit, als man Karln gefangen nahm, ward Stanislaus auf der türkischen Grenze ebenfalls angehalten.

et allait se retirer en Allemagne dans le duché de Deux-ponts, province qui confine au palatinait du Rhin et à l'Alsace, et qui appartenait aux rois de Suède depuis que *Charles* X, successeur de Christine avait joint cet héritage à la couronne. *Charles* assigna à *Stanislas* le revenu de ce duché, estimé alors environ soixante et dix mille écus. Ce fut-là qu'aboutirent pour lors tant de projets, tant de guerres et tant d'espérances. *Stanislas* voulait et aurait pu faire un traité avantageux avec le roi *Auguste*; mais l'indomptable opiniâtreté de *Charles* XII lui fit perdre ses terres et ses biens réels en Pologne, pour lui conserver le titre de roi.

Ce prince resta dans le duché de Deuxponts jusqu'à la mort de *Charles*; alors cette province retournant à un prince de la maison Palatine, il choisit sa retraite à Veissembourg dans l'Alsace française. M. *Sum*, envoyé du roi *Auguste*, en porta ses plaintes au duc d'Orléans régent de France. Le duc d'Orléans répondit à M. *Sum*, ces paroles remarquables: „Monsieur, mandez au roi votre maître que la

---

Er war gekommen, Karln zu bitten, dafs dieser ihm erlauben möchte, die polnische Krone, die er nicht behaupten konnte, zurückzugeben.

,,France a toujours été l'afile des rois malheu-
,,reux."

Le roi de Soède étant arrivé fur les confins de l'Allemagne, apprit que l'empereur avait ordonné qu'on le reçut dans toutes les terres de fon obéiffance avec une magnificence convenable. Les villes et les villages, où les maréchaux des logis avaient par avance marqué fa route, fefaient des préparatifs pour le recevoir; tous ces peuples attendaient avec impatience de voir paffer cet homme extraordinaire, dont les victoires et les malheurs, les moindres actions et le repos même avaient fait tant de bruit en Europe et en Afie. Mais *Charles* n'avait nulle envie d'effuyer toute cette pompe, ni de montrer en fpectacle le prifonnier de Bender, il avait réfolu même de ne jamais rentrer dans Stockholm, qu'il n'eût auparavant réparé fes malheurs par une meilleure fortune.

Quand il fut à Tergowitz fur les frontières de la Tranfylvanie, après avoir congédié fon escorte turque, il affembla fa fuite dans une grange; et il leur dit à tous de ne fe mettre point en peine de fa perfonne, et de fe trouver le plutôt qu'ils pourraient à Stralfund en Poméranie fur le bord de la mer Baltique, environ à trois cents lieues de l'endroit où ils étaient.

Il ne prit avec lui que *During* et quitta toute fa fuite gaiement, la laiffant dans l'étonnement, dans la crainte et dans la trifteffe. Il prit une perruque noire pour fe déguifer, car il portait toujours fes cheveux; mit un chapeau bordé d'or, avec un habit gris d'épine et un manteau bleu; prit le nom d'un officier allemand, et courut la porte à cheval avec fon compagnon de voyage.

Il évita dans fa route, autant qu'il le put, les terres de fes ennemis déclarés et fecrets, prit fon chemin par la Hongrie, la Moravie, l'Autriche, la Bavière, le Virtemberg, le Palatinat, la Veftphalie et le Meckelbourg; ainfi il fit presque le tour de l'Allemagne, et alongea fon chemin de la moitié. A la fin de la première journée, après avoir couru fans relâche, le jeune *During*, qui n'était pas endurci à ces fatigues exceffives comme le roi de Suède, s'évanouit en descendant de cheval. Le roi, qui ne voulait pas s'arrêter un moment fur la route, demanda à *During*, quand celui-ci fut revenu à lui, combien il avait d'argent? *During* ayant répondu qu'il avait environ mille

écus en or: „donne-m'en la moitié, dit le
„roi; je vois bien que tu n'es pas en état
„de me fuivre, j'acheverai la route tout feul."
During le fupplia de daigner fe repofer du
moins trois heures, l'affurant qu'au bout de
ce temps il ferait en état de remonter à cheval et de fuivre fa majefté; il le conjura de
penfer à tous les risques qu'il allait courir.
Le roi inexorable fe fit donner les cinq cents
écus, et demanda des chevaux. Alors *During*, effrayé de la réfolution du roi s'avifa
d'un ftratagème innocent: il tira à part le
maître de la pofte, et lui montrant le roi de
Suède: „cet homme, lui dit-il, eft mon
„coufin; nous voyageons enfemble pour la
„même affaire; il voit que je fuis malade, et
„ne veut pas feulement m'attendre trois heu„res; donnez-lui, je vous prie, le plus mé„chant cheval de votre écurie, et cherchez„moi quelque chaife ou quelque chariot de
„pofte."

Il mit deux ducats dans la main du maître de la pofte, qui fatisfit exactement à toutes fes demandes. On donna au roi un cheval rétif et boiteux: ce monarque partit feul
à dix heures du foir dans cet équipage, au
milieu d'une nuit noire, avec le vent, la neige

et la pluie. Son compagnon de voyage, après avoir dormi quelques heures, se mit en route dans un chariot traîné par de forts chevaux. A quelques milles, il rencontra au point du jour le roi de Suède, qui ne pouvant plus faire marcher sa monture, s'en allait de son pied gagner la porte prochaine.

Il fut forcé de se mettre sur le chariot de *During;* il dormit sur de la paille. Ensuite ils continuèrent leur route, courant à cheval le jour, et dormant sur une charette la nuit sans s'arrêter dans aucun lieu.

Après seize jours de course, non sans danger d'être arrêtés plus d'une fois, ils arrivèrent enfin aux portes de Stralsund à une heure après minuit *).

Le roi cria à la sentinelle qu'il était un courrier dépêché de Turquie par le roi de Suède, qu'il fallait qu'on le fît parler dans le moment au général *Ducker* gouverneur de la place. La sentinelle répondit qu'il était tard, que le gouverneur était couché, et qu'il fallait attendre le point du jour.

*) 21 Novembre 1714.

Le roi répliqua qu'il venait pour des affaires importantes, et leur déclara que s'ils n'allaient pas réveiller le gouverneur sans délai, ils seraient tous punis le lendemain matin. Un sergent alla enfin réveiller le gouverneur. *Ducker* s'imagina que c'était peut-être un des généraux du roi de Suède: on fit ouvrir les portes; on introduisit ce courrier dans sa chambre.

Ducker à moitié endormi, lui demanda des nouvelles du roi de Suède: le roi le prenant par le bras, ,,eh quoi! dit-il, *Ducker*, ,,mes plus fidelles sujets m'ont-ils oublié?'' Le général reconnut le roi: il ne pouvait croire ses yeux; il se jette en bas du lit, embrasse les genoux de son maître en versant des larmes de joie. La nouvelle en fut répandue à l'instant dans la ville, tout le monde se leva: les soldats vinrent entourer la maison du gouverneur. Les rues se remplirent des habitans qui se demandaient les uns aux autres: est-il vrai que le roi est ici? On fit des illuminations à toutes les fenêtres; le vin coula dans les rues, à la lumière de mille flambeaux et au bruit de l'artillerie.

Cependant on mena le roi au lit: il y avait feize jours qu'il ne s'était couché: il fallut couper fes bottes fur les jambes qui s'étaient enflées par l'extrême fatigue. Il n'avait ni linge ni habits: on lui fit une garderobe en hâte de ce qu'on put trouver de plus convenable dans la ville. Quand il eut dormi quelques heures, il ne fe leva que pour aller faire la revue de fes troupes et vifiter les fortifications. Le jour même il envoya par-tout fes ordres pour recommencer une guerre plus vive que jamais contre tous fes ennemis.

Karls Tod d).

A l'embouchure du fleuve Tiftendall, près de la manche de Dannemark, entre les villes de Bahus et d'Anslo, eft fituée Frédérichshall, place forte et importante qu'on regardait comme la clef du royaume. *Charles* en forma le fiége au mois de Décembre. Le foldat, tranfi de froid, pouvait à peine remuer la terre endurcie fous la glace; c'était ouvrir la

---

d) Karl war im October 1718 in Norwegen eingedrungen, um es zu erobern, welches ihm nach feiner Rechnung nur fechs Monat koften follte.

tranchée dans une espèce de roc: mais les suédois ne pouvaient se rebuter en voyant à leur tête un roi qui partageait leurs fatigues; jamais *Charles* n'en essuya de plus grandes. Sa constitution éprouvée par dix-huit ans de travaux pénibles s'était fortifiée au point, qu'il dormait en plein champ en Norvége au coeur de l'hiver sur de la paille, ou sur une planche, enveloppé seulement d'un manteau, sans que sa santé en fût altérée. Plusieurs de ses soldats tombaient morts de froid dans leurs postes, et les autres presque gelés, voyant leur roi qui souffrait comme eux, n'osaient proférer une plainte. Ce fut quelque temps avant cette expédition, qu'ayant entendu parler en Scanie d'une femme nommée *Johns Dotter*, qui avait vécu plusieurs mois sans prendre d'autre nourriture que de l'eau; lui, qui s'était étudié toute sa vie à supporter les plus extrêmes rigueurs que la nature humaine peut soutenir, voulut essayer encore combien de temps il pourrait supporter la faim sans en être abattu. Il passa cinq jours entiers sans manger ni boire; le sixième au matin il courut deux lieues à cheval, et descendit chez le prince de Hesse son beau-frère, où il mangea beaucoup, sans que ni une abstinence de cinq jours l'eût abattu, ni qu'un grand repas à la suite d'un si long jeûne l'incommodât. Avec ce corps de fer, gouverné par une ame si hardie et si inébranlable, dans quelque état qu'il pût être réduit, il n'avait point de voisin auquel il ne fût redoutable.

Le 11 Décembre 1718, jour de St. André, il alla sur les neuf heures du soir visiter la tranchée, et ne trouvant pas le parallèle assez avancé à son gré, il parut très-mécontent. M. *Megret*, ingénieur français, qui conduisait le siége, l'assura que la place serait prise dans huit jours: „Nous verrons, dit le „roi," et continua de visiter les ouvrages avec l'ingénieur. Il s'arrêta dans un endroit où le boyau fesait un angle avec le parallèle; il se mit à genoux sur le talus intérieur, et appuyant ses coudes sur le parapet, resta quelque temps à considérer les travailleurs qui continuaient les tranchées à la lueur des étoiles.

Les moindres circonstances deviennent essentielles, quand il s'agit de la mort d'un homme tel que *Charles* XII; ainsi je dois avertir que toute la conversation que tant d'écrivains ont rapportée entre le roi et l'ingénieur *Megret*, est absolument fausse. Voici ce que je sais de véritable sur cet événement.

Le roi était exposé presqu'à demi-corps à une batterie de canon, pointée vis-à-vis l'angle où il était : il n'y avait alors auprès de sa personne que deux français ; l'un était M. *Siquier*, son aide-de-camp, homme de tête et d'exécution, qui s'était mis à son service en Turquie, et qui était particulièrement attaché au prince de Hesse ; l'autre était cet ingénieur. Le canon tirait sur eux à cartouche ; mais le roi qui se découvrait davantage était le plus exposé. A quelques pas derrière était le comte *Swerin*, qui commandait la tranchée. Le comte *Posse* capitaine aux gardes, et un aide-de-camp nommé *Kulbert*, recevaient des ordres de lui. *Siquier* et *Megret* virent dans ce moment le roi de Suède qui tombait sur le parapet en poussant un grand soupir ; ils s'approchèrent, il était déjà mort. Une balle pesant une demi-livre l'avait atteint à la tempe droite, et avait fait un trou dans lequel on pouvait enfoncer trois doigts ; sa tête était renversée sur le parapet, l'oeil gauche était enfoncé, et le droit entièrement hors de son orbite. L'instant de la blessure avait été celui de sa mort ; cependant il avait eu la force, en expirant d'une manière si subite, de mettre par un mouvement naturel la main sur la garde de son épée, et était encore dans cette attitude. A ce spectacle, *Megret*, homme singulier et indifférent, ne dit autre chose, sinon. *Voilà la pièce finie, allons souper.* *Siquier* court sur le champ avertir le comte *Swerin*. Ils résolurent ensemble de dérober aux soldats la connaissance de cette mort, jusqu'à ce que le prince de Hesse en pût être informé. On enveloppa le corps d'un manteau gris; *Siquier* mit sa perruque et son chapeau sur la tête du roi; en cet état on transporta *Charles* sous le nom du capitaine *Carlsberg*, au travers des troupes, qui voyaient passer leur roi mort sans se douter que ce fût lui. Le prince ordonna à l'instant que personne ne sortît du camp, et fit garder tous les chemins de la Suède, afin d'avoir le temps de prendre ses mesures pour faire tomber la couronne sur la tête de sa femme, et pour en exclure le duc de Holstein qui pouvait y prétendre.

Ainsi périt à l'âge de trente-six ans et demi *Charles* XII roi de Suède, après avoir éprouvé ce que la prospérité a de plus grand, et ce que l'adversité a de plus cruel, sans avoir été amolli par l'une, ni ébranlé un moment par l'autre. Presque toutes ses actions, jusqu'à celles de sa vie privée et unie, ont été bien loin au-delà du vraisemblable. C'est peut-être le seul de tous les hommes, et jusqu'ici le seul de tous les rois, qui ait vécu sans faiblesse; il a porté toutes les vertus de héros à un excès où elles sont aussi dangereuses que les vices opposés. Sa fermeté, devenue opiniâtreté, fit ses malheurs dans l'Ukraine, et le retint cinq ans en Turquie; sa libéralité dégénérant en profusion a ruiné la Suède; son courage poussé jusqu'à la témérité a causé sa mort; sa justice a été quelquefois jusqu'à la cruauté; et dans les dernières années le maintien de son autorité approchait de la tyrannie. Ses grandes qualités, dont une seule eût pu immortaliser un autre prince, ont fait le malheur de son païs. Il n'attaqua jamais personne; mais il ne fut pas aussi prudent qu'implacable dans ses vengeances. Il a été le premier qui ait eu l'ambition d'être conquérant, sans avoir l'envie d'agrandir ses états; il voulait gagner des empires pour les donner. Sa passion pour la gloire, pour la guerre, et pour la vengeance l'empêcha d'être bon politique, qualité sans laquelle on n'a jamais vu de conquérant. Avant la bataille, et après la victoire, il n'avait que de la modestie, après la défaite que de la fermeté; dur pour les autres comme pour lui-même, comptant pour rien la peine et la vie de ses sujets, aussi bien que la sienne; homme unique plutôt que grand-homme, admirable plutôt qu'à imiter. Sa vie doit apprendre aux rois combien un gouvernement pacifique et heureux est au dessus de tant de gloire.

Charles XII était d'une taille avantageuse et noble; il avait un très-beau front, de grands yeux bleus rempli de douceur; un nez bien formé; mais le bas du visage désagréable, trop souvent défiguré par un rire fréquent qui ne partait que des levres; presque point de barbe ni de cheveux. Il parlait très-peu, et ne répondait souvent que par ce rire dont il avait pris l'habitude. On observait à sa table un silence profond. Il avait conservé, dans l'inflexibilité de son caractère, cette timidité qu'on nomme mauvaise honte. Il eût été embarrassé dans une conversation, parce que s'étant donné tout entier aux travaux et à la guerre, il n'avait jamais connu la société. Il n'avait lu, jusqu'à son loisir chez les turcs, que les commentaires de *César* et l'histoire d'*Alexandre*, mais il avait écrit quelques réflexions sur la guerre et sur ses campagnes depuis 1700 jusqu'à 1709. Il l'avoua au chevalier de *Folard*, et lui dit que ce manuscrit avait été perdu à la malheureuse journée de Pultava. Quelques personnes ont voulu faire pasfer ce prince pour un bon mathématicien: il avait fans doute beaucoup de pénétration dans l'esprit, mais la preuve que l'on donne de ses connaissances en mathématique n'est pas bien concluante: il voulait changer la manière de compter par dixaine, et il proposait à la place le nombre soixante-quatre, parce que ce nombre contenait à la fois un cube et un quarré, et qu'étant divisé par deux, il était enfin réductible à l'unité. Cette idée prouvait seulement qu'il aimait en tout l'extraordinaire et le difficile e).

e) Elle prouve auffi qu'il avait approfondi, jusqu'à un certain point, la théorie des nombres, puisqu'il connaissait la nature et les propriétés des échelles arithmétiques.
Anm. des fr. Herausg.

IV.
Vermifchte Auffätze.

Sur la vraie vertu.

Le nom de la vertu retentit fur la terre;
On l'entend au théâtre, au barreau, dans la chaire,
Jusqu'au milieu des cours il parvient quelquefois:
Il s'eft même gliffé dans le traité des rois.
C'eft un beau mot fans doute, et qu'on fe plait
     d'entendre,
Facile à prononcer, difficile à comprendre:
On trompe, on eft trompé a) Je crois voir des jetons
Donnés, reçus, rendus, troqués par des fripons;
Ou bien ces faux billets, vains enfans du fyftème
De ce fou d'écoffais b) qui fe dupa lui-même.

a) Indem man nämlich den Sinn diefes Worts erklärt oder fich erklären läfst.

b) Der berüchtigte *Law*, Urheber des Actien-handels, wodurch fo viel Unheil in Frankreich 1720 entftand. Das

Qu'est-ce que la vertu? le meilleur citoyen,
Brutus c), se repentit d'être un homme de bien.
La vertu, disait-il, est un nom sans substance.
L'école de *Zenon*, dans sa fière ignorance,
Prit jadis pour vertu l'insensibilité d).
Dans les champs levantins e) le derviche f) hébété
L'oeil au ciel, les bras hauts et l'esprit en prières,
Du Seigneur en dansant invoque les lumières,
Et tournant dans un cercle au nom de *Mahomet*,
Croit de la vertu même atteindre le sommet.
Les reins ceints d'un cordon, l'oeil armé d'impudence,

wesentliche seines Plans war, die Staats-schulden mit Papier-geld zu bezahlen. Zu dem Ende errichtete er eine Bank, womit er eine Handels-gesellschaft verband, die unter dem Namen der *Missisippischen* bekannt ist. Sein Plan war schlecht berechnet; er musste aus Frankreich entfliehen und starb arm: darum sagt V. von ihm, dass er sich selbst täuschte.

c) B. heisst *der beste Staatsbürger*, weil er ohne allen Eigennutz dem Staat diente. Nachdem er gegen *August* die Schlacht bei *Filippi* verloren, soll er voll Unmuths gesagt haben; *O Tugend bist du mehr als ein leerer Name?*

d) Das thaten nicht alle Schüler *Zenos*.

e) West-Asien.

) Eine Art mohamedischer Bettelmönche. Die vornehmste ihrer gottesdienstlichen Uebungen besteht darin, dass sie alle Dienstag und Freitag öffentlich bei Sang und Klang tanzen müssen, nachdem ihr Vorsteher vorher eine Predigt gehalten.

SUR LA VRAIE VERTU.

Un hermite à fandale g), engraiſſé d'ignorance
Parlant du nez à *Dieu*, chante au dos d'un lutrin
Cent cantiques hébreux, mis en mauvais latin.
Le Ciel puiſſe bénir ſa piété profonde h)!
Mais quel en eſt le fruit? quel bien fait-il au monde?
Malgré la ſainteté de ſon auguſte emploi,
C'eſt n'être bon à rien, de n'être bon qu'à ſoi.
Quand l'ennemi divin des ſcribes et des prêtres
Chez *Pilate* autrefois fut traîné par des traîtres;
De cet air inſolent, qu'on nomme dignité,
Le romain demanda: *Qu'eſt-ce que vérité?*
L'Homme-Dieu, qui pouvait l'inſtruire ou le confondre,
A ce juge orgueilleux dédaigna de répondre.
Son ſilence éloquent diſait aſſez à tous,
Que ce vrai tant cherché ne fut point fait pour nous;
Mais lorsque pénétré d'une ardeur ingénue,
Un ſimple citoyen l'aborda dans la rue,
Et que, diſciple ſage, il prétendit ſavoir
Quel eſt l'état de l'homme, et quel eſt ſon devoir,
Sur le grand intérêt, ſur ce point qui nous touche,

---

g) S. iſt eine lederne Sole, die oben auf dem Fuſs mittels Riemen oder Schnallen befeſtigt wird. Verſchiedene Mönche, unter andern die Kapuziner, tragen ſie.

h) P. ſcheint Beziehung auf das vorhergehende *hebreu* und *latin* zu haben: ſeine *tiefgelehrte* Frömmigkeit.

Celui qui savait tout ouvrit alors la bouche,
Et dictant d'un seul mot ses décrets solemnels:
Aimez Dieu, lui dit-il, mais aimez les mortels.
Voilà l'homme et sa loi, c'est assez, le Ciel même
A daigné tout nous dire en ordonnant qu'on aime.
Le monde est médisant, vain, léger, envieux;
Le fuir est très-bien fait, le servir encor mieux:
A sa famille, aux siens je veux qu'on soit utile.
 Où vas-tu loin de moi, fanatique indocile ¹)
Pourquoi ce teint jauni, ces regards effarés,
Ces élans convulsifs et ces pas égarés?
Contre un siècle indévot plein d'une sainte rage,
Tu cours chez ta béate à son cinquième étage;
Quelques saints possédés dans cet honnête lieu,
Jurent, tordent les mains en l'honneur du Bon
    Dieu;
Sur leurs tréteaux montés, ils rendent des oracles,
Prédisent le passé, font cent autres miracles:
L'aveugle y vient pour voir, et les deux yeux
    privé,
Retourne aux Quinze Vingts*) marmortant son *Avi*

---

¹) Was in diesem Absatz von den Schwärmern gesagt wird, geht zunächst auf die *Krämpfer* (Konvulsionisten), die in Paris ihre Rolle spielten. Ihren Ursprung nahmen sie 1724 auf dem Grabe des Abts *Paris*, von dessen vorgeblichen Wundern *Montgeron* ein großes Werk geschrieben hat.

*) Ein Armenhaus in Paris, welches der heil. Ludwig 1254 für 300 blinde Edelleute bauen ließ, die er von einem Kreuzzuge ins gelobte Land zurück brachte, wo sie das Gesicht verloren hatte n.

Le boiteux faute et tombe; et fa fainte famille
Le ramène en chantant porté fur fa béquille,
Le fourd au front ftupide écoute et n'entend rien.
D'aife alors tout pâmés, de pauvres gens de bien,
Qu'un fot voifin bénit, et qu'un fourbe feconde,
Aux filles du quartier prêchent la fin du monde.
Je fais que ce myftère a de nobles appas:
Les faints ont des plaifirs que je ne connais pas.
Les miracles font bons; mais foulager fon frère,
Mais tirer fon ami du fein de la mifère,
Mais à fes ennemis pardonner leurs vertus,
C'eft un plus grand miracle, et qui ne fe fait plus.

 Ce magiftrat, dit-on, eft févère, inflexible;
Rien n'amollit jamais fa grande ame infenfible.
J'entends: il fait haïr fa place et fon pouvoir;
Il fait des malheureux par zèle et par devoir.
Mais l'a-t-on jamais vu, fans qu'on le folicite,
Courir d'un air affable au-devant du mérite,
Le choifir dans la foule, et donner fon appui
A l'honnête homme obfcur qui fe tait devant lui?
De quelques criminels, il aura fait juftice!
C'eft peu d'être équitable, il faut rendre fervice:
Le jufte eft bienfefant.   On conte qu'autrefois
Le miniftre odieux d'un de nos meilleurs rois
Lui difait en ces mots fon avis defpotique:
,,*Timante* eft en fecret bien mauvais catholique:
,,On a trouvé chez lui la bible de *Calvin* k);

k) Die Bibel nach C. Ueberfetzung oder mit C. Erklärung.

,,A ce funeſte excès vous devez mettre un frein;
,,Il faut qu'on l'empriſonne, ou du moins qu'on
l'exile."
,,Comme vous, dit le roi, *Timante* m'eſt utile,
,,Vous m'apprenez aſſez quels ſont ſes attentats;
,,Il m'a donné ſon ſang et vous n'en parlez pas."
De ce roi bienfeſant la prudence équitable
Peint mieux que vingt ſermons la vertu véritable.

Du nom de vertueux ſeriez-vous [1]) honoré,
Doux et discret *Cyrus*, en vous ſeul concentré,
Prêchant le ſentiment, vous bornant à ſéduire,
Trop faible pour ſervir, trop pareſſeux pour nuire,
Honnête homme indolent, qui dans un doux loiſir,
Loin du mal et du bien, vivez pour le plaiſir?
Non, je donne ce titre au coeur tendre et ſublime
Qui ſoutient hardiment ſon ami qu'on opprime.
Il t'était dû ſans doute, éloquent *Péliſſon* [m]),
Qui défendis *Fouquet* du fond de ta priſon.

---

[1]) Sollteſt du beehrt werden dürfen.

[m]) P. verfertigte für F., in deſſen Fall er hineingezogen ward, drei Vertheidigungs-ſchriften, von denen *Voltaire* ſagt, daſs ſie, wie an Form, ſo an Werth, manchen Reden Ciceros gleich kämen. — *Fouquet* war vor *Colbert* Finanz-miniſter Ludwigs XIV. Er ging mit den öffentlichen Geldern ſehr treulos um, und machte ungeheuern Aufwand. Sein Luſtſchloſs *Vaux* und die dazu gehörigen Gärten hatten ihm, nach damaligem Gelde, achtzehn Millionen Livres gekoſtet, welches itzt noch einmal ſo viel macht.

SUR LA VRAIE VERTU.

Je te rends grâce, ô Ciel, dont la bonté propice
M'accorda des amis dans les temps d'injustice,
Des amis courageux, dont la mâle vigueur
Repoussa les assauts du calomniateur,
Du fanatisme ardent, du ténébreux *Zoïle*,
Du ministre abusé par leur troupe imbécille,
Et des petits tyrans bouffis de vanité
Dont mon indépendance irritait la fierté.
Oui, pendant quarante ans poursuivi par l'envie,
Des amis vertueux n) ont consolé ma vie.
J'ai mérite leur zèle et leur fidélité;
J'ai fait quelques ingrats, et ne l'ai point été.
   Certain législateur o) dont la plume féconde
Fit tant de vains projets pour les biens de ce monde,
Et qui depuis trente ans écrit pour des ingrats,
Vient de créer un mot qui manque à *Vaugelas* p)
Ce mot est *bienfesance*, il me plait, il rassemble,
Si le coeur en est cru, bien des vertus ensemble.
Petits grammairiens, grands précepteurs des sots,
Qui pesez la parole et mesurez les mots,
Pareille expression vous semble hasardée:
Mais l'univers entier doit en chérir l'idée.

---

n) Unter diesen war besonders der Graf d'*Argental*, der in dem folgenden Aufsatz beschrieben wird.

o) Der Abt *Saint Pierre*, dessen Vorschläge zu Gründung und Erhaltung eines *ewigen Friedens* man izt nicht mehr so lächerlich findet als ehmals.

p) Ein berühmter Sprachforscher, auch Uebersetzer des *Curtius*.

Notice sur M. le comte d'Argental; Extrait du Journal de Paris, du 16 du Janvier 1777.

Par M. de la Harpe.

Monsieur le comte d'*Argental* fut pendant cinquante ans *) l'ami de M. de *Voltaire*: sa mort ne saurait être indifférente à ceux qui ont aimé ce grand homme. Un autre grand Homme a dit: „Il y a quelque chose de sacré „dans les longs attachemens," *est aliquid sacri in antiquis necessitudinibus.* (Cicéron); et sans doute ils sont encore plus respectables quand le génie est à côté de l'amitié. Le plus intime ami de l'écrivain le plus célèbre de son siècle est, en quelque sorte, un homme public; et c'est à ce titre que j'ai cru que vous pouviez, Messieurs a), placer dans vos feuilles quelques lignes consacrées à sa mémoire; car d'ailleurs, j'ai toujours pensé que celui

---

*) Et même pendant soixante et dix ans; et cette longue amitié ne fut jamais troublé par le moindre nuage.

a) Die Herausgeber des *Journal de Paris*.

qui a été assez heureux pour n'avoir à remplir que les devoirs d'une vie privée, ne doit guère recevoir d'autres tributs après sa mort que les regrets et le témoignage de ceux qui l'ont connu et chéri; tributs beaucoup plus honorables que ces notices nécrologiques, aujourd'hui si multipliées, bien moins par le désir d'honorer les morts que par la petite vanité de signer quelques phrases imprimées, et pour parler au public, à qui tout le monde veut parler.

Je n'ai point eu l'honneur d'être l'ami particulier de M. le comte d'*Argental*; j'ai eu celui de vivre assez long-temps dans sa société et avec les personnes qui lui ont été les plus chères. Ce que j'ai à dire de lui, n'est que l'expression des sentimens qu'il a laissés dans leur coeur, et le langage unanime de tous ceux qui l'ont approché. Les uns n'en parlent qu'avec les larmes de la reconnaissance et de la douleur, les autres qu'avec la plus affectueuse estime. Son commerce plaisait à tout le monde, et son caractère le fesait chérir de ses amis.

Il paraît que M. d'*Argental* a été un des hommes les plus heureusement né pour eux b) comme pour les autres. Paſſé les premières années de ſa jeuneſſe, où l'on ſacrifie plus ou moins aux paſſions de cet âge, il n'a eu que des inclinations douces et des plaiſirs tranquilles. Il cultivait l'amitié, les lettres et la ſociété: ce fut-là ſa vie entière. Elle a toujours été la même, ſans aucune altération, jusqu'à l'âge de quatre-vingt-huit ans.

Engagé quelque temps dans la magiſtrature c), il en remplit les devoirs ſouvent pénibles et gênans avec une exactitude qui ſemblait ne lui rien coûter. Par une tournure d'esprit auſſi heureuſe que rare, tout ce qui était pour lui une obligation, était au nombre de ſes plaiſirs. Devenu depuis miniſtre d'une cour étrangère d), les correſpondances régulières qu'il entretenait avec elle, et qui pouvaient être un aſſez grand travail dans un âge fait pour le repos, devinrent le principal objet de

---

b) Mit den glüklichſten Anlagen für ſich wie für andere geboren.

c) Er war Parlements-rath. „Aber, ſagt der Herausgeber „von *Voltaires* Schriften, die Ungereimtheit und Barbarei „unſerer peinlichen Rechtslehre (Kriminal-recht) empör„ten ihn, darum legte er dieſe Stelle nieder."

d) Des Herzogs von Parma.

ses soins, et parurent e) entrer dans ses goûts. Le premier de tous et le plus vif fut toujours celui des lettres. Il fut lié avec tout ce que la France a eu de plus célèbre en ce genre, mais surtout avec *Voltaire*. On peut dire que son amitié pour lui fut sa passion dominante: c'était une espèce de culte. L'amitié est le seul où la superstition soit sans danger; elle n'a d'autre effet que d'agrandir à nos yeux celui que nous aimons; et si c'est un excès, il n'est pas contagieux: D'ailleurs, qui jamais eut plus que *Voltaire* le droit de le justifier?

M. d'*Argental* n'était point un de ces prôneurs charlatans qui s'enorgueillissent sous l'enseigne d'un grand nom. Son admiration pour *Voltaire* était un sentiment vrai et sans aucune ostentation; il adorait ses talens comme il aimait sa personne, avec la plus grande sincérité. Il jouissait véritablement de ses confidences et de ses succès, il n'en était pas vain, il en était heureux, et de si bonne foi, que tous ceux qui le voyaient lui savaient f)

---

e) Er schien Geschmack daran zu finden.

f) Ihm für das Glück Dank wussten, d. i. sich darüber freuten und es mit ihm theilten, ohne ihn, wie es gleich darauf heisst, deswegen zu beneiden.

gré de ce bonheur. En effet, cette espèce de bonheur, dont nous jouiſſons dans autrui, a quelque choſe de ſi intéreſſant, que c'eſt peut-être le ſeul qui ne puiſſe exciter l'envie.

Avec beaucoup de douceur dans les mœurs, il n'avait pas moins de fermeté dans les principes qui ne s'allient pas communément; et c'étaient ſur-tout ſes principes qui déterminaient ſes affections. Il en donna une preuve remarquable et qui mérite d'être rapportée. Il était lié depuis long-temps, par une correſpondance journalière, avec un homme tout puiſſant dans cette même cour, dont lui-même était ici le miniſtre. Cet homme éprouva la plus éclatante disgrâce, et fut obligé de quitter ſon païs. Il vint à Paris, et dans des circonſtances ſi délicates, où tout autre aurait pu craindre de s'expoſer ſoi-même en paraiſſant attaché à un proscrit, M. le comte d'*Argental*, qui ne le connaiſſait que par ſes lettres, ne permit pas qu'il eût d'autre maiſon que la ſienne, et ſe montra publiquement et conſtamment ſon ami et ſon défenſeur, au risque de perdre une place qui feſait alors la plus grande partie de ſa fortune. Rien n'eſt ſi commun aujourd'hui que de ſe vanter d'avoir *du caractère* g); mais on n'a pas coutume de le prouver de cette façon-là.

M. d'*Argental* ne se pressait pas non plus de parler de *sensibilité*; mais il avait en effet une ame très-sensible et un coeur aimant; et il n'attendait pas pour les montrer les grandes occasions, qui sont assez rares. Il avait cette sensibilité qui se montre dans tous les momens: il savait que, dans l'amitié, les petites choses sont d'un grand prix, parce qu'elles sont de tous les jours. Personne n'eut plus que lui de ces attentions délicates et continuelles qui font le charme de la société intime. Souvent ses parens, ses amis étaient agréablement surpris de tout ce qu'il imaginait pour leur faire voir combien il s'occupait d'eux: le désir de leur plaire et de les voir heureux, était une de ses pensées habituelles dans une âge où le plus souvent l'on n'est plus satisfait des autres que de soi-même; et ceux qui vivaient avec lui racontent à ce sujet des détails qu'on n'entend pas sans attendrissement.

Dans un accès de fièvre, qui fut le commencement de la maladie dont il est mort au bout

---

g) Festigkeit in der Beobachtung seiner Grundsätze.

de trois jours, il fit des vers pour une dame qui depuis bien des années était son amie intime, et dont l'amitié est faite pour honorer tous ceux qui peuvent la mériter h). Il en fesait peu, quoiqu'il les aimât infiniment; et l'on trouve encore dans ses derniers vers un sentiment aimable délicatement exprimé.

Il n'est pas nécessaire de dire que l'ami de *Voltaire*, et le premier dépositaire de toutes ses pensées et de tous ses écrits, avait un goût naturellement bon et un esprit orné, nourri de la politesse de ce beau siècle de *Louis* XIV dont il avait vu la fin. Ce goût devait le rendre un peu sévère sur celui d'aujourd'hui; mais il aima toujours les vrais talens en tout genre; et notre grand acteur *le Kain* trouva en lui un protecteur aussi constant qu'affectionné.

Une longue vieillesse sans douleur, sans dégoûts et presque sans infirmités, devait être la récompense d'un esprit doux, d'un bon coeur et d'un caractère aimable. Sans ambition, sans cupidité, sans orgueil, M. d'*Argental* conserva jusqu'à la fin de ses jours les mêmes goûts, les mêmes plaisirs, les mêmes amis. Sa vie fut égale comme son

---

h) Madame de *Courteille*.

humeur. Sa tête n'éprouva aucun affaiblissement. Spectacles, littérature, événemens publics, il s'intéressait à tout, autant que ceux qui pouvaient voir devant eux un long avenir. Sa santé même était assez bonne pour qu'on dût se flatter que sa carrière pouvait se prolonger encore. Une fièvre soporeuse le conduisit au tombeau en peu de jours aussi doucement qu'il avait vécu; et l'on peut dire qu'il s'est endormi dans la mort.

De l'égalité des conditions *)

Tu vois, fage *Arifton*, d'un oeil d'indifférence
La grandeur tyrannique et la fière opulence;
Tes yeux d'un faux éclat ne font point abufés.
Ce monde eft un grand bal, où des fous déguifés,
Sous les rifibles noms d'*éminence* et d'*alteffe*,
Penfent enfler leur être et hauffer leur baffeffe.
Envain des vanités l'appareil nous furprend:
Les mortels font égaux; leur masque eft différent.
Nos cinq fens imparfaits, donnés par la nature,
De nos biens, de nos maux, font la feule mefure.
Les rois en ont-ils fix? et leur ame et leur corps
Sont-ils d'une autre espèce? ont-ils d'autres
          forts?
C'eft du même limon que tous ont pris naiffance;
Dans la même faibleffe ils traînent leur enfance:
Et le riche et le pauvre, et le faible et le fort,
Vont tous également des douleurs à la mort.

    Hé quoi, me dira t-on, quelle erreur eft la vôtre!
N'eft-il aucun état plus fortuné qu'un autre?

---

a) Unter *Gleichheit der Zuftände* verfteht V. hier das gleiche Maafs von Wohl und Weh, das den verfchiedenen Ständen zu Theil wird.

Le ciel a t-il rangé les mortels au niveau b)?
La femme d'un commis, courbé fur fon bureau,
Vaut-elle une princeffe auprès du trône affife?
N'eft-il pas plus plaifant pour tout homme d'églife
D'orner fon front tondu d'un chapeau rouge ou
    verd,
Que d'aller, d'un vil froc obfcurément couvert,
Recevoir à genoux, après *laude* ou *matine*,
De fon prieur cloîtré vingt coups de difcipline?
Sous un triple mortier n'eft-on pas plus heureux
Qu'un clerc enfeveli dans un greffe poudreux?
Non; Dieu ferait injufte, et la fage nature
Dans fes dons partagés garde plus de mefure.
Penfe-t-on qu'ici bas fon aveugle faveur
Au char de la fortune attache le bonheur?
Un jeune colonnel a fouvent l'impudence
De paffer en plaifir un maréchal de France c).
Etre heureux comme un roi, dit le peuple hébété:
Hélas! pour le bonheur que fait la majefté?
En vain fur fes grandeurs un monarque s'appuie.
Il gémit quelquefois, et bien fouvent s'ennuie.
Son favori fur moi jette à peine un coup-d'oeil.
Animal compofé de baffeffe et d'orgueil,

---

b) Hat der Himmel die Menfchen dem Range nach gleich geftellt? Der Frager meint, die gröfsere Glückfeligkeit richte fich nach dem höhern Range.

c) Dis war fonft in Frankreich die höchfte Würde im Kriegsftande.

Accablé de dégoût en inspirant l'envie,
Tour à tour l'on t'encense et l'on te calomnie.
Parle, qu'as tu gagné dans la chambre du roi?
Un peu plus de flatteurs et d'ennemis que moi.

 Sur les énormes tours de notre observatoire,
Un jour en consultant leur céleste grimoire ^d),
Des enfans d'Uranie ^e) un essaim curieux,
D'un tube de cent pieds braqué contre les cieux
Observait les secrets du monde planétaire.
Un rustre s'écria: ces sorciers ont beau faire,
Les astres sont pour nous aussi bien que pour eux:
On en peut dire autant du secret d'être heureux.
Le simple, l'ignorant, pourvu d'un instinct sage,
En est tout aussi près, au fond de son village,
Que le fat important qui pense le tenir,
Et le triste savant qui croit le définir.

 On dit qu'avant la boîte apportée à *Pandore* ^f),
Nous étions tous égaux: nous le sommes encore.

---

 d) Unter dem *himmlischen Zauberbuche* wird hier der gestirnte Himmel verstanden, aus dem die Unkundigen sich so wenig finden können, als aus einem Haufen von Zauberzeichen und Beschwörungs-formeln.

 e) Urania ist die Muse der Sternkunde.

 f) *Pandora* war, nach einem alten griechischen Dichter, die erste Frau, also unsere *Eva*. Die Götter statteten sie mit

DES CONDITIONS.

Avoir les mêmes droits à la félicité.
C'est pour nous la parfaite et seule égalité.
Vois-tu dans ces vallons ces esclaves champêtres,
Qui creusent ces rochers, qui vont fendre ces hêtres;
Qui détournent ces eaux, qui, la bêche à la main,
Fertilisent la terre en déchirant son sein.
Ils ne sont point formés sur le brillant modèle
De ces pasteurs galans qu'a chanté *Fontenelle* g).
Ce n'est point *Timarette*, et le tendre *Tircis*,
De roses couronnés sous des myrthes assis,
Entrelaçant leurs noms sur l'écorce des chênes,
Vantant avec esprit leurs plaisirs et leurs peines.
C'est *Pierrot*, c'est *Colin*, dont le bras vigoureux
Soulève un char tremblant dans un fossé bourbeux.
Perrette au point du jour est aux champs la première.
Je les vois haletans, et couverts de poussière,
Braver dans ces travaux, chaque jour répétés,
Et le froid des hivers, et le feu des étés.

verschiedenen Reizen und Künsten aus um die Männer zu verführen. Auch schickten sie ihr eine Büchse, dem Vorgeben nach voll schöner Sachen. Als aber P. dieselbe öffnete, flogen da heraus alle Uebel, körperliche und geistliche und verbreiteten sich über die Erde.

g) In F. Schäfergedichten sprechen und handeln die Personen wie verfeinerte Stadt- und Hofleute.

Ils chantent cependant; leur voix fausse et rustique
Gaîment de *Pellegrin* h) d'étonne un vieux can-
tique.
La paix, le doux sommeil, la force, la santé,
Sont le fruit de leur peine et de leur pauvreté.
Si *Colin* voit Paris, ce fracas de merveilles,
Sans rien dire à son coeur, assourdit ses oreilles;
Il ne desire point ces plaisirs turbulens;
Il ne les conçoit pas; il regrette ses champs,
Dans ces champs fortunés l'amour même l'appelle.
Et tandis que *Damis*, courant de belle en belle,
Sous des lambris dorés, et vernis par *Martin* i),
Des intrigues du temps composant son destin,
Dupé par sa maîtresse et haï par sa femme,
Prodigue à vingt beautés ses chansons et sa
flamme;
Quitte *Eglé* qui l'aimait pour *Cloris* qui le fuit,
Et prend pour volupté le scandale et le bruit;
Colin, plus vigoureux, et pourtant plus fidelle,
Revole vers *Lisette* en la saison nouvelle.
Il vient, après trois mois de regrets et d'ennui,
Lui présenter des dons aussi simples que lui.
Il n'a point à donner ces riches bagatelles,

h) Ein Abt, der im Gassenhauer-ton geistliche Lieder gemacht hat, die ehmals auf dem Lande und in Klöstern viel
gesungen worden.

i) Ein berühmter Lackirer.

Qu'*Hébert* k) vend à crédit pour tromper tant de belles.
Sans tous ces riens brillans il peut toucher un coeur;
Il n'en a pas besoin: c'est le fard du bonheur.

L'aigle fière et rapide, aux ailes étendues,
Suit l'objet de sa flamme élancé dans les nues.
Dans l'ombre des vallons le taureau bondissant
Cherche en paix sa génisse et plaît en mugissant.
Au retour du printemps, la douce philomèle
Attendrit par ses chants sa compagne fidelle;
Et du sein des buissons, le moucheron léger
Se mêle en bourdonnant aux insectes de l'air.
De son être content, qui d'entr'eux s'inquiète
S'il est quelqu'autre espèce, ou plus ou moins parfaite?
Et qu'importe à mon sort, à mes plaisirs présens,
Qu'il soit d'autres heureux, qu'il soit des biens plus grands?

Mais, quoi! cet indigent, ce mortel famélique
Cet objet dégoûtant de la pitié publique,
D'un cadavre vivant traînant le reste affreux,
Respirant pour souffrir, est-il un homme heureux?

---

k) Ein berühmter Kunsthändler in Paris.

Non, sans doute; et *Thamas* 1) qu'un esclave dé-
    trône,
Ce visir déposé, ce grand qu'on emprisonne,
Ont-ils des jours sereins, quand ils sont dans
    les fers?
Tout état a ses maux, tout homme a ses revers.
Moins hardi dans la paix, plus actif dans la guerre,
Charles m) aurait sous ses loix retenu l'Angleterre;
Dufréni n) moins prodigue et docile au bon sens
N'eût point dans la misère avili ses talens.
Tout est égal enfin: la cour a ses intrigues;
Le mérite modeste est souvent obscurci;
Le malheur est par-tout, mais le bonheur aussi.
Ce n'est point la grandeur, ce n'est point la bassesse,
Le bien, la pauvreté, l'âge mûr, la jeunesse,
Qui fait, ou l'infortune, ou la félicité.

Jadis pe auvre *Irus*, honteux et rebuté,
Contemplant de *Crésus* l'orgueilleuse opulence,

---

l) Ein persischer Prinz in der ersten Hälfte dieses Jahrhunderts, dem einer seiner Unterthanen, der nachher so berühmt gewordene Schach *Nadir*, erst das persische Reich gegen Tatarn, Türken und Russen wieder eroberte, und es ihm nachher selbst raubte.

m) Karl VII König von Frankreich, unter welchem das berühmte Mädchen von Orleans, *Hannchen von Arc*, ihre Rolle spielte.

n) Ein Dichter aus der Zeit Ludwigs XIV, der von ihm sagte, er würde ihm nie reich machen können, weil er alles verthat.

Murmurait hautement contre la providence.
Que d'honneurs! difait-il: que d'éclat, que de biens.
Que *Créfus* est heureux! il a tout et moi rien.
Comme il difait ces mots une armée en furie
Attaque en fon palais le tyran de Carie.
De fes vils courtifans il est abandonné
Il fuit, on le pourfuit; il est pris, enchaîné;
On pille fes tréfors, on ravit fes maîtresses.
Il pleure; il apperçoit, au fort de fes détresses,
Irus, le pauvre *Irus*, qui parmi tant d'horreurs,
Sans fonger aux vaincus boit avec les vinqueurs.
O Jupiter! dit-il, ô fort inexorable!
Irus est trop heureux, je fuis feul mifèrable.
Ils fe trompaient tous deux, et nous nous trompons tous.
Ah! du destin d'autrui ne foyons point jaloux.
Gardons-nous de l'éclat qu'un faux dehors imprime.
Tous les coeurs font cachés, tout homme est un abyme.
La joie est paffagère et le rire est trompeur.
Hélas! où donc chercher, où trouver le bonheur?
En tout lieu, en tout temps, dans toute la nature,
Nulle part tout entier, par tout avec mefure,
Et par tout paffager, hors dans fon feul auteur.
Il est femblable au feu dont la douce chaleur
Dans chaque autre élément en fecret s'infinue,

Descend dans les rochers, s'élève dans la nue,
Va rougir le corail dans le fable des mers,
Et vit dans les glaçons qu'ont durci les hivers.

Le ciel en nous formant mélangea notre vie
De défirs, de dégoûts, de raifon, de folie,
De momens de plaifirs, et de jours de tourmens.
De notre être imparfait voilà les élémens.
Ils compofent tout l'homme, ils forment fon ef-
fence,
Et Dieu nous pefa tous dans la même balance.

Extrait d'une Epitre à M. l'Abbé Servien.

Prisonnier au château de Vincennes 1714.

Tu peux, Abbé, du fort jadis propice
Par ta vertu corriger l'injustice;
Tu peux changer ce donjon détesté
En un palais par Minerve habité.
Le froid ennui, la sombre inquiétude,
De ta prison vont bientôt s'exiler,
Vois dans tes bras de toutes parts voler
L'oubli des maux, le sommeil désirable,
L'indifférence, au coeur inaltérable,
Qui, dédaignant les outrages du sort,
Voit d'un même oeil et la vie et la mort;
La paix tranquille, et la constance altière,
Au front d'airain, à la démarche fière,
A qui jamais ni les rois ni les dieux,
La foudre en main, n'ont fait baisser les yeux.

Divinités a) des sages adorées,
Que chez les grands vous êtes ignorées!

---

a) Diese Gottheiten sind die vorhin genannten, *die hohe Standhaftigkeit, der ruhige Seelenfriede u. s. w.*

Le fol amour, l'orgueil préfomptueux,
Des vains plaifirs l'effaim tumultueux,
Troupe volage à l'erreur confacré,
De leurs palais vous défendent l'entrée,
Mais la retraite a pour vous des appas :
Dans nos malheurs vous nous tendez les bras ;
Des paffions la troupe confondue,
A votre afpect disparaît éperdue,
Par vous, heureux au milieu des revers
Le philofophe eft libre dans les fers.

Extrait d'une Epitre à Madame la Marquife du Chatelet.

Sur la calomnie.

Ecoutez-moi, refpectable *Emilie* :
Vous êtes belle : ainfi donc la moitié
Du genre humain fera votre ennemie ;
Vous poffédez un fublime génie :
On vous craindra ; votre tendre amitié
Eft confiante : et vous ferez trahie ;
Votre vertu, dans fa démarche unie
Simple et fans fard, n'a point facrifié
A nos devots : craignez la calomnie.
Attendez-vous, s'il vous plait, dans la vie
Aux traits malins que tout fat à la cour,
Par paffe-temps, fouffre et rend tour à tour,

La médisance est la fille immortelle
De l'amour-propre et de l'oisiveté.
Ce monstre ailé paraît mâle et femelle,
Toujours parlant, et toujours écouté.
Amusement et fléau de ce monde,
Elle y préside, et sa vertu féconde
Du plus stupide échauffe les propos,
Rebut du sage, elle est l'esprit des sots.
En ricanant, cette maigre furie
Va de sa langue épandre les venins
Sur tous états. Mais trois sortes d'humains
Plus que le reste, alimens de l'envie,
Sont exposés à sa dent de harpie:
Les beaux esprits, les belles et les grands
Sont de ses traits les objets différens.
Quiconque en France avec éclat attire
L'oeil du public est sûr de la satire.
Un bon couplet, chez ce peuple falot,
De tout mérite est l'infaillible lot.

   Mais croyez-moi, son b) trône est à Paris,
Là, tous les soirs, la troupe vagabonde
D'un peuple oisif, appelé le beau monde,
Va promener de réduit en réduit
L'inquiétude et l'ennui qui la fuit.
Là sont en foule antiques mijaurées c),

---

b) Der Satire.
c) A. m. Fratzengesichter aus der alten Welt.

Jeunes oifons, et bégueules titrées,
Difant des riens d'un ton de perroquet,
Lorgnant des fots, et trichant au piquet.
Blondins d) y font, beaucoup plus femmes qu'elles,
Profondément rempli de bagatelles,
D'un air hautain, d'une bruyante voix,
Chantant, danfant, minaudant à la fois.
Si par hazard quelque perfonne honnête,
D'un fens plus droit et d'un goût plus heureux,
Des bons écrits ayant meublé fa tête,
Leur fait l'affront de penfer à leurs yeux:
Tout aufli-tôt leur brillante cohue,
D'étonnement et de colère émue,
Bruyant effaim de frélons envieux,
Pique et pourfuit cette abeille charmante,
Qui leur apporte, hélas! trop imprudente e),
Ce miel fi pur et fi peu fait pour eux.

* * *

Que le menfonge un inftant vous outrage,
Tout eft en feu foudain pour l'appuyer:
La vérité perce enfin le nuage,
Tout eft de glace à vous juftifier.

d) E. daffelbe, was *petit-maître* und izt *muscadin* heißt, Stutzer, füßer Herr'

e) T. i. weil nämlich fo gute Sachen bei fo fchlechten Leuten übel angebracht find,

Ne craignons rien de qui cherche à médire.
En vain *Boileau*, dans ses sévérités,
A de *Quinault* dénigré les beautés;
L'heureux *Quinault*, vainqueur de la satire,
Rit de sa haine et marche à ses côtés f).

Moi-même enfin, qu'une cabale inique
Voulut noircir de son souffle caustique,
Je sais jouir, en dépit des cagots,
De quelque gloire, et même du repos.

Voici le point sur lequel je me fonde g):
On entre en guerre en entrant dans le monde.
Homme privé, vous avez vos jaloux,
Rampans dans l'ombre, inconnus comme vous,
Obscurément tourmentant votre vie;
Homme public, c'est la publique envie
Qui contre vous lève son front altier.
Le coq jaloux se bat sur son fumier,
L'aigle dans l'air, le taureau dans la plaine:
Tel est l'état de la nature humaine.
La Jalousie, et tous ses noirs enfans
Sont au théâtre, au conclave, aux couvens.
Montez au ciel: trois déesses rivales

---

f) D. i. *Quinaults* Schriften werden eben so geschätzt als *Boileau's*.

g) D. i. mein Grundsatz ist.

Troublent le ciel qui rit de leur scandales;
Que faire donc? à quel saint recourir?
Je n'en fais point. Il faut savoir souffrir.

Extrait d'une Epitre à Mademoiselle de Lubert.

De vos malheurs je fais toute l'histoire b):
L'Amour, l'Hymen ont trahi vos désirs.
Oubliez-les; ce n'est que les plaisirs
Dont nous devons conserver la mémoire.
Les maux passés ne sont plus de vrais maux;
Le présent seul est de notre apanage,
Et l'avenir peut consoler le sage,
Mais ne saurait altérer son repos.

b) La mère de M. de L. s'était opposée à son mariage avec M. le président R . . . .

Epitre au Prince Royal depuis Roi de Pruſſe 1736.

De l'uſage de la ſcience dans les princes.

Prince, il eſt peu de rois que les muſes inſtruiſent;
Peu ſavent éclairer les peuples qu'ils conduiſent.
Le ſang des *Antonins* ſur la terre eſt tari;
Car depuis ce héros de Rome ſi chéri,
Ce philoſophe-roi, ce divin *Marc-Aurèle*,
Des princes, des guerriers, des ſavans le modèle,
Quel roi, ſous un tel joug oſant ſe captiver
Dans les ſources du vrai fut jamais s'abreuver¹)?
Deux ou trois, tout tout au plus, prodiges dans l'hiſtoire,
Du nom de philoſophe ont mérité la gloire;
Le reſte eſt à vos yeux le vulgaire des rois,
Eſclaves des plaiſirs, fiers oppreſſeurs des lois,
Fardeaux de la nature, ou fléaux de la terre,
Endormis ſur le trône, ou lançant le tonnerre.
Le monde aux pieds des rois les voit ſous un faux jour:
Qui ſait régner ſait tout, ſi l'on en croit la cour

---

¹) D. i. Welcher König, ſeit *Marc-Aurèle*, hatte den Muth ſich das Joch (d. i. die ſchwere Pflicht) aufzulegen, daſs er bis zur Quelle der Wahrheit (d. i. bis zu den ewigen Grundwahrheiten, woraus alle übrigen abflieſſen, und die man nur durch ſcharfes und anhaltendes Nachdenken findet) vordränge, um aus ihr zu ſchöpfen.

Mais quel eſt en effet ce grand art politique,
Ce talent ſi vanté dans un roi deſpotique?
Tranquille ſur le trône, il parle, on obéit;
S'il ſourit, tout eſt gai, s'il eſt triſte, on frémit.
Quoi! régir d'un coup-d'oeil une foule ſervile,
Eſt-ce un poids ſi peſant, un art ſi difficile?
Non: mais fouler aux pieds la coupe de l'erreur,
Dont veut vous enivrer un ennemi flatteur,
Des prélats courtiſans k) confondre l'artifice,
Aux organes des lois l) enſeigner la juſtice,
Du ſéjour doctoral m) chaſſant l'abſurdité
Dans ſon ſein ténébreux placer la vérité;
Éclairer le ſavant, et ſoutenir le ſage:
Voilà ce que j'admire, et c'eſt-là votre ouvrage.
L'ignorance, en un mot, flétrit toute grandeur.

Du dernier roi d'Eſpagne un grave n) ambaſſadeur
De deux ſavans anglais reçut une prière.

k) V. dachte hier vielleicht zunächſt an die Beichtväter Ludwigs XIV, die ihm unter andern weiſs machten, er müſſe, für die Sünden ſeiner Jugend Gott zu verſöhnen, die Hugonotten verfolgen.

l) Die *Werkzeuge der Geſetze* ſind die Richter.

m) Die *Doktor*- oder *Lehrer-ſitze* ſind die Schulen, niedere und hohe.

n) Cette avanture ſe paſſa à Londres la première année du règne de *Charles* II roi d'Eſpagne.

Ils voulaient, dans l'école apportant la lumière
De l'air qu'un long cristal enferme en sa hauteur,
Aller au haut d'un mont marquer la pesanteur o).
Il pouvait les aider dans ce savant voyage;
Ils les prit pour des fous: lui seul était peu sage.
Que dirai-je d'un pape p) et de sept cardinaux,
D'un zèle apostolique unissant les travaux,
Pour apprendre aux humains dans leurs augustes
    codes
Que c'était un péché de croire aux antipodes?
Combien de souverains, chrétiens et musulmans,
Ont tremblé d'une éclipse, ont craint des talis-
    mans q)!

o) Il s'agissait de reconnaître la différence du poids de l'atmosphère au pied et au sommet de la montagne. Pour s'épargner l'embarras d'y transporter un baromètre on se proposait d'employer un siphon (einen Heber) dont une des branches serait bouchée à l'extrémité supérieure; le bras étant rempli de mercure qui doit être de niveau dans les deux branches au pied de la montagne. Au sommet le mercure se trouve plus haut dans la branche ouverte, et plus bas dans la branche fermée. La différence de niveau sert à connaître celle du poids de l'atmosphère. Plus la branche fermée (c'est à-dire le tube qui renferme l'air pris au pied de la montagne) est longue, plus l'expérience peut être exacte. Voilà pourquoi M. de V. dit *un long cristal*. Depuis qu'on sait construire des baromètres portatifs, on a cessé d'employer toute autre espèce d'instrument pour ces expériences.

p) Dieser Pabst hiefs *Zacharias* und lebte im achten Jahrhundert; und *Vergil* oder *Virgil* hiefs der Mann der behauptete, dafs es Antipoden gebe.

q) Ein T. hat gewöhnlich die Gestalt einer Münze und ist von Metall, mit einem Loche, wodurch ein Ring gezogen

Tout monarque indolent, dédaigneux de s'in-
  ſtruire,
Eſt le jouet honteux de qui veut le ſéduire.
Un aſtrologue ʳ), un moine, un chimiſte effronté,
Se font un revenu de ſa crédulité.
Il prodigue au dernier ſon or par avarice;
Il demanda au premier ſi Saturne propice,
D'un aſpect fortuné regardant le ſoleil,
L'appele à table, au lit, à la chaſſe, au conſeil;
Il eſt aux pieds de l'autre; et d'une ame ſoumiſe,
Par la crainte du diable, il enrichit l'égliſe.
Un pareil ſouverain reſſemble à ces faux dieux,
Vils marbres adorés, ayant en vain des yeux,
Et le prince éclairé, que la raiſon domine,
Eſt un vivant portrait de l'eſſence divine.
Je ſais que dans un roi, l'étude, le ſavoir,
N'eſt pas le ſeul mérite et l'unique devoir;
Mais qu'on me nomme enfin, dans l'hiſtoire ſacrée.
Le roi dont la mémoire eſt la plus révérée:
C'eſt ce bon *Salomon* que Dieu même éclaira,

wird, woran man den Talsman trägt, um ſich vor Miſsge-
ſchick zu ſchützen. Es ſteht eine Sonne, ein Mond, oder
ſonſt ein Stern, auch wol andere Figuren darauf.

r) Sterndeuter, d. i. der das Schikſal eines Menſchen in den
Sternen leſen zu können vorgibt. Ehmals glaubte man
allgemein an dieſe Kunſt, ſo wie an Hexerei und andere
Dinge, wovon man izt den Ungrund einſieht. — Die
Aſtrologie macht dem menſchlichen Verſtande eben ſo viel
Schande als die *Aſtronomie* ihm Ehre bringt.

Qu'on chérit dans Sion, que la terre admira,
Qui mérita des rois le volontaire hommage.
Son peuple était heureux, il vivait sous un sage:
L'abondance, à sa voix passant le sein des mers,
Volait pour l'enrichir des bouts de l'univers;
Comme à Londre, à Bordeaux, de cent voiles suivie
Elle apporte au printemps les tréfors de l'Asie.
Ce roi, que tant d'éclat ne pouvait éblouir,
Sut joindre à ses talens l'art heureux de jouir,
Ce font-là les leçons qu'un roi prudent doit suivre:
Le savoir en effet n'est rien sans l'art de vivre.
Qu'un roi n'aille donc point, épris d'un faux éclat,
Pâlissant sur un livre, oublier son état;
Que plus il est instruit, plus il aime la gloire.

De ce monarque anglais vous connoissez l'hi-
stoire.
Dans un fatal exil *Jacques* s) laissa périr
Son gendre infortuné t) qu'il eût pu secourir.
Ah! qu'il eût mieux valu, rassemblant ses armées,
Délivrer des Germains, les villes opprimées;
Venger de tant d'états les désolations,
Et tenir la balance entre les nations,

s) Jakob I. König von Grofsbrittannien.

t) Der Kurfürst von der Pfalz *Friedrich* V. der im dreissig-
jährigen Kriege erst zum König in Böhmen erwählt ward
und nachher alles verlor.

Que d'aller, des docteurs briguant les vains suf-
frages,
Au doux enfant *Jesus* u) dédier ses ouvrages!
Un monarque éclairé n'est pas un roi pedant:
Il combat en héros, il pense en vrai savant.
Tel fut ce *Julien* x) méconnu du vulgaire.
Philosophe et guerrier, terrible et populaire.
Ainsi ce grand *César*, soldat, prêtre, orateur.
Fut du peuple romain l'oracle et le vainqueur.
Il serait aujourd'hui votre modèle auguste;
Et votre exemple en tout, s'il avait été juste.

Epitre au Roi de Prusse.

En réponse à une lettre dont il honora l'auteur, à son avénement à la couronne y) 1740.

Quoi, vous êtes monarque, et vous m'aimez
encore.
Quoi, le premier moment de cette heureuse aurore,

---

u) Le roi J. fit un petit traité de théologie qu'il dédia à l'enfant *Jesus*.

x) Der bekannte Kaiser *Julian*, der Abtrünnige genannt.

y) Dieser Brief findet sich unter Friedrichs nachgelassenen Schriften. Hier ist er:
„Mon cher ami, mon sort a changé, et j'ai assisté aux
„derniers momens d'un roi, à son agonie et à sa mort

AU ROI DE PRUSSE.

Qui promet à la terre un jour si lumineux,
Marqué par vos bontés, met le comble à mes voeux!
O coeur toujours sensible! ame toujours égale!
Vos mains du trône à moi remplissent l'intervalle.
Citoyen couronné, des préjugés vainqueur,

„En parvenant à la royauté, je n'avais pas besoin assuré-
„ment de cette leçon pour être dégouté de la vanité et
„des grandeurs humaines. J'avais projeté un petit ou-
„vrage de métaphysique; il s'est changé en mes mains en
„ouvrage de politique. Je croyais jouter avec l'aimable
„Voltaire, et il me faut escrimer avec le *vieux Machiavel
„mitré* *). Enfin, mon cher Voltaire, nous ne sommes
„point maîtres de notre sort. Le tourbillon des évène-
„mens nous entraîne, et il faut se laisser entraîner. Ne
„voyez en moi, je vous prie, qu'un citoyen zélé, un
„philosophe un peu sceptique, mais un ami véritablement
„fidelle. Pour Dieu! ne m'écrivez qu'en homme, et mé-
„prisez avec moi les titres, le nom, et l'éclat extérieur."
„Jusqu'à présent il me reste à peine le temps de me
„reconnaître. J'ai des occupations infinies, et je m'en
„donne encore davantage; mais malgré tout ce travail il
„me reste toujours du temps assez pour admirer vos
„ouvrages, et pour puiser chez vous et des instructions
„et des délassemens. Assurez la marquise de mon estime,
„et que je l'admire autant, que ses vastes connaissances et
„la rare capacité de son esprit le méritent. Adieu, mon
„cher Voltaire. Si je vis, je vous verrai, et cela même
„cette année. Aimez-moi toujours, et soyez toujours
„sincère avec votre ami.

*) Ob er darunter den Pabst oder den Kaiser (denn *mitre*
 hiefs ehmals auch eine Mütze der Kaiserinnen versteht,
 und was für eine politische Schrift es ist, wovon er
 spricht, weifs ich nicht anzugeben. Der Kaiser Karl VI
 starb erst im October dieses Jahrs.

EPITRE.

Vous m'écrivez en homme, et parlez à mon coeur
Cet écrit vertueux, ces divins caractères
Du bonheur des humains sont les gages sincères.
Ah prince! ah digne espoir de nos coeurs capti‑
vés z)!
Ah! régnez à jamais comme vous écrivez.
Pourſuivez, rempliſſez des voeux ſi magnanimes:
Tout roi jure aux autels de réprimer les crimes;
Et vous, plus digne roi, vous jurez dans mes mains
De protéger les arts, et d'aimer les humains.

Et toi a), dont la vertu brilla perſécutée,
Toi qui prouvas un Dieu, mais qu'on nommait
athée,
Martyr de la raiſon, que l'envie en fureur
Chaſſa de ſon païs par les mains de l'erreur,
Reviens; il n'eſt plus rien qu'un philoſophe
craigne;
Socrate eſt ſur le trône, et la vérité règne.

Cet or qu'on entaſſait, ce pur ſang des états
Qui leur donne la mort en ne circulant pas,

z) Gefeſſelt nämlich an den neuen König.

a) Le Profeſſeur *Volf*, perſécuté comme athée par les théolo‑
giens de l'univerſité de Hall, chaſſé par *Frédéric* II *),
ſous peine d'être pendu, et fait chancelier de la même
univerſité, à l'avénement de Frédéric III.

*) Nach itziger Art zu zählen *Friedrich Wilhelm* I, ſo wie
nachher *Friedrich* III izt Friedrich II heißt.

Répandu par ſes mains, au gré de ſa prudence,
Va ranimer la vie, et porter l'abondance.
La ſanglante injuſtice expire ſous ſes pieds;
Déjà les rois voiſins ſont tous ſes alliés;
Ses ſujets ſont ſes fils, l'honnête homme eſt ſon frère;
Ses mains portent l'olive, et s'arment pour la guerre.
Il ne recherche point ces énormes ſoldats,
Ce ſuperbe appareil, inutile aux combats,
Fardeaux embarraſſans, coloſſes de la guerre b),
Enlevés c) à prix d'or aux deux bouts de la terre:
Il veut dans ſes guerriers le zèle et la valeur,
Et, ſans les meſurer, juge d'eux par le coeur.
Ainſi penſe le juſte, ainſi règne le ſage.
Mais il faut au grand homme un plus heureux partage;
Conſulter la prudence, et ſuivre l'équité,
Ce n'eſt encor qu'un pas vers l'immortalité.
Qui n'eſt que juſte eſt dur, qui n'eſt que ſage eſt triſte:
Dans d'autres ſentimens l'héroïsme conſiſte.
Le conquérant eſt craint, le ſage eſt eſtimé,
Mais le bienfeſant charme, et lui ſeul eſt aimé;

P 2

b) Die groſsen *Potsdamer*, die Friedrich Wilhelm I ſammelte.
c) Un de ces ſoldats, qu'on nommait Petit-Jean, avait été acheté vingt-quatre mille livres.

Lui feul eft vraiment roi, fa gloire eft toujours pure;
Son nom parvient fans tache à la race future.
A qui fe fait chérir faut-il d'autres exploits?
Trajan non loin du Gange enchaîna trente rois:
A peine a-t il un nom fameux par la victoire:
Connu par fes bienfaits, fa bonté fait fa gloire.
Jérufalem conquife, et fes murs abbattus
N'ont point éternifé le grand nom de *Titus* ;
Il fut aimé: voilà fa grandeur véritable.

O vous qui l'imitez! vous fon rival aimable!
Effacez le héros dont vous fuivez les pas:
Titus perdit un jour, et vous n'en perdrez pas.

Epitre à M. le comte de Maurepas. Miniftre d'état d).

Sur l'encouragement des arts. 1740.

Toi qui, mêlant toujours l'agréable à l'utile,
Des plaifirs aux travaux paffes d'un vol agile,

---

d) Cette pièce fut d'abord adreffée à M. le comte de *Maurepas*, enfuite elle reparut fous le titre: *à un miniftre d'état*. M. de *Voltaire* n'avait pu pardonner à M. de *Maurepas* de s'être réuni au théatin *Boyer* pour l'empêcher de fuccéder, à l'académie françaife, au cardinal de *Fleuri*: il crut devoir effacer fon nom, conferver l'épitre qui renfermait des leçons utiles, et laiffer fes lecteurs l'adreffer aux miniftres qu'ils croiraient la mériter.

A M. LE COMTE DE MAUREPAS.

Que j'aime à voir ton goût, par des soins bienfesans,
Encourager les arts à ta voix renaissans!
Sans accorder jamais d'injuste préférence,
Entre tous ces rivaux tiens toujours la balance.
De Melpomène en pleurs anime les accens;
De sa riante soeur chéris les agrémens;
Anime le pinceau, le ciseau, l'harmonie,
Et mets un compas d'or e) dans les mains d'Uranie.
Le véritable esprit sait se plier à tout:
On ne vit qu'à demi, quand on n'a qu'un seul goût.

Je plains tout être faible aveugle en sa manie,
Qui dans un seul objet confina son génie;
Et qui, de son idole adorateur charmé,
Veut immoler le reste au Dieu qu'il s'est formé.
Entends-tu murmurer ce sauvage algebriste,
A la démarche lente, au teint blême, à l'oeil triste,
Qui d'un calcul aride à peine encore instruit,
Sait que quatre est à deux, comme seize est à huit?
Il méprise *Racine*, il insulte à *Corneille*;
Lulli n'a point de sons pour sa pesante oreille;
Et *Rubens* vainement, sous ses pinceaux flatteurs,
De la belle nature assortit les couleurs.
Des xx redoublés admirant la puissance,

---

e) Der goldene Zirkel soll vielleicht nicht blofs die Ehre, sondern auch die Unterstützung an Geld bedeuten, deren die Sternkunde bedarf.

Il croit que *Varignon*f) fut feul utile en France;
Et s'étonne fur-tout qu'inspiré par l'amour,
Sans algèbre autrefois *Quinault* charmât la cour.

Avec non moins d'orgueil et non moins de folie
Un élève d'Euterpe, un enfant de Thalie,
Qui dans fes vers pillés nous répète aujourd'hui
Ce qu'on a dit cent fois, et toujours mieux que lui,
De fa frivole mufe admirateur unique,
Conçoit pour tout le refte un dégoût léthargique.
Prend pour des arpenteurs g) *Archimede* et *Newton*;
Et voudrait mettre en vers *Ariftote* et *Platon* h).

Ce boeuf qui pefamment rumine fes problêmes,
Ce papillon folâtre ennemi des fyftêmes,
Sont regardés tous deux avec un ris moqueur,
Par un bavard en robe i), apprenti chicaneur,
Qui de papiers timbrés barbouilleur mercenaire,
Vous vend pour un écu fa plume et fa colère k).

 f) Géomètre médiocre et qui n'était que cela.

 g) Feldmeffer, wozu man nicht den tief-forfchenden Geift eines A. und N. nötig hat, fondern nur die Anfangsgründe der Mefskunft gut inne haben mufs.

 h) Weil er nämlich nichts als Verfe mag und folglich A. und P. unfchmackhaft findet.

 i) Ein Wäfcher von Advocat.

 k) D. i. er thut im Namen deffen, wofür er fchreibt, recht böfe, wann nämlich diefer fich über etwas zu befchweren hat.

A M. LE COMTE DE MAUREPAS. 343

Pauvres fous, vains esprits, s'écrie avec hauteur
Un ignorant fourré ¹) fier du nom de docteur,
Venez à moi, laissez *Massillon*, *Bourdaloue* ᵐ),
Je veux vous convertir; mais je veux qu'on me loue.
Je divise en trois points le plus simple des cas;
J'ai, vingt ans, sans l'entendre, expliqué saint *Thomas* ⁿ).
Ainsi ces charlatans, de leur art idolâtres,
Attroupent un vain peuple aux pieds de leurs théâtres.
L'honnête homme est plus juste, il approuve en autrui
Les arts et les talens qu'il ne sent point en lui.

On conte que l'époux de la célèbre Hortense °)
Signala plaisamment sa sainte extravagance;
Craignant de faire un choix par sa faible raison

---

l) Der Kleidung mit Pelz gefüttert trägt, wie ehmals die Herren von der Universität in Paris.

m) Zwei berühmte Kanzelredner.

n) Stifter einer Theologen-partei unter den Katholiken, deren eigenthümliches hauptsächlich in der Lehre von der *Gnade* besteht.

o) Le duc de *Mazarin*, mari d'*Hortense Mancini*, fesait tous les ans une lotterie de plusieurs emplois de sa maison; et ce qu'on rapporte ici à un fondement très-véritable.

Il tirait aux trois dés les rangs de fa maifon.
Le fort, d'un poftillon fefait un fecretaire;
Son cocher étonné devint homme d'affaire;
Un docteur hibernois, fon très-digne p) aumônier,
Rendit grâce au deftin qui le fit cuifinier.
On a vu quelquefois des choix auffi bizarres.

Il eft beaucoup d'emplois, mais les talens font
rares.
Si dans Rome avilie un empereur q) brutal
Des faisceaux d'un conful honora fon cheval,
Il fut cent fois moins fou que ceux dont l'imprudence
Dans d'indignes mortels a mis fa confiance,
L'ignorant a porté la robe de *Cujas* r);
La mitre a décoré des têtes de *Midas* s);
Et tel au gouvernail t) a préfidé fans peine,
Qui, la rame à la main, dut fervir à la chaîne u).

p) Hochwürdiger.

q) Kaligula.

r) Ein berühmter Rechtsgelehrter.

s) Bekannt durch die Efels-ohren, welche ihm Apoll anheftete, fein fchlechtes mufikalifches Gehör dadurch zu bezeichnen, und die er lange unter einer Mütze (mitra) verfteckt hielt, bis fein Barbier fie entdeckte.

t) Am Ruder des Staats.

u) Der Galeeren-fclave feyn mufste.

Le mérite est caché. Qui sait si de nos temps
Il n'est point, quoi qu'on dise, encor quelques talens.
Peut-être qu'un Virgile, un Cicéron sauvage x)
Est chantre de paroisse ou juge de village.
Le sort, aveugle roi des aveugles humains,
Contredit la nature et détruit ses desseins:
Il affaiblit ses traits, les change ou les efface.
Tout s'arrange au hasard, et rien n'est à sa place.

Extrait d'une Epitre au Roi de Prusse.
1744.

Ceux qui sont nés sous un monarque
Font tous semblant de l'adorer.
Sa majesté, qui le remarque,
Fait semblant de les honorer;
Et de cette fausse monnoie
Que le courtisan donne au roi,
Et que le prince lui renvoie,
Chacun vit, ne songeant qu'à soi y)

---

x) Roh, nicht ausgebildet.

y) Beide, der Prinz und sein Höfling, denken nur an sich, indem sie jene falsche Münze (die Schmeichelei) gegen einander austauschen. Aber, heißt es nun weiter, kann man es auch auf Rechnung des Eigennutzes schreiben, wann *Voltaire*, der von *Friedrich* 150 Meilen entfernt ist, und nichts von ihm zu hoffen oder zu fürchten hat, sich

Mais lorsque la philosophie,
La féduisante poésie,
Le goût, l'esprit, l'amour des arts
Rejoignent sous leurs étendards,
A trois cents milles de distance,
Votre très-royale éloquence,
Et mon goût pour tous vos talens;
Quand, sans crainte et sans espérance,
Je sens en moi tous vos penchans;
Et lorsqu'un peu de confidence
Resserre encor ces noeuds charmans,
Enfin lorsque Berlin attire
Tous mes sens à Cirey*) féduits:
Alors ne pouvez-vous pas dire:
On m'aime, tout roi que je suis?

Epitre à Madame Denis, nièce de l'auteur.

La vie de Paris et de Versailles.

Vivons pour nous, ma chère *Rosalie*;
Que l'amitié, que le sang qui nous lie

zu Friedrichs Geschmack an Filosofie, Poesie u. s. w. bekennt. — Anstatt zu sagen: Filosofie u. s. w. vereinigen *dich* und *mich* unter ihre Fahnen, sagt er: *deine hoch-königliche Beredsamkeit* und *meinen Geschmack an deinen Talenten*, d. i. an allem, worin du Meister bist.

*) Wo er mit Madame du Chatelet wohnte.

Nous tienne lieu du reste des humains:
Ils sont si sots, si dangereux, si vains!
Ce tourbillon, qu'on appelle le monde,
Est si frivole, en tant d'erreurs abonde,
Qu'il n'est permis d'en aimer le fracas
Qu'à l'étourdi qui ne le connaît pas.

Après dîné, l'indolente *Glycère*
Sort pour sortir, sans avoir rien à faire;
On a conduit son insipidité
Au fond d'un char, où montant de côté,
Son corps pressé gémit sous les barrières
D'un lourd panier qui flotte aux deux portières;
Chez son amie au grand trot elle va,
Monte 2) avec joie, et s'en repent déjà,
L'embrasse, et bâille, et puis dit: Madame,
J'apporte ici tout l'ennui de mon ame;
Joignez un peu votre inutilité
A ce fardeau de mon oisiveté.
Si ce ne sont ses paroles expresses,
C'en est le sens. Quelques feintes caresses,
Quelques propos sur le jeu, sur le temps,
Sur un sermon, sur le prix des rubans,
Ont épuisé leurs ames excédées;
Elles chantaient déjà, faute d'idées.
Dans le néant leur coeur est absorbé,

---

2) Geht die Treppe hinauf.

Quand dans la chambre entre monsieur l'abbé,
Fade plaisant, galant escroc, et prêtre,
Et du logis pour quelques mois le maître a).

Vient à la piste un fat en manteau b) noir,
Qui se rengorge et se lorgne au miroir.
Nos deux pédans sont tous deux sûrs de plaire;
Un officier arrive et les fait taire,
Prend la parole, et conte longuement
Ce qu'à Plaisance c) eût fait son régiment,
Si par malheur on n'eût pas fait retraite,
Il vous le mêne au col d) de la Boquette;
A Nice, au Var, à Digne il le conduit:
Nul ne l'écoute, et le cruel poursuit.
Arrive *Isis*, dévote au maintien triste,
A l'air fournois. Un petit janséniste,
Tout plein d'orgueil et de saint *Augustin* e),
Entre avec elle en lui serrant la main,

a) D. i. der den Ton angibt.

b) Die ehemalige Tracht der Rechtsgelehrten.

c) Ein Ort in Italien, so wie nachher B. N. D. *Var*, ein Fluss.

d) Ein enger Pass.

e) Ein bekannter Kirchenvater des vierten Jahrhunderts, der die Erbsünde und die Gnade in den christlichen Glauben gebracht hat, und auf den die Jansenisten — eine bekannte Partei, und geschworne Feinde der Jesuiten — viel hielten.

A MADAME DENIS.

D'autres oiseaux de différent plumage,
Divers de goût, d'instinct et de ramage,
En sautillant font entendre à la fois
Le gazouillis de leurs confuses voix:
Et dans les cris de la folle cohue,
La médisance est à peine entendue.
Ce chamaillis de cent propos croisés
Ressemble aux vents l'un à l'autre opposés.
Un profond calme, un stupide silence,
Succède au bruit de leur impertinence:
Chacun redoute un honnête entretien;
On veut penser, et l'on ne pense à rien.
O roi David *), ô ressource assurée!
Viens ranimer leur langueur désoeuvrée!
Grand roi David, c'est toi dont les sixains
Fixent l'esprit et le goût des humains;
Sur un tapis dès qu'on te voit paraître,
Noble, bourgeois, clerc, prélat, petit-maître,
Femme sur-tout, chacun met son espoir
Dans tes cartons peints de rouge et de noir;
Leur ame vide est du moins amusée
Par l'avarice en plaisir déguisée.
 De ces exploits le beau monde occupé
Quitte à la fin le jeu pour le soupé;

---

*) Wenn man, in Frankreich, ein Spiel Karten öffnet, so ist die umgeschlagene Karte immer der Pik könig. Man kauft die Spiele par *sixains*, bei halben Dutzenden, und die Spieltische sind gewöhnlich mit grünem Tuch beschlagen.

Chaque convive en liberté deploie
A fon voifin fon infipide joie.
L'homme machine, esprit qui tient du corps,
En bien mangeant remonte fes refforts;
Avec le fang l'ame fe renouvelle,
Et l'eftomac gouverne la cervelle.
Ciel! quels propos! ce pédant du palais g)
Blâme la guerre, et fe plaint de la paix,
Ce vieux *Créfus*, en fablant du champagne,
Gémit des maux que fouffre la campagne;
Et coufu d'or, dans le luxe plongé,
Plaint le païs de tailles furchargé.
Monfieur l'abbé vous entame une hiftoire,
Qu'il ne croit point, et qu'il veut faire croire;
On l'interrompt par un propos du jour,
Qu'un autre conte interrompt à fon tour.
De froids bon-mots, des équivoques fades,
Des quolibets et des turlupinades,
Un rire faux que l'on prend pour gaîté,
Font le brillant de la fociété.

   C'eft donc ainfi, troupe abfurde et frivole,
Que nous ufons de ce temps qui s'envole;
C'eft donc ainfi que nous perdons des jours,
Longs pour les fots, pour qui penfe fi courts.
   Mais que ferai-je? où fuir loin de moi-même?
Il faut du monde; on le condamne, on l'aime;

---

   g) *Palais* ift das Parlements- oder Richthaus, daher *gens de palais* die Richter und Advokaten.

On ne peut vivre avec lui ni fans lui;
Notre ennemi le plus grand, c'eſt l'ennui.
Tel qui chez foi ſe plaint d'un fort tranquille
Vole à la cour, dégouté de la ville.
Si dans Paris chacun parle an hazard,
Dans cette cour on ſe tait avec art;
Et de la joie ou fauſſe ou paſſagère,
On n'a pas même une image légère.
Heureux qui peut de ſon maitre approcher!
Il n'a plus rien déformais à chercher.
Mais *Jupiter* au fond de l'empyrée
Cache aux humains ſa préſence adorée h)
Il n'eſt permis qu'à quelques demi-dieux
D'entrer le ſoir aux cabinets des cieux i).
Faut-il aller, confondu dans la preſſe
Prier les dieux de la ſeconde eſpèce k),
Qui des mortels font le mal ou le bien?
Comment aimer des gens qui n'aiment rien,
Et qui portés ſur ces rapides ſphères l),
Que la fortune agite en ſens contraires,
L'eſprit troublé de ce grand mouvement,
N'ont pas le temps d'avoir un ſentiment?

h) D. h. der König läſst ſich vor unſer einem nicht ſehen.

i) D. h. zu ihren Abendgeſellſchaften zugelaſſen werden.

k) Die Günſtlinge und Miniſter.

l) Die Stellen, welche ſie durch die wandelbare Gunſt der Groſsen bekleiden.

A leur lever preſſez-vous pour attendre,
Pour leur parler ſans vous en faire entendre,
Pour obtenir après trois ans d'oubli,
Dans l'antichambre un refus très-poli.
Non, dites-vous, la cour ni le beau monde
Ne ſont point faits pour celui qui les fronde.
Fuis pour jamais ces puiſſans dangereux;
Fuis les plaiſirs, qui ſont trompeurs comme eux;
Bon citoyen, travaille pour la France,
Et du public attends ta récompenſe.
Qui? le public! ce fantôme inconſtant,
Monſtre à cent voix, Cerbère dévorant,
Qui flatte et mord, qui dreſſe par ſottiſe
Une ſtatue, et par dégoût la briſe?
Tyran jaloux de quiconque le ſert,
Il profana la cendre de *Colbert* m);
Et prodigant l'inſolence et l'injure,
Il a flétri la candeur la plus pure.
Il juge, il loue, il condamne au hazard
Toute vertu, tout mérite et tout art.
C'eſt lui qu'on vit de critiques avide,
Déshonorer le chef-d'œuvre d'Armide n)
Et pour Judith, Pirame et Régulus,

---

m) Man wollte den Leichnam dieſes berühmten Finanzminiſters wieder ausgraben um ihn zu miſshandeln.

n) Eine Oper von *Gluck*.

A MADAME DENIS.

Abandonner Phèdre et Britannicus o);
Lui, qui dix ans proscrivit Athalie p),
Qui, protecteur d'une scène avilie,
Frappant des mains, bat à tort à travers
Au mauvais sens qui hurle en mauvais vers.

Mais il revient, il répare sa honte,
Le temps l'éclaire : oui, mais la mort plus prompte
Ferme mes yeux dans ce siècle pervers,
En attendant que les siens soient ouverts.
Chez nos neveux on me rendra justice;
Mais moi vivant il faut que je jouisse.
Quand dans la tombe un pauvre homme est inclus,
Qu'importe un bruit, un nom qu'on n'entend plus ?
L'ombre de *Pope* avec les rois repose q);
Un peuple entier fait son apothéose,
Et son nom vole à l'immortalité:
Quand il vivait il fut persécuté.

Ah! cachons-nous; passons avec les sages
Le soir serein d'un jour mêlé d'orages;

o) Zwei der schönsten Trauerspiele von Racine. Hingegen J. P. u. R. sind sehr mittelmäsige Stücke von andern Verfassern.

p) Auch ein Stück von Racine.

q) Der engländische Dichter *Pope* ist in der Westmünsterkirche begraben.

Et dérobons à l'oeil de l'envieux
Le peu de temps que me laissent les dieux.
Tendre amitié, don du ciel, beauté pure,
Porte un jour doux dans ma retraite obscure !
Puissé-je vivre et mourir dans tes bras,
Loin du méchant qui ne te connaît pas,
Loin du bigot dont la peur dangereuse
Corrompt la vie et rend la mort affreuse !

Epitre à M. le Président Henault.

Lunéville, novembre 1748.

Vous qui de la chronologie
Avez reformé les erreurs ;
Vous dont la main cueillit les fleurs
De la plus belle poésie ;
Vous qui de la philosophie
Avez sondé les profondeurs,
Malgré les plaisirs séducteurs,
Qui partagèrent votre vie,
Henault, dites-moi, je vous prie,
Par quel art, par quelle magie,
Parmi tant de succès flatteurs,
Vous avez désarmé l'Envie ;
Tandis que moi, placé plus bas,
Qui devrais être inconnu d'elle,
Je vois chaque jour la cruelle

A M. LE PRESIDENT HENAULT.

Verfer fes poifons fur mes pas?
Il ne faut point s'en faire accroire [r]);
J'eus l'air de vouloir [s]) m'afficher
Aux murs du temple de mémoire:
Aux fots vous fûtes vous cacher.
Je parus trop chercher la gloire,
Et la gloire vint vous chercher.

Qu'un chêne, l'honneur d'un bocage,
Domine fur mille arbriffeaux,
On refpecte fes verds rameaux,
Et l'on danfe fous fon ombrage:
Mais que du tapis d'un gazon
Quelque brin d'herbe ou de fougère
S'élève un peu fur l'horizon,
On l'en arrache avec colère [t]).
Je plains le fort de tout auteur,
Que les autres ne plaignent guères:
Si dans fes travaux littéraires
Il veut goûter quelque douceur,
Que des beaux esprits ferviteur [u])

---

r) Man mufs fich nicht felbft täufchen, man mufs fich feine Fehler frei geftehn.

s) Ich fah darnach aus als wollte ich — —.

t) Henault foll, in diefem Gleichnifs die Eiche feyn.

u) So nehme er von den fchönen Geiftern Abfchied. *Serviteur!* fagt man beim Weggehen.

Il évite ses chers confrères.
Montagne, cet auteur charmant,
Tour à tour profond et frivole,
Dans son château paisiblement,
Loin de tout frondeur malévole,
Doutait de tout impunément,
Et se moquait très-librement
Des bavards fourrés de l'école. —
Mais quand son élève *Charron*
Plus retenu, plus méthodique.
De sagesse donna leçon x),
Il fut près de périr, dit-on,
Par la haine théologique.
Les lieux, les temps, l'occasion,
Font votre gloire ou votre chute.
Hier on aimait votre nom,
Aujourd'hui l'on vous persécute.
La Grèce à l'insensé *Pyrrhon* y)
Fait élever une Statue;
Socrate prêche la raison,
Et *Socrate* boit la ciguë.

Heureux qui dans d'obscurs travaux
A soi-même se rend utile!

---

x) Sein Buch führt den Titel: *de la sagesse.*

y) Ein bekannter Zweifler, dem man viele närrische Dinge nachsagt, z. B. dass er blind auf alles zugerennt sei, auf Feuer, Wasser u. s. w. weil ja die Sinne trögen.

Il faudrait pour vivre tranquille,
Des amis et point de rivaux.
La gloire est toujours inquiéte;
Le bel esprit est un tourment;
On est dupe de son talent;
C'est comme une épouse coquette,
Il lui faut toujours quelque amant.
Sa vanité, qui vous obsède,
S'expose à tout imprudemment;
Elle est des autres l'agrément,
Et le mal de qui la possède.

Mais finissons ce triste ton:
Est-il si malheureux de plaire?
L'envie est un mal nécessaire,
C'est un petit coup d'aiguillon,
Qui vous force encore à mieux faire.
Dans la carriére des vertus
L'ame noble en est excitée,
Virgile avoit son *Mévius* [z]),
Hercule avait son *Euryfthée* [a]).
Que m'importent de vains discours,
Qui s'envolent et qu'on oublie?

---

[z]) Ein schlechter Dichter, der sich herausnahm, Virgil und Horaz zu meistern.

[a]) Der auf Anstiften der Juno, um den Hercules wo möglich ums Leben zu bringen, ihn allerhand Ungeheuer, z. B die Hider, bekämpfen hiefs.

Je coule ici mes heureux jours
Dans la plus tranquille des cours,
Sans intrigue, fans jaloufie
Auprès d'un roi fans courtifans b),
Près de *Boufflers* et d'*Emilie* c);
Je les vois et je les entends:
Il faut bien que je faffe envie.

Extrait d'une Epitre au Roi de Pruffe.
1751 d).

Blaife *Pafcal* e) a tort, il en faut convenir,
Ce pieux mifantrope, *Héraclite* fublime,
Qui penfe qu'ici-bas tout eft mifère et crime,
Dans fes trifles accès ofe nous maintenir

---

b) Stanislaus, ehmals König von Polen.

c) Zwei Damen von vielem Geift, die fich zugleich mit V. eine Zeitlang bei dem K. Stanislaus aufhielten, wo die Eine, *Emilie*, d. i. Mad. *du Chatelet* ftarb.

d) Diefer Brief ift mehrmals unter dem Titel *les deux tonneaux* gedruckt worden.

e) Ein berühmter Denker, deffen *Penfées* bekannt find. Er ward milzfüchtig und andächtelnd in den lezten Jahren feines, nicht langen, Lebens, darum nennt ihn V. den frommen Menfchenfeind; und den *erhabenen Heraklit* nennt er ihn, weil er über erhabene Gegenftände, Gott, Welt, Menfchheit, einfam und trauernd, wie jener alte Grieche, nachdachte.

AU ROI DE PRUSSE.

Qu'un roi que l'on amuse, et même un roi qu'on aime,
Dès qu'il n'est plus environné,
Dès qu'il est réduit à lui-même,
Est de tous les mortels le plus infortuné.
Il est le plus heureux, s'il s'occupe et s'il pense.
Vous le prouvez très-bien, car loin de votre cour,
En hibou fort souvent renfermé tout le jour,
Vous percez d'un oeil d'aigle en cet abyme immense
Que la philosophie ouvre à nos faibles yeux ;
Et votre esprit laborieux,
Qui fait tout observer, tout orner, tout connaître,
Qui se connaît lui même et qui n'en vaut que mieux,
Par ce mâle exercice augmente encor son être.
Travailler est le lot et l'honneur d'un mortel.
Le repos est, dit-on, le partage du ciel.
Je n'en crois rien du tout : quel bien imaginaire
D'être les bras croisés pendant l'éternité !
Est-ce dans le néant qu'est la félicité ?
Dieu serait malheureux, s'il n'avait rien à faire ;
Il est d'autant plus Dieu, qu'il est plus agissant.
Toujours, ainsi que vous, il produit quelque ouvrage.

* * *

Il a deux gros tonneaux, d'où le bien et le mal
Descendent en pluie éternelle

Sur cent mondes divers et fur chaque animal;
Les fots, les gens d'esprit, et les fous et les fages,
Chacun reçoit fa dofe, et le tout eft égal.
On prétend que de Dieu les rois font les images:
  Les Anglais penfent autrement,
  Ils difent en plein parlement
Qu'un roi n'eft pas plus Dieu que le pape infaillible.
  Mais il eft pourtant très-plaufible,
Que ces puiffans du fiècle, un peu trop adorés,
A la faibleffe humaine ainfi que nous livrés,
Reffemblent en un point à notre commun maître:
C'eft qu'ils font comme lui le mal et le bien être;
Ils ont les deux tonneaux. Bouchez-moi pour
    jamais
Le tonneau des dégoûts, des chagrins, des ca-
    prices,
Dont on voit tant de cours s'abreuver à longs traits.
  Répandez de pures délices.
Sur votre peu d'élus à vos banquets f) admis;
Que leurs fronts foient fereins, que leurs coeurs
    foient unis;
Au feu de votre esprit que notre esprit s'éclaire;
Que fans empreffement nous cherchions à vous
    plaire;
  Qu'en dépit de la majefté
  Notre agréable liberté,

---

f) Friedrichs Abendmahlzeiten, wo er fich in der Gefellfchaft von *Voltaire*, *d'Argens* u. a. erheiterte.

AU ROI DE PRUSSE.

Compagne du plaisir, mère de la saillie,
    Assaisonne avec volupté
    Les ragoûts de votre ambrosie g).
Les honneurs rendent vains, le plaisir rend heureux;
    Versez les douceurs de la vie
    Sur votre olympe sablonneux h),
Et que le bon tonneau soit à jamais sans lie.

Epitre à Madame Denis.
Sur l'agriculture, 1761.

Qu'il est doux d'employer le déclin de son âge
Comme le grand *Virgile* occupa son printemps!
Du beau lac de Mantoue il aimait le rivage:
Il cultivait la terre, et chantait ses présens;
Mais bientôt ennuyé des plaisirs du village,
D'Alexis et d'Aminte il quitta le séjour,
Et malgré *Mévius* il parut à la cour.

    C'est la cour qu'on doit fuir, c'est aux champs
                qu'il faut vivre.
Dieu du jour, Dieu des vers, j'ai ton exemple à
                suivre;

---

  g) Deine Götter-mahle.
  h) Auf deinen sandigen Thron. Die Mark Brandenburg wird, wegen ihres vielen Sandes, im Scherz des heiligen R. Reichs Sandbüchse genannt.

Tu gardas les troupeaux, mais c'était ceux d'un
     roi i):
Je n'aime les moutons que quand ils font à moi.
L'arbre qu'on a planté rit plus à notre vue
Que le parc de Verfaille et fa vafte étendue.
Le normand k) *Fontenelle*, au milieu de Paris,
Prêta des agrémens au chalumeau champêtre;
Mais il vantait des foins qu'il craignait de connaître,
Et de fes faux bergers l) il fit de beaux esprits.
Je veux que le coeur parle, ou que l'auteur fe taife:
Ne célébrons jamais que ce que nous aimons.
En fait de fentiment l'art n'a rien qui nous plaife;

 i) *Admet's*, Königs von Theffalien.

 k) M. de V. a donné à *Fontenelle* l'épithète de *normand* (d. i. eines Menfchen, der nicht mit der Sprache heraus will, verfteckt.) dans cette pièce comme dans l'épitre au roi de Pruffe: *Blaife Pascal a tort* (die Stelle ift in dem obigen Auszuge aus diefer épitre nicht befindlich.) Il a fubftitué auffi dans *le temple du goût*, le *discret Fontenelle* au *fage* Fontenelle des premières éditions: c'eft que le fage Fontenelle n'avait pas contre les préjugés la haine active de M. de V.; qu'il le laiffa combattre feul, cachant avec foin aux ennemis de la raifon le mépris qu'il avait pour eux, et ne s'intéreffant point affez à la vérité ou à fes apôtres pour risquer de fe brouiller avec les perfécuteurs.

 l) *Théocrite* et *Virgile* étaient à la campagne ou en venaient quand ils firent des églogues. Ils chantèrent les moiffons qu'ils avaient fait naître, et les troupeaux qu'ils avaient conduits. Cela donnait à leurs bergers un air de vérité qu'ils ne peuvent guère avoir dans les rues de Paris. Auffi les églogues de F. furent des madrigaux galans.

A MADAME DENIS.

Ou chantez vos plaisirs m), ou quittez les chansons;
Ce sont des faussetés, et non des fictions.

    Mais quoi! loin de Paris se peut-il qu'on respire?
Me dit un petit-maître, amoureux du fracas.
Les plaisirs dans Paris voltigent sur nos pas;
On s'oublie, on espère, on jouit, on désire;
Il nous faut du tumulte, et je sens que mon coeur,
S'il n'est pas enivré, va tomber en langueur.

    Attends, bel étourdi, que les rides de l'âge
Mûrissent ta raison, sillonnent ton visage,
Que *Gauffin* n) t'ait quitté, qu'un ingrat t'ait trahi,
Qu'un *Bernard* t'ait volé, qu'un jaloux hypocrite
T'ait noirci des poisons de sa langue maudite,
Qu'un opulent fripon, de ses pareils haï,
Ait ravi des honneurs qu'on enlève au mérite:
Tu verras qu'il est bon de vivre enfin pour soi,
Et de savoir quitter le monde qui nous quitte.

    Mais vivre sans plaisirs, sans faste, sans emploi!
Succomber sous le poids d'un ennui volontaire!

---

m) Das was ihr selbst empfunden habt, was ihr also nicht blos von hören-sagen kennt.

n) *Gauffin* und *Bernard*, vermuthlich verrätherische Freunde, die V. für sehr treu gehalten hatte.

De l'ennui! penses tu que, retiré chez toi,
Pour les tiens, pour l'état tu n'as plus rien à faire?
La nature t'appelle, apprends à l'observer;
La France a des déserts, ose les cultiver;
Elle a des malheureux; un travail nécessaire,
Ce partage de l'homme, et son consolateur,
En chassant l'indigence amène le bonheur;
Change en épis dorés, change en gras pâturages
Ces ronces, ces roseaux, ces affreux marécages.
Tes vassaux languissans qui pleuraient d'être nés,
Qui redoutaient sur-tout de former leurs sembla-
 bles,
Et de donner le jour à des infortunés,
Vont se lier gaiment par des noeuds désirables.
D'un canton désolé l'habitant s'enrichit;
Turbilli °) dans l'Anjou t'imite et t'applaudit.
Bertin, qui dans son roi voit toujours sa patrie,
Prête un bras secourable à ta noble industrie.

°) Le marquis de *Turbilli* auteur d'un ouvrage sur les défrichemens (das Urbarmachen) qui avait alors quelque célébrité. M. *Bertin*, controleur-général (Chef des Finanzwesens), depuis ministre, avait institué des sociétés d'agriculture dans chaque généralité (ein Bezirk in Absicht auf die Hebung der Steuern. Dieser Bezirke gab es ehmals 25 in Frankreich), M. M. *Trudaine*, intendans des finances, ont été du petit nombre des magistrats qui ont véritablement aimé les sciences et les arts. Ils ont beaucoup contribué aux progrès que les manufactures et le commerce ont faits en France sous le règne de *Louis* XV. Le fils était un des hommes de l'Europe les plus instruits des vrais principes et des détails de l'administration des états.

Trudaine fait affez que le cultivateur
Des refforts de l'état eft le premier moteur,
Et qu'on ne doit pas moins, pour le foutien du trône,
A la faulx de Cèrès qu'au fabre de Bellone.
J'aime affez faint *Benoît* p): il prétendit du moins
Que fes enfans tondus, chargés d'utiles foins,
Méritaffent de vivre en guidant la charrue;
En creufant des canaux, en défrichant des bois;
Mais je fuis peu content du bon homme *François* q).
Il crut qu'un vrai chrétien doit gueufer dans la rue,
Et voulut que fes fils, robuftes fainéans,
Fiffent ferment à Dieu de vivre à nos dépens.

---

p) *Benedict* ou *Benoft* (Stifter des Benediciner-ordens) voulut que les mains de fes moines cultivaffent la terre. Elles ont été employées à d'autres travaux, à donner des éditions des Pères, à les commenter, à copier d'anciens titres, et à en faire. Plufieurs de leurs abbés réguliers font devenus évêques; plufieurs ont eu des richeffes immenfes. — Der Orden befteht fchon über 1300 Jahr.

q) *François d'Affife* (Stifter des Franciskaner-ordens) en inftituant les mendians, fit un mal beaucoup plus grand. Ce fut un impôt exorbitant mis fur le pauvre peuple, qui n'ofa refufer fon tribut d'aumône à des moines qui difaient la meffe et qui confeffaient: de forte qu'encore aujourd'hui, dans les pais catholiques romains, le paffan, après avoir payé le roi, fon feigneur et fon curé, eft encore forcé de donner le pain de fes enfans à des cordeliers et à des capucins.

Dieu veut que l'on travaille et que l'on s'évertue;
Et le fot mari d'*Eve* au paradis d'Eden
Reçut un ordre exprès d'arranger son jardin.
C'est la première loi donnée au premier homme,
Avant qu'il eût mangé la moitié de sa pomme.
Mais ne détournons point nos mains et nos regards,
Ni des autres emplois, ni sur-tout des beaux arts.
Il est des temps pour tout; et lorsqu'en mes vallées,
Qu'entoure un long amas de montagnes pelées,
De quelque malheureux ma main sèche les pleurs,
Sur la scène à Paris j'en fais verser peut-être;
Dans Versaille étonné j'attendris de grands coeurs,
Et, sans croire approcher de *Racine* mon maître,
Quelquefois je peux plaire, à l'aide de *Clairon* r).
Au fond de son bourbier je fais rentrer *Fréron* s).
L'archidiacre *Trublet* t) prétend que je l'ennuie;
La représaille est juste u); et je fais à propos
Confondre les pervers, et me mocquer des sots.
En vain sur son crédit un délateur s'appuie;
Sous son bonnet quarré x), que ma main jette à bas,

---

r) Eine berühmte Schauspielerin.

s) Herausgeber eines gelehrten Tagebuchs, der mit V. in Feindschaft lebte.

t) Verfasser der Essais de Littérature, der gesagt hatte, dass Voltaire's Schriften ihm Langeweile machten.

u) D i ich versichere Tr., dass seine Schriften mir auch Langeweile machen.

x) Doktor-hut; auch der Ehren-hut der Geistlichen. Einer von diesen, der Bischof *Biord* von Annecy, hatte V. als ei-

Embellissez mes jours ainsi que mes déserts,
Soutenez mes travaux et ma philosophie:
Vous cultivez les arts, les arts vous ont suivie.
Le sang du grand *Corneille* i), élévé sous vos yeux,
Apprend par vos leçons à mériter d'en être.
Le père de Cinna vient m'instruire en ces lieux k):
Son ombre entre nous trois aime encore à paraître.
Son ombre nous console, et nous dit qu'à Paris,
Il faut abandonner la place aux *Scudéris* l).

Extrait d'une Epitre à Mademoiselle Clairon.
1765.

Le sublime en tout genre est le don le plus rare;
C'est-là le vrai phénix; et sagement avare
La nature a prévu qu'en nos faibles esprits
Le beau, s'il est commun, doit perdre de son prix.
La médiocrité couvre la terre entière;
Les mortels ont à peine une faible lumière,
Quelques vertus sans force, et des talens bornés.
S'il est quelques esprits par le ciel destinés
A s'ouvrir des chemins inconnus au vulgaire,

---

i) Eine Enkelin von *P. Corneille*, die bei V. erzogen ward.

k) V. schrieb einen Kommentar über Corneille.

l) Mademoiselle *Scuderi* schrieb im vorigen Jahrhundert geschmacklose Romane, die aber doch vielgelesen wurden.

A franchir des beaux arts la limite ordinaire,
La nature est alors prodigue en ses présens:
Elle égale dans eux les vertus aux talens.
Le souffle du génie et ses fécondes flammes
N'ont jamais descendu que dans de nobles ames;
Il faut qu'on en soit digne, et le coeur épuré
Est le seul aliment de ce flambeau sacré.
Un esprit corrompu ne fut jamais sublime.

Epitre à M. de Saint-Lambert. 1769.

Chantre de vrais plaisirs, harmonieux émule
Du pasteur de Mantoue [m]) et du tendre *Tibulle*,
Qui peignez la nature et qui l'embellissez,
Que vos saisons [n]) m'ont plu! que mes sens émoussés
A votre aimable voix se sentirent renaître!
Que j'aime, en vous lisant, ma retraite champêtre!
Je fais depuis quinze ans tout ce que vous chantez.
Dans ces champs malheureux si long temps désertés,
Sur les pas du travail j'ai conduit l'abondance;
J'ai fait fleurir la paix, et régner l'innocence.

---

[m]) *Virgil.* — *Tibull*, auch ein lateinischer Dichter, besang die Liebe.

[n]) Titel eines Gedichts von *S. Lambert.*

A MADAME DENIS.

Je decouvre en riant la tête de *Midas*.
J'honore *Diderot* y), malgré la calomnie;
Ma voix parle plus haut que les cris de l'envie;
Les échos des rochers qui ceignent mon défert,
Répètent après moi le nom de d'*Alembert*.
Un philofophe est ferme, et n'a point d'artifice;
Sans espoir et fans crainte il fait rendre justice;
Jamais adulateur, et toujours citoyen,
A fon prince attaché fans lui demander rien,
Fuyant des factions les brigues ennemies
Qui fe gliffent par fois dans nos académies z),
Sans aimer *Loyola* a), condamnant faint *Médard* b),

---

nen Irgläubigen angeklagt: V. fagt, dafs er ihn trotz feines Aufehens verachte.

y) *Diderot* und nachher d'*Alembert*, zwei berühmte Gelehrte und Herausgeber der Encyclopedie, beide der Ketzerei verdächtig.

z) Es wurden Ränke gefpielt, dafs diefer und jener, dem die Geiftlichkeit, oder der Hof nicht gut war, nicht Mitglied ward, wie z. B. unter Ludwig XIV *la Fontaine*, und nachher *Voltaire* (der es indeffen doch endlich ward) *Diderot* u. a. m.

a) Stifter des Jefuiter-ordens.

b) Die Jefuiten und die Janfeniften waren Todfeinde: wer alfo die Janfenittifchen Wunder, die bei dem Grabe des Abts *Paris* in einer Vorftadt von Paris, auf dem St. Medardus-kirchhof gefchahen, verwarf *condamnant faint Médard*), der konnte in den Verdacht kommen, dafs er dis den Jefuiten zu Liebe that; dagegen verwahrt fich hier V.

Des billets qu'on exige c) il fe rit à l'écart,
Et laiſſe aux parlemens à réprimer l'églife d).
Il s'élève à ſon Dieu, quand il foule à ſes pieds
Un fatras dégoûtant d'argumens décriés e):
Et ſon ame inflexible au vrai ſeul eſt ſoumiſe.
C'eſt ainſi qu'on peut vivre à l'ombre de ſes bois
En guerre avec les ſots, en paix avec ſoi-même.
Gouvernant d'une main le ſoc de *Triptolème* f),
Et de l'autre eſſayant d'accorder ſous ſes doigts
La lyre de *Racine* et le luth de *Chapelle* g).

O vous h), à l'amitié dans tous les temps fidelle,
Vous qui, ſans préjugés, ſans vice, ſans travers,

c) Die Janſeniſten waren eine Zeitlang ſo übel angeſchrieben, daſs es nicht erlaubt war bei ihnen zu beichten. Hatte einer dis auf ſeinem Todbette gethan, ſo ward ihm *die letzte Oelung* verſagt. Um nun aber zu erfahren, ob ers gethan habe, ließ ſich der Erzbiſchof *Chriſtoph Beaumont* (der nämliche, mit dem *Rouſſeau* wegen ſeines *Emils* Händel hatte) einen Beichtſchein von dem Kranken vorzeigen.

d) Das Parlement von Paris miſchte ſich in die Janſeniſtiſchen Händel.

e) Er verehrt ſeinen Gott dadurch, daſs er den Wuſt abgeſchmackter Religionsſtreitigkeiten mit Füſsen tritt, d. i. gar keiner Aufmerkſamkeit würdigt.

f) Erfinder des Pflugs.

g) V. ſchrieb dramatiſche Gedichte wie *Racine*, und kleinere Gedichte wie ja *Chapelle*.

h) Madame Denis.

Tous viennent à genoux environner son char.
Les uns montent dessus; les autres dans la boue
Baisent en soupirant les rayons de sa roue.
Le fils de mon manoeuvre, en ma ferme élévé,
A d'utiles travaux à quinze ans enlévé,
Des laquais de Paris s'en va grossir l'armée:
Il sert d'un vieux traitant (u) la maîtresse affamée;
De sergent des impôts il obtient un emploi;
Il vient dans son hameau, tout fier, de par le roi
Fait des procès-verbaux, tyrannise, emprisonne,
Ravit aux citoyens le pain que je leur donne,
Et traîne en des cachots les pères et les enfans.

Vous le savez, grandDieu! j'ai vu des innocens,
Sur le faux exposé de ces loups mercenaires,
Pour cinq sous de tabac envoyés aux galères.

u) On appelle *traitans* des gens d'affaires qui se chargent du recouvrement des impôts, qui traitent avec le souverain de toutes sortes de taxes, revenus, projets de finances etc. moyennant des avances en deniers qu'ils fournissent sur le champ. Ils reçoivent dix à quinze pour cent de leurs avances, et ensuite gagnent un quart, un tiers sur leurs traités. Ces hommes avides, et en petits nombre, ne sont distingués du peuple que par leurs richesses. C'est chez eux que la France vit pour la première fois en argent ces sortes d'ustensiles domestiques, que les princes du sang royal n'avaient qu'en fer, en cuivre et en étain; spectacle insultant à la nation. Les richesses qu'ils possèdent, dit l'édit de 1716, sont les dépouilles de nos provinces, la subsistance de nos peuples et le patrimoine de l'état.

Chers enfans de Cérès, ô chers agriculteurs!
Vertueux nourriciers de vos persécuteurs,
Jusqu'à quand serez vous, vers ces tristes frontières,
Ecrasés sans pitié sous ces mains meurtrières?
Ne vous ai-je assemblés que pour vous voir périr,
En maudissant les champs que vos mains font fleurir!
Un temps viendra, sans doute, où des lois plus humaines
De vos bras opprimés relâcheront les chaînes.
Dans un monde nouveau [x]) vous aurez un soutien,
Car pour ce monde-ci je n'en espère rien.

Epitre à l'auteur du livre des trois imposteurs [y]). 1771.

Insipide écrivain, qui crois à tes lecteurs
Crayonner les portraits de tes Trois Imposteurs,
D'où vient, que sans esprit, tu fais le quatrième?
Pourquoi pauvre ennemi de l'essence suprême,
Confonds tu Mahomet avec le Créateur,
Et les œuvres de l'homme avec Dieu son auteur?..

---

[x]) Er meint ohne Zweifel, *unter einem andern Minister*, denn an eine Verfassung, wie sie in Pr. durch den Umsturz des Königthums geworden ist, konnte er wol nicht denken.

[y]) Ce livre des *trois imposteurs* est un très mauvais ouvrage, plein d'un athéisme grossier, sans esprit et sans philosophie.

Ces vignobles, ces bois, ma main les a plantés;
Ces granges, ces hameaux désormais habités,
Ces landes, ces marais changés en pâturage,
Ces colons rassemblés, ce font-là mes ouvrages;
Ouvrages fortunés, dont le succès constant
De la mode et du goût n'est jamais dépendant;
Ouvrages plus chéris que Mérope et Zaïre o),
Et que n'atteindront point les traits de la satire.

Heureux qui peut chanter les jardins et les bois,
Les charmes de l'amour, l'honneur des grands
    exploits.
Et, parcourant des arts la flatteuse carrière,
Aux mortels aveugles rendre un peu de lumière!
Mais encor plus heureux qui peut, loin de la cour,
Embellir sagement un champêtre séjour,
Entendre autour de lui cent voix qui le bénissent,
Des ses heureux succès quelques fripons gé-
    missent;
Un vil cagot mitré p), tyran des gens de bien,

---

o) Zwei besonders geschätzte Trauerspiele von V.

p) Il s'agit ici du nommé Biord, évêque d'Annecy, lequel proposa à Mr. le duc de Choiseul de faire enlever M. de V. de son château, attendu que sa présence empêchait Biord de faire croire la présence réelle ('es Körpers Jesu im Brod und Wein beim Abendmahl) aux Genevois. Le ministre lui répondit avec le mépris que méritaient sa sottise, son insolence et sa méchanceté.

Va l'accuſer en cour de l'être pas chrétien:
Le ſage miniſtère écoute avec ſurpriſe;
Il reconnaît Tartuffe q), et rit de ſa ſottiſe.

Cependant le vieillard achève ſes moiſſons:
Le pauvre en eſt nourri; ſes chanvres, ſes toiſons
Habillent décemment le berger, la bergère;
Il unit par l'hymen Moeris avec Glycère;
Il donne une chaſuble au bon curé du lieu,
Qui, buvant avec lui, voit bien qu'il croit en Dieu,
Ainſi dans l'allégreſſe il achève ſa vie.

Ce n'eſt qu'au ſucceſſeur du chantre d'Auſonie,)
De peindre ces tableaux ignorés dans Paris,
D'en ranimer les traits par ſon beau coloris,
D'inſpirer aux humains le goût de la retraite.
Mais de nos chers français la nobleſſe inquiète,
Pouvant règner chez ſoi, va ramper dans les cours.
Les folles vanités conſument ſes beaux jours;
Le vrai ſéjour de l'homme eſt un exil pour elle.

Plutus eſt dans Paris, et c'eſt là qu'il appelle
Les voiſins de l'Adour s), et du Rhône et du Var t);

---

q) So heiſst der ſcheinheilige Betrüger in Moliere's *Impoſteur*.

r) V. war in doppelter Hinſicht Virgil's Nachfolger, als Dichter und als Landmann. — *Auſonien* iſt Italien.

s) Fluſs in Gascogne, der am Fuſs der Pirenäen entſpringt.

t) Dieſer Fluſs trennt Italien von Frankreich.

Corrige le valet z) mais respecte le maître;
Dieu ne doit point pâtir des sottises du prêtre:
Reconnaissons ce Dieu, quoique très-mal servi.

De lézards et de rats mon logis est rempli,
Mais l'architecte existe, et quiconque le nie,
Sous le manteau du sage est atteint de manie.
Consulte *Zoroastre* a), et *Minos* b) et *Solon* c).
Et le martyr *Socrate*, et le grand *Cicéron*.
Ils ont adoré tous un maître, un juge, un père.
Ce système sublime à l'homme est nécessaire:
C'est le sacré lien de la société,
Le frein du scélérat, l'espérance du juste.

Si les cieux, dépouillés de son empreinte auguste,
Pouvaient cesser jamais de le manifester,
Si Dieu n'existait pas, il faudrait l'inventer.
Que le sage l'annonce, et que les rois le craignent!
Rois, si vous m'opprimez, si vos grandeurs dé-
      daignent
Les pleurs de l'innocent, que vous faites couler,
Mon vengeur est au ciel; apprenez à trembler.
Tel est au moins le fruit d'une utile croyance.

z) Den angeblichen Gesandten der Gottheit.
a) Stifter des alten Persischen Glaubens.
b) Gesetzgeber in Kreta.
c) Gesetzgeber in Athen.

Mais toi, raisonneur faux, dont la triste im-
prudence
Dans le chemin du crime ose les rassurer,
De tes beaux argumens quel fruit peux-tu tirer?
Tes enfans à ta voix feront-ils plus dociles?
Tes amis au besoin plus sûrs et plus utiles?
Ta femme plus honnête? et ton nouveau fermier,
Pour ne pas croire en Dieu, va-t-il mieux te
payer?....
Ah! laissons aux humains la crainte et l'espérance.

Tu m'objectes en vain l'hypocrite insolence
De ces fiers charlatans aux honneurs élevés d),
Nourris de nos travaux, de nos pleurs abreuvés;
Des Césars avilis la grandeur usurpée e),
Un prêtre au capitole où triompha Pompée,
Des faquins en scandale f), excrément des humains,
Trempant dans notre sang leurs détestables mains;
Cent villes à leur voix couvertes de ruines,
Et de Paris sanglant les horribles matines g):
Je connais mieux que toi ces affreux monumens:
Je les ai sous ma plume exposés cinquante ans.
Mais de ce fanatique ennemi formidable,

---

d) Die hohe Geistlichkeit, Kardinäle, Bischöfe u. s. w.

e) Die Kaiser von den Päbsten unterjocht.

f) Die Mönche.

g) Die Pariser Bluthochzeit.

J'ai fait adorer Dieu, quand j'ai vaincu le diable.
Je diſtinguai toujours de la religion
Les malheurs qu'apporta la ſuperſtition.
L'Europe m'en ſut gré; vingt têtes couronnées
Daignèrent applaudir mes veilles fortunées,
Tandis que *Patouillet* b) m'injuriait en vain.

J'ai fait plus en mon temps que *Luther* et
Calvin.
On les vit oppoſer, par un erreur fatale,
Les abus aux abus, le ſcandale au ſcandale;
Parmi les factions ardens i) à ſe jetter,
Ils condamnaient le pape, et voulaient l'imiter.
L'Europe par eux tous fut long-temps déſolée.
Ils ont troublé la terre, et je l'ai conſolée.
J'ai dit aux disputans l'un ſur l'autre acharnés:
Ceſſez, impertinens, ceſſez, infortunés,
Très-ſots enfans de Dieu, chériſſez-vous en
frères,
Et ne vous mordez plus pour d'abſurdes chi-
mères.
Les gens de bien m'ont cru: les fripons écraſés
En ont pouſſé des cris du ſage mépriſés;

---

b) Einer von ſeinen zahlreichen Gegnern.

i) *Ardens* bezieht ſich auf L. und C. Man muſs die Worte
ſo ordnen: *Eux, ardens à ſe jetter parmi des factions.*

Et dans l'Europe enfin l'heureux tolérantisme
De tout esprit bien fait devient le catéchisme.

Je vois venir de loin ces temps, ces jours
sereins,
Où la philosophie éclairant les humains,
Doit les conduire en paix aux pieds du commun
maître;
Le fanatisme ᵏ) affreux tremblera d'y paraître:
On aura moins de dogme ˡ) avec plus de vertu.

Si quelqu'un d'un emploi veut être revêtu,
Il n'amènera plus deux témoins à sa suite ᵐ)
Jurer quelle est sa foi, mais quelle est sa conduite.
A l'attrayante soeur d'un gros bénéficier
Un amant huguenot pourra se marier:
Des trésors de Lorette, amassés pour Marie,
On verra l'indigence habillée et nourrie:
Les enfans de Sara, que nous traitons de chiens,
Mangeront du jambon fumé par des chrétiens.

k) Die Priesterwuth, d. i. der Eifer für die Unterscheidungs-
lehren der verschiedenen Kirchen.

l) Eine Kirchenlehre.

m) En France, pour être reçu procureur, notaire, greffier, il
faut deux témoins qui déposent de la catholicité du réci-
piendaire. — Izt ist das abgeschaft.

Le turc, sans s'informer si l'iman lui pardonne,
Chez l'abbé *Tamponet* ira boire en sorbonne n).
Mes neveux souperont sans rancune gaîment
Avec les héritiers des frères *Pompignan* o)
Ils pourront pardonner au pincé *la Blétrie* p)
D'avoir coupé trop tôt la trame de ma vie.
Entre les beaux esprits on verra l'union:
Mais qui pourra jamais souper avec *Fréron* q)?

n) T. était en effet docteur de sorbonne.

o) *Franz de Pompignan*, einer von denen, die V. bei jeder Gelegenheit zu demüthigen suchte, weil sie sich auf ihre Verdienste etwas einbildeten, und weil sie sich an ihm gerieben hatten.

p) Der (in seinem Stil) gezierte *la Bletrie*, ein andrer von seinen Gegnern, der, vermuthlich um einen Spaß zu machen, ihn todt gesagt hatte.

q) Stärker als mit dieser Wendung konnte er seinen Haß gegen *Freron* nicht ausdrücken.

Extrait d'une Epitre à M. Marmontel.
1773.

Mon très-aimable successeur,
De la France historiographe,
Votre indigne prédécesseur
Attend de vous son épitaphe.

Au bout de quatre-vingts hivers,
Dans mon obscurité profonde,
Enseveli dans mes déserts,
Je me tiens déjà mort au monde.

Mais sur le point d'être jeté
Au fond de la nuit éternelle,
Comme tant d'autres l'ont été,
Tout ce que je vois me rapelle
A ce monde que j'ai quitté.

Si vers le soir un triste orage
Vient ternir l'éclat d'un beau jour,
Je me souviens qu'à votre cour
Le temps change encor davantage.

A M. MARMONTEL.

Si mes paons *) de leur beau plumage
Me font admirer les couleurs,
Je crois voir nos jeunes seigneurs
Avec leur brillant étalage;
Et mes coqs-d'Inde font l'image
De leurs pesans imitateurs.

De vos courtisans hypocrites
Mes chats me rappellent les tours;
Les renards, autres chatemites,
Se glissant dans mes basse-cours,
Me font penser à des jésuites.

Puis-je voir mes troupeaux bêlans,
Qu'un loup impunément dévore,
Sans songer à des conquérans
Qui sont beaucoup plus loups encore?

Ainsi du monde détrompé,
Tout m'en parle, tout m'y ramène:
Serais-je un esclave échappé
Que tient encore un bout de chaîne?
Non, je ne suis point faible assez
Pour regretter des jours stériles,
Perdus bien plutôt que passés
Parmi tant d'erreurs inutiles.

*) Sprich aus: pans.

Adieu, faites de jolis riens,
Vous encor dans l'âge de plaire,
Vous que les Amours et leur mère
Tiennent toujours dans leurs liens.
Nos folides hiſtoriens
Sont des auteurs bien respectables;
Mais à vos chers concitoyens
Que faut-il, mon ami? des fables.

www.ingramcontent.com/pod-product-compliance
Lightning Source LLC
Chambersburg PA
CBHW030343230426
43664CB00007BB/519